全球金牌律师实战书系

西北政法大学
刑事辩护高级研究院
组织翻译出版

[美] 丽斯·维尔—著
张逸群 ————— 译

逢战必胜

顶级诉讼律师制胜法庭八步法

Winning Every Time
By Lis Wiehl

法律出版社 LAW PRESS · CHINA

Winning Every Time: How to Use the Skills of a Lawyer in the Trials of Your Life
by Lis Wiehl

This edition arranged with Ballantine Books, an imprint of Random House, a division of Penguin Random House LLC.
through Big Apple Agency, Inc., Labuan, Malaysia.

本书中文简体版经过版权所有人授权北京乐律文化有限公司，由法律出版社出版。

著作权合同登记号
图字：01-2019-6143

作 者 简 介

丽斯·维尔是美国顶级诉讼律师、广受好评的法律新闻评论员。她在福克斯新闻频道担任法律分析师，日常参与的节目包括《福克斯与朋友》（FoxandFriends）、《欧莱利实情》以及《汉尼提与考姆斯》（Hannity and Colmes）。她还经常作为搭档主持人，参加比利·欧莱利的全国联合广播节目。

译 者 简 介

张逸群，2009年毕业于北京大学法学院，2010年毕业于波士顿大学法学院，纽约州执业律师。她曾供职于美国昆鹰律师事务所洛杉矶及香港办公室，担任商事诉讼律师。回国后，她曾先后担任天同律师事务所事业发展部总监及英国西盟斯律师事务所中国业务拓展经理。2017年，她创办了legalsmart工作室，为律所和律师提供有关法律市场营销和业务拓展的咨询和培训。

序

英文当中有一句老生常谈："人生艰难，生下来，活下去。"对很多美国人来说，这句话恰好就是他们真实生活的写照。但生活并非只能如此。如果能达到生活对你的基本要求——接受教育、努力工作、诚实守信，你的生活或许会顺遂一些。不过，除非你是能依靠家族信托基金生活的"富二代"，否则你的生活仍然会是一次艰难的尝试——直到你想明白该如何成功地解决那些生活带给你的、无法回避的挑战为止。

我花了数十年的时间去寻找应对生活挑战的有效方法，但你如果正在阅读这些文字，那说明你已经掌握了寻找这种方法的一个重要资源。丽斯·维尔的这本书将教会你如何把法律技巧运用到生活当中，并以此实现"不战而屈人之兵"。她在书中举了很多浅显易懂的实例，比如，你应该如何说服房东，让他相信你是一位值得信任的租客；当然，也有很多事例比较复杂，比如如何在职场竞争中获胜，或者如何长久地维持一段人际关系。

美国人面临着全球竞争最激烈的社会环境。三亿人拥有同一个伟大的梦想：经济独立、一份能令人兴奋的事业、与他人保持有意义的互动。这三个目标都是可以实现的，但要想实现也都要付出一定的代价。至于到底要付出多大代价，那可以由每个人自行决定。这个国家当中最成功的一小撮人正在“堕落”——这些人正通过剥削别人获得巨大利益。你当然可以通过这种方法在短时间内获得成功，但如果你想要通过正当手段、有尊严地创造出属于自己的成就，就必须锻炼更多的技能。你要弄清楚你在和谁打交道，以及想要实现你的目标需要付出什么代价、承担什么后果。你必须先想清楚这些问题，才有可能给自己制定出一套科学的生活准则。

在这本书中，丽斯·维尔依照优秀诉讼律师会采取的诉讼策略，为你提供了一些具体的行动方案。她的一贯作风就是设定一个具体目标，然后按步骤、有逻辑、有策略地逐步实现这些目标。丽斯·维尔凭借自己的努力从哈佛大学法学院毕业，抚养了两个可爱的孩子，并在从业压力极大的电视和广播媒体行业取得了巨大的个人成就。

对正在阅读这本书的读者来说，要遵守的第一条规则就是——“倾听”。这本书需要你慢慢品读，然后把书中的实例应用到你的生活当中。在应对生活的各种挑战时，没有一种解决方案是完美的，即便是最好的方案也仍有可以改进之处。如果你能充分地利用这本书中讲授的技巧，或许可以立竿见影地让自己的生活变得更美好。

最后，为了最大限度地利用好丽斯·维尔教授的这些技巧，你应该列出一张表格：把书中提到的那些技巧以及可以利用这些技巧的场景写下来。把看这本书当作一个“游戏”，尝试使用不同的策略，并记录下这些策略的效果。即便面对相似的问题，你可能也需要尝试两三次才能找到完美的解决方案。虽然丽斯·维尔写了很多，但其实不论学习什么新鲜事物，“实践”都是极为重要的必经过程。大小威廉姆斯姐妹刚刚开始打网球的时候也不是每次都能发出好球的。在实现目标的过程当中，不断尝试、不断纠错恰恰是真正的乐趣所在。如果每一件事都能在第一次尝试时就取得完美的效果，生活就不会比戏剧还要精彩了，而且你的生活会变得很无聊。

我相信这本书一定能为你提供一些帮助。如果你能自觉、认真地阅读这本书，在彻底理解之后把书中谈及的技巧恰当地应用到自己的现实生活当中，你会获得很多明显的优势。书籍的作用就是启发。可惜的是，有很多书根本起不到这种作用。不过，很显然，你马上要开始阅读的这一本书做到了。

——比利·欧莱利（Bill O'Reilly）①

① 比利·欧莱利（Bill O'Reilly），美国著名电视节目主持人、专栏作家及政治评论家，福克斯电视台新闻频道政治评论节目《欧莱利实情》（*The O'Reilly Factor*）的主持人。

前　言

从法学院毕业后，我就搬到了西雅图，准备在那里开始我的律师执业生涯。我好不容易找到了一间对当时的我来说堪称完美的公寓。于是，我兴奋地告诉房东我准备租下他的房子。我告诉他，虽然我刚从学校毕业，但支付房租对我来说肯定不是什么大问题——因为我是律师，我的工资会很高……当我说到这里的时候，我发现房东的脸色瞬间就变了，他开始支支吾吾地说这间公寓现在租期未满，腾不出来，不能租给我；他让我一年以后再来看看。

我非常清楚，对于律师这个职业大家有时（其实是常常）会有一些偏见，所以我瞬间就明白了房东其实并不想把公寓租给一位律师。因此，我只好嗫嚅着对他说“好的，我知道了”，然后一边慢慢走回自己的车旁，一边责怪自己为什么要告诉别人我有法学院的文凭，为什么理所当然地认为这会让别人相信我会是一位可靠的租户。我坐上车，开始思考我面临的问题。事实上，我已经看了不下十间公寓，我很确定刚刚看到的这间是最适合我的，我也真心实意地想要租下它；房东给出的价格很合理，公寓里有好几间卧室，窗外的景色也不错，距离我的办公室很近，近到我可以走路上下班。

所以，我决定不接受房东的回绝。我下了车，走回到房东面前，阐述了我的观点。我告诉房东自己就在这附近长大，这里有很多认识我的人，他们都可以为我做担保；我真的非常喜欢这间公寓。我告诉他我已经看过不少公寓了，我觉得这间公寓非常适合我，能满足我的全部需求。然后，我进入了下一个主题，我说正因为我是律师，所以非常清楚“对簿公堂”是大家都不希望发生的事情，也没有任何一位律师会希望在下班之后因为自己的私事继续和司法系统打交道。

一周之后，我搬进了我梦寐以求的公寓。我胜诉了——并不是因为我能与房东正面对峙，而是因为我清楚地表达了自己的诉求，表达了对房东内心隐忧的理解，也向他阐明了为什么我会是“理想的租客”。

* * *

我们每个人每一天都会“为自己辩护”。但在这种辩护的过程中，我们往往会因为自己内心的不安、不满足、纠结而无法清晰地表达自己的想法，也就无法取得满意的结果。我们会不由自主地逃避，而不是去面对和解决生活中的难题；我们会忽略事情发生的“前因”，而直接为了“后果”争执不休；我们会因为强烈的主观情绪而忽视了客观事实；遇到挫折时，我们会本能地进行自我保护、提高防范意识，因而无法冷静、理性地为自己辩护。

在《逢战必胜——顶级诉讼律师制胜法庭八步法》这本书中，你将学会如何利用诉讼律师的法庭技巧和策略应对你在工作、生活和家庭当中遇到的各种矛盾，减少你在面对冲突时的无力感。这本书将教给你如何在实践中充分运用律师赢得胜诉时使用的策略以及由此积累的成功经验。

我们在这里要澄清一件事。写这本书的目的并不是让原本就十分“好斗”的社会变得更加热衷于诉讼，也并不是鼓励你因为邻居家的院墙太高就和他对簿公堂。这是一本专注于解决问题，尤其是解决日常问题的书；我们的解决办法是运用律师在处理争议时使用的语言、技巧和技术。这是一本能够帮助你应对生活挑战的手册。

我的父亲也是一位律师，我在美国华盛顿州东部一个保守的小城市长大。7 岁的一天，我陪着父亲去一个偏远的地方会见客户，我们在通过一个铁路道口的时候看到了放下的警示栏杆，于是就停下了车，看着火车飞快地通过交叉路口。这时，父亲告诉我——其实我眼前的这个警示栏杆是个“新生事物”。他最近刚刚打赢了一个起诉铁路公司的官司：一列火车迎面撞向了一个刚离开毕业舞会、准备回家的高中男生。由于铁路公司的疏忽，没有对这名男生及他人尽到必要的保护义务——比如，在铁路道口设置一个警示栏杆，提醒开车的司机即将有火车通过。我的父亲利用自己的法律技能，让铁路公司承担了应该承担的责任，从某种程度上安抚了伤心欲绝的亲属，也确保了以后不会再有其他人因为铁路道口没有必要的警告标识而痛失至亲。

尽管我从小就知道父亲的工作与诉讼有关，但长久以来，我一直认为法律对我来说是一股遥不可及的、让人畏惧的力量。因此，我考入哈佛法学院的这件事，让很多看着我长大的人十分惊讶，以至于连我自己都开始怀疑他们的担忧是不是确有必要——法学院的竞争对我来说可能太过激烈和残酷，法律对我来说也可能过于艰涩难懂。刚进入法学院的时候，哈佛的一切都让我不知所措：高大沉重的大门、墙上挂着的一排排已故白人的肖像，更不用说那些会让人头脑打结的阅读作业，以及那些让人无法理解的法言法语和法律技巧了。不过，当你能够完全理解所有的法律规则都建立在“真人真事”的基础之上时，法律的作用就会变得更加清晰，法律的规则也会变得更易于理解。从那时起，让普通人接触、理解和运用法律就成了我最感兴趣的工作之一。

“辩护”本来就是生活的一部分，并不需要专门去法学院学习才能掌握。在面对生活中的各种难题时，我们通常会采取以下四种方式之一：

1. 对问题视而不见，希望它们自动消失。

2. 把问题推给别人，比如你的丈夫/妻子、同事、父母或者朋友，期望他们能成为拯救我们的骑士，帮助我们彻底解决问题。

3. 不理智地解决问题——不受控制地大发雷霆，然后痛苦地面对因为这种情绪的爆发而引发的更多问题。

4. 直面问题，冷静、理性地分析问题，不打无准备之仗，争取彻底解决问题。

这本书会帮助你采取第四种方式应对生活中的挑战。作为律师，我坚信每一个人应该有权寻求公平正义——不仅是在法庭或者在法律纠纷中，在日常生活中当我们可能会错失一些对我们具有重要意义的人、事、物时，或者当我们想要获得的公平正义受到威胁时，我们都有权为自己伸张正义。

本书将会向你展示如何像诉讼律师在法庭上一样掌握主导权——不论你在生活当中扮演的是什么角色，不论你是在家、在学校，还是在职场上；不论你是要说服老板同意给你升职加薪，还是要说服保险公司的电话客服批准你的理赔申请，或者是说服你的伴侣减少电视时间、多和你交流，抑或说服你的合作伙伴支持你看好的新项目……本书能帮助你证明自己的观点、有效地说服对方，实现“逢战必胜”。

目　录

上篇　八步法

让你掌握律师的专业技巧

001

上篇

八步法

让你掌握律师的专业技巧

引 言

利用法律，其实是利用法律技巧——通过一系列策略以及充分的证据证明你的论点并说服别人。《逢战必胜——顶级诉讼律师制胜法庭八步法》这本书将会揭秘一些法律术语，使用通俗易懂的语言解释这些复杂术语背后的简单事实和逻辑，以帮助你更好地和“法律”建立联系，并学会利用它。利用律师的语言或者庭审策略，乍听上去或许让人难以接受——就像年轻的、还在华盛顿州东部生活的我一样。说到律师，你的头脑当中可能会浮现出一大批在法庭上活力四射的大律师：“臭名昭著”的刑事辩护律师李·贝利[①]、从未败诉的大律师格里·斯彭森[②]、著名刑事辩护律师约翰·科克伦[③]等；当然还有很多让证人泪流满面的检察官。如果你关注这些律师使用的诉讼策略，就会发现那些让人望而却步的技巧和策略，其实极为有效。这些策略能帮助我们梳理

---

① 李·贝利（F. Lee Bailey），美国著名刑事辩护律师，在辛普森案中担任被告 O. J. 辛普森的辩护律师，成功帮助其摆脱了谋杀罪的指控。

② 格里·斯彭森（Gerry Spence），美国著名律师，整个职业生涯中从未在刑事诉讼案件中败诉，包括在其担任检察官期间负责起诉的所有案件。自 1969 年起，从未在任何一起民事诉讼案件中败诉。

③ 约翰·科克伦（Johnnie Cochran），美国著名刑事辩护律师，在辛普森案中担任被告 O. J. 辛普森的辩护律师，成功帮助其摆脱了谋杀罪的指控。

逻辑、分配情感、衡量我们要提出的论据，并让我们专注于自己的既定目标。

在法庭之外，我亲眼见证过诉讼策略可以帮助普通人为自己辩护。在我的家乡华盛顿州，我负责着一个名为“LASER”① 的项目。这个项目旨在让高二和高三的学生们可以通过律师的培训，具备调解学生之间日常矛盾的能力。我亲眼看到过这些高中生运用法律的技巧去化解彼此之间的分歧，并解决那些日常矛盾。

假设，有两个男生打作一团——原因是其中一个男生认为对方公开侮辱了自己的女朋友。我们就可以利用律师技巧当中的**“质证”**判断所谓的“公开侮辱”是否属于传闻证据：“你是亲耳听到温斯顿公开侮辱了凯尔的女朋友，还是只是听说温斯顿公开侮辱了凯尔的女朋友?”我们还可以**“弹劾证人”**：“可是你之前告诉过我，温斯顿在篮球比赛时说凯尔的女朋友‘非常漂亮’，不是吗?”“当时他们两个人不是都在场吗?”；或者**偏见**：“哦，我知道了——珍娜，你是凯尔女朋友的姐姐”；或者**动机**：“凯尔考上了一所温斯顿想去却没考上的大学，温斯顿一直对此耿耿于怀。”

把这些在解决日常问题时可以用到的诉讼策略教给高中生们产生的实际效果连我自己都感到吃惊——他们成功地避免了多起“打架事件”。“LASER”教给学生们的技能产生了看得见、摸得着的实际效果。我也在这些高中生脸上看到了那种“因为能把自

① LASER, Lawyers and Student in Resolutions，律师与学生决议会。

己学到的这些技巧付诸实践”而迸发的喜悦。

一旦你了解并熟悉了传闻证据、直接证据、不利证据、直接询问、交叉询问这些法律术语背后的概念和逻辑——在我们的日常生活中这些术语其实都有非常重要的作用，就能够克服自己内心的恐惧，去争取获得你想要的、应得的结果。这些法律技巧会帮助你说服自己，并让你与生俱来的强大说服力逐渐显现出来。

通过详细描述诉讼律师在观点论证、交叉询问、获得法官作出的胜诉判决或者拿下陪审团胜诉裁决时通常要完成的八个步骤，《逢战必胜——顶级诉讼律师制胜法庭八步法》能让你在日常生活和工作中变得更强大、更成功。你还会在这本书中学到如何在现实生活当中运用这种**“八步法”**，包括在职场上、在消费和谈判的过程中、在婚姻生活中、在为人父母时，以及在其他人际关系中应该如何使用这些技能。

第一步，明确自己想要什么：你的诉求

“好的开始是成功的一半”，案件的起始阶段非常重要——我们需要明确案件主旨。这个主旨必须能由你清晰地表达出来，并且符合你想要实现的目标。在开始证明自己的观点之前，你需要透彻地理解案件的核心和本质，并据此为自己设定一个合理的目标。

第二步，选择并培养观众：陪审团遴选

在陪审团资格审查阶段，律师会精心挑选出一个对自己有利的陪审团（或者直接申请把案件交由最有可能对自己的当事人产

生同理心的法官审理）。与此类似，你也需要学会选择对你更有利，而不是对“对方当事人”更有利的“陪审团”或者“法官”。在这个环节当中，你要确保能将自己的诉求交到真正的决策者手中，同时这位决策者也有意愿为你提供帮助。如果你找到的观众本身没有决策权，或者虽然有权决定却由于各种原因不愿意支持你的观点，即便是最激动人心、最具有说服力的论证过程可能也无法产生任何实际作用。在第二个环节当中，我们还会延伸到如何选择合适的时间和地点证明你的观点。比如，在你多次拿空头支票兑现或者账户已经出现透支的情况下，如果还想说服银行提高你的刷卡额度就会变得异常艰难。审慎选择论证案件的对象和场景，会大大增加你成功实现目标的可能性。

第三步，组织证据：证据开示

你会学到在正式开始案件论述之前，进行有效、彻底的证据开示有多么重要。所谓**“证据开示”**，其实就是系统地收集你需要的全部证据。如果你能像律师一样，在开庭之前就收集、评估、准备好你需要的所有信息和数据，“战斗力”将会获得极大提升。这些数据和信息，不仅包括那些有利于你实现诉求的证据，也包括那些有可能会被对方利用、对你提出质疑的证据。只有全面地进行证据开示，你才能确保自己的论证能经受住在“庭审”中对方的各种反对意见和交叉询问。

第四步，自信地辩护：证明你的观点

在第四步中，你不仅要完成心态上的转变——带有强大的自

信而不是激烈的情绪，还要坚持运用顶级诉讼律师的基本工作方法：你必须熟悉此前收集、整理的全部证据，只有这样你才有可能对它们进行有效利用。在论证你的观点并提交证据之前，你最好能准确地了解自己的观点、知道应该如何准确地表达自己的观点，以及如果对方在某些具体细节上对你提出质疑，你应该如何通过语言或者肢体动作做出回应。

第五步，提出反诉：交叉询问

你将学会如何利用一系列精心准备的是非题——对方只能用“是”或者“不是”回答的问题，精准地“套取”更多对你的观点和论述有利的事实。在这个环节当中，你需要温和地使用交叉询问技巧质疑对方做出的表述、准确甄别“传闻证据”，并适时就对方出示的证据是否具备相关性提出“异议”——冷静地完成这些任务与表现得唯唯诺诺或者盛气凌人之间存在巨大的差异。唯唯诺诺或者盛气凌人都是你要避免出现的状态。

第六步，坚持你的主张：避免七种致命的花言巧语

在第六步中，我们会关注在人际关系和日常谈判中经常出现的那些“蛊惑人心的技巧”。在关键时刻，你要坚持自己的真实诉求，避免出现情绪失控的情况。你的诉求不应该以传闻证据为依据、你不应该改变自己之前的诉求、不应该做出任何主观臆断。只有先彻底摆脱这些“自我毁灭式”的辩论技巧，才有可能为这本书中阐述的那些更理性、更有效的策略留下充分的发挥空间。

第七步，用心讲述：让我给你讲一个故事

第七步将会让你的诉求更为人性化。优秀的诉讼律师都知道：要想彻底说服陪审团，不仅要掌握充分的证据，还要能把那些重要的案件事实以故事的方式讲述出来，让陪审员们能够在情绪上与自己的当事人产生共鸣。凭借你的热忱，你也可以通过讲故事的方式说明自己的诉求——讲述一个真正属于你的故事。通过有力度、有感染力的故事把你的诉求传递给那些最终决策者，这种做法不仅能为你赢得人心，还能帮助你获得有利的裁决。

第八步，概括总结：结案陈词

就像真实庭审中的律师一样，当你冷静客观地完成了“事实陈述”，并通过生动的个人故事向陪审团说明了自己的核心诉求之后，你就只需要一段简短有力的结案陈词作为结束了。在这个最终环节当中，你需要重申自己的诉求，再次援引那些支持你的观点的重要证据，提醒决策者回想一下你讲过的那个真诚的故事，最后提出你想要获得的“救济主张”。如果你非常清楚自己要什么，并通过对前面七步的精心策划出示了所有支持你的证据，那第八步对你而言就会像是“最后的高光时刻”：竭尽所能地以最佳状态阐述完你的主张和论据，然后你就可以安心地等待结案了。

真的需要在遇到各种情况的时候都完成以上所说的每一个步骤吗？显然不是。但随着你对这些步骤的作用越来越熟悉，你可

能会发现自己在各种重要，或者不太重要的场合都会“条件反射式地”使用这些技巧。你可以把这八步想象成打包好了的行李箱——你外出旅行时并不会每次都用到箱子里的所有东西。可一旦下雨了，你一定会为自己未雨绸缪地带上了雨衣而感到庆幸。

这本书的目的当然不是把你培养成冷酷无情、精于算计的“法律机器”——让你因为肉炖煳了而对自己的母亲进行交叉询问，或者对老板布置的工作与你的职位的相关性表示“异议”。这本书的目的是为你提供一些与法律有关的工具，让你能像最杰出的诉讼律师那样，在处于风暴中心时，仍能保持清醒和理智、拥有强大的说服力，让你能更为理性地应对生活中的挑战、争论、矛盾，最终实现自己的目标（并且拥有好人缘）！

第1章

第一步　明确自己想要什么：你的诉求

为了战胜生活中的各种挑战，你需要找到一段简单但能让人记住的“主旋律”。

我第一次意识到那些我为了成为律师而学习和掌握的技巧也可以在法庭之外为普通人提供帮助，是在前同事——珍妮弗哭着来找我求助的时候。

珍妮弗五十多岁，身材娇小、很优雅，非常享受律师助理的工作。在连续五年的年终考评当中，那些由她担任助理的律师们给她的评价一直都是“工作出色”，直到今年她收到了一条来自新任上级主管米歇尔的负面评价。珍妮弗对此感到震惊。对于她会收到这种不被认可的评价，我也感到非常震惊，所以我马上询问她，当她看到米歇尔的评语时是如何回应的。

“嗯，”珍妮弗说，“我当时真的非常生气，米歇尔怎么能这么评价我的工作，所以我就直接签字确认，然后离开了。我当然不认为我应该收到这种评语，但我也确实有些不知所措。”珍妮弗的父亲是一位强硬的、拒人于千里之外的神经外科医生，不仅对珍妮弗的要求极高，还有极强的控制欲，导致她非常不擅于为自己辩护。“丽斯，我真的不知道该怎么办，”她告诉我，“我真的很生气，但我只要一想到要去和米歇尔谈这件事，就感觉自己整个人都僵住了。我很怕自己会说出什么蠢话，或者直接哭出来。”

“但是，”我提醒她，“如果你什么都不说的话，问题会越来越严重。”

“我知道，我知道，”她哭着说，“这样一条负面评语可能会毁掉我的事业。我甚至可能会因为这条评语而丢掉工作。”

我告诉珍妮弗我很同情她，也愿意和她一起寻找解决方案。但她必须先冷静下来，然后才能像面对一起诉讼案件一样处理眼下这个难题。这对我来说是一个值得“啊哈！”的惊喜时刻——原来我的那些法庭技巧也可以运用到日常生活当中。

珍妮弗擦掉眼泪，收拾好了心情，然后我们认真地开始了这起“案件”的准备工作。

找到关键主旨

要想在法庭上获得胜诉，你首先要做的就是明确自己的诉求，并且找到一个能让别人记住的“关键词”——这个“关键词”既能精准地抓住案件的重要争点，又能把案件引导到对你有利的方向上。除了作为案件主体脉络，案件主张还能帮助你更好地完成案件准备工作，并对外传递有效信息。如果没有一个条理清晰的计划或者路线图，你就会像没头苍蝇一样，无法确定哪些证据与你的诉求有关，或者应该提出哪些论据。收集、整理、组织手中的证据，让它们能以一种清晰易懂的方式呈现出来是你必须要完成的工作。有效的案件主张能帮助你更轻松地明确应该如何利用好自己手中的证据——也让陪审员能够更轻松地理解你出示这些证据的目的。

好的案件主张应该好记、符合常识，与你手中的证据协调一致，并且符合观众对于公平正义的理解。你必须确定一个有说服力的案件主张，对于这一点的重要性无论怎么反复强调都不过分：这是后面所有工作的基础，就像一首歌曲要想流行起来，就必须有一段朗朗上口的主旋律一样。

流行歌曲的创作者都非常清楚：创作出一段朗朗上口的主旋律非常重要，这段旋律要能让人过耳不忘，并以此向外界传递创作者想要表达的中心思想或者情绪。听完一首歌之后，如果你能说，“我简直被这首歌洗脑了”，那就说明这首歌的创作者已经完成了自己最重要的工作。不论歌词是“雨点不停地落在我头上”①，还是“你真自负”②，只要你能记住一句歌词，就说明这首歌的歌词还不错。在法庭上，律师也需要找到一段好的“主旋律”和一个主题词。比如，“对信任的背叛”“牺牲安全换取利益”“对自己的行为负责”等，然后就像流行歌曲会在主旋律当中不断重复同一句歌词一样，律师会反复强调这个主题词，以说服陪审团相信自己的当事人提出的诉求公正、合理。

通过简单的“金句”你就可以概括出整起案件的主旨。广告

---

① Raindrops keep fallin’ on my head，美国经典流行歌曲《雨点不停地落在我头上》（*Raindrops Keep Falling on My Head*）中的一句歌词，“就纵容这些雨点一直不停往我头上掉”（Those raindrops are fallin’ on my head, they keep fallin’）。

② You’re So Vain，美国经典流行歌曲《你真自负》（*You’re So Vain*）中的一句歌词。

高手们就特别擅于通过一句广告语完整地描述出产品的本质和亮点。“你今天该休息了”①、“放手去做”②、“牛肉在哪里？”③，这些经典的广告语都风靡全国。为什么？因为这些广告语本身朗朗上口、容易理解，清晰地向受众传递了有效信息。广告高手们在找到了适合产品的、有亮点的广告语之后，还会通过各种“看得见、摸得着”的方法不断强化大家的记忆。

当你面对生活中的各种挑战时，这本书中的技巧可以帮助你找到那个简单、好记的“关键词”，并帮助你吸引并说服他人——最终在挑战中胜出。

*　*　*

从法学院毕业之后，我很想把自己对法律和新闻这两件事情的兴趣结合起来，但我最终还是听取了当时的男友（后来成了我的丈夫）的建议，做出了一个“更负责任的”决定：找一份公司法律师的工作，早日还清在哈佛读书期间欠下的巨额学费贷款。

我还算轻松地在一家“白鞋律师事务所”④ 找到了理想的工作。我的工作表现不错，学到了很多，也一直在努力完成大量枯燥乏味的业务。但我经手的所有案件都会归结为一个相同的主题——钱。底线是底线，除了钱之外，并没有其他值得考虑的因

---

① “You deserve a break today”，麦当劳在 20 世纪 70 年代使用的广告语。

② “Just do it”，耐克自 1988 年起使用至今的经典广告语。

③ “Where’s the beef?”，美国快餐连锁店温蒂汉堡（Wendy’s）在 1984 年的电视广告中使用的广告语。

④ 白鞋律师事务所（white - shoe law firm），指代总部位于美国纽约或者波士顿、历史超过百年的传统顶级律师事务所，主要为全球 500 强企业提供法律服务。

素和问题。因此，我很快就意识到公司法恐怕不会成为我毕生追求的事业——绝对不会。在那段时间中，我非常渴望能将我挚爱的新闻事业融入法律工作当中。这是当时在我脑海当中一直反复出现的“主旋律”。我当时的诉求就是“我要成为《纽约时报》的撰稿人”。（幸好，我是那种天真地相信“我认为我可以”，然后就动手去做的人。）

坐在位于西雅图、租金高昂的办公室里，我给当时我认识的唯一一位《纽约时报》的撰稿人、普利策新闻奖得主安东尼·刘易斯①打了个电话。在哈佛法学院上学的时候，我听过刘易斯教授的宪法与新闻课程——我认识他，他却不认识我。（因为我从来没在这门课上发过言！）我做了简单的自我介绍，并告诉他我很想在《纽约时报》上发表一些和法律有关的文章。在看到我当年的成绩之后（他很少打出的“A”），他同意等下次我到波士顿时，可以先和我见上一面。

“您每天大概几点上班呢？”我问。

“我习惯早起，”他说，“我每天早上七点左右就到办公室了。”

两天之后，我直接飞到了波士顿，并在早上七点准时给他打了电话。他接起电话，我重新做了一次自我介绍，然后问他现在是否方便见面。

“你现在在哪儿？”他问道。

“我就在您楼下的公用电话亭。”

---

① 安东尼·刘易斯（Anthony Lewis），《纽约时报》前记者兼专栏作家、美国著名法律记者，曾两度获得普利策新闻奖。

他还能说什么？

那天早上，在我们的谈话即将结束的时候，刘易斯教授把《纽约时报》乔纳森·兰德曼（Jonathan Landman）的联系方式留给了我，告诉我可以"打着他的旗号"联系兰德曼。我回去之后第一时间给兰德曼写了一封信，简单描述了三个我感兴趣的新闻选题。最终，我成功了：

1988年11月4日，近期城市新闻终版

印第安法院正在艰难维持自己的独立性

丽斯·维尔，纽约时报特约撰稿人

> 首席法官 Elbridge Coochise 没念过法学院，也没参加过任何法律执业资格考试。不过，这位42岁的霍皮印第安人（Hopi Indian）仍然是一位受人尊敬的法官，管理着太平洋西北地区16个印第安部落的独立法院——这个法院系统在印第安人居留地以外鲜为人知……

我赢得了胜利，并开始为《纽约时报》撰写稿件——因为我非常清楚自己想要什么。换言之，我非常清楚自己的诉求。我能够想方设法地找到安东尼·刘易斯，并通过他联系上乔纳森·兰德曼，是因为我坚持了自己的诉求。我能获得成功并不是因为"初生牛犊不怕虎"。我当时胆战心惊。我知道哪怕是那些极为自信、特别成功的人也会不时感到恐惧，但正是直面恐惧的行为方式让他们能从人群当中脱颖而出——他们没有被自己内心的恐惧击溃。每当遇到我不擅长或者不适应的任务时，我都会重温自己的“主旋律”，然后在自己的脑海里一遍又一遍地播放它。

十五年过去了，我已经在福克斯新闻频道成为经常和比利·欧莱利开展友好辩论的评论员，并在他的日常广播节目中和他搭档主持。在这件事情上，也有一段关于我寻找个人诉求的故事，因为这个诉求，我才走到了今天。

如你所想，和比利·欧莱利见面，并说服他这样一位前联邦检察官、法学院教授给我一个在福克斯新闻频道工作的机会是一项极为艰巨的挑战。我当时还住在西雅图，而福克斯的摄影棚都在纽约，除此之外，我基本上没有接受过任何与电视行业有关的培训。虽然当时我已经在西雅图地方小电视台做过评论员了，也在《欧莱利实情》中出过镜——通过卫星连线、在屏幕右下角的小屏幕中对新闻发表简短评论，但我其实从来没有见过比利。

有一次，我刚好到纽约出差，约好和比利的制片人彼得·卓里奇见面，我想通过这次会面为自己争取到成为“固定班底”的机会。会面结束后，彼得很友好地提议：“要不要顺便去比利的办公室看一下，和他打个招呼？”我颤抖着双手走进了比利的办公室。我战战兢兢地见到了身高 6 英尺 4 英寸[①]的比利——他就站在我面前。

我先环顾了比利的办公室：地上是一摞摞堆成小山的各种书籍、与一众名人的合影、数不清的领带以及观众们从全国各地寄来的各种礼物。然后我深吸了一口气，回忆了一下我的诉求：我

① 6 英尺 4 英寸≈1.93 米。

想要这份工作，但也要做真实的自己。

在我第一次与比利见面的那段时间，大家正在关注的新闻事件是“加州的国会议员加里·康迪特（Gary Condit）是否应该为自己和钱德拉·利维（Chandra Levy）之间的丑闻而主动辞职”。钱德拉是一名白宫实习生，被媒体爆出与加里有婚外情，加里在这件事情上向公众撒了谎。后来，钱德拉一直处于失踪状态，最终警方推定她已死亡。比利说：“我觉得他应该辞职。你怎么看呢？”

我咽了咽口水。我应该对比利的观点表示同意吗？还是不同意？然后我想到了我的诉求：坚持做真实的自己。“恕我直言，”我说，“您为什么要替加州选民来做决定呢？不论发生了什么，加里是他们选出来的议员。如果他们觉得他应该辞职，他们自然会把他选下来的。”在这之后的两分钟里，我们展开了一场语速极快、非常激烈的辩论，以至于比利的办公室最后挤满了闻讯而来、想看热闹的制片人和工作人员。就像在庭审中一样，我一直努力在向比利证明我的观点。

离开福克斯的时候，我觉得自己恐怕得多去两三家电视台面试才能找到新工作了，但我仍然为自己感到高兴：在当时那种情况下，我仍然能做到忠于自己的观点，没有为了得到工作而失去自我，没有一味地讨好比利。

回到西雅图之后，我经历了人生中最糟糕的一天：维系了 16 年的婚姻被法院宣告结束。当时我正失魂落魄地和我的离婚律师一起站在法院门前的台阶上——这时，我的手机响了。打电话的是福克斯新闻频道的负责人罗杰·艾尔斯，他在电话里给我提供了一个去纽约工作的机会。

坚持自己的诉求帮助我得到了这份工作。

回首往事，我逐渐意识到我在法庭之外取得的所有个人成就都源于我掌握的这种切实有效的行事方法。它指引我渡过难关，拿到“胜诉判决”。在你的生活当中，当你面临生活的苦难和挑战时，也可以尝试先明确自己的诉求。这种方法往往会为你带来意外之喜。

这个道理听上去好像很简单，但如果连你自己都不知道自己想要什么，也就不太可能获得成功。在没有明确攻击目标的情况下投入战斗，又不知道自己为什么参战，就像大船在海上失去了船舵。从一开始，大船就已偏离了航线。

漂亮女人走过来，坐在律师旁边。“亲爱的，”她说，“给我 50 块钱，我就对你言听计从。”律师一边从钱包里抽出一张 50 美元的纸钞，一边说：“好，那你把我家的房子重新粉刷一遍。”

如果你想在法律争议、冲突，或者日常生活中遇到矛盾时获胜，首先要学会从眼下所处的情境中抽离，然后扪心自问——“为什么会出现这种情况?”以及“我到底想要达到什么目的?”通常，到底发生了什么用非常简单的语言就可以描述和概括。在法庭上，矛盾之所以会出现通常就是因为双方对事实各执一词。每个人都有自己的诉求，都希望陪审团接受自己描述的这个版本的事实。在生活中，你的主张和诉求要能让你面临的挑战变得有意义，并能帮助你取得积极结果。

如何确定你的案件主张？

◎ 确定真实立场

首先，你要仔细想想应该如何把这句话填写完整：“这件事的核心是______，或者我想要达到的真正目的是______。”有时，你的答案会非常简单：“我想要把坏掉的答录机退回去，然后让他们把我的钱退回来。”但在现实生活中，我们面临的情况往往更为复杂。比如，你的难题可能是同事拒不承认他在故意破坏你和他合作完成的重要项目。如果按照惯性思维，你可能会认为：“这件事的核心是证明我的同事有多么奇葩”或者“我想要达到的目的就是证明坐在我隔壁的这个人是害群之马，应该像一只臭虫一样被踩扁”。但或许另外一种思维方式，能帮助你获得真正想要的结果：“这件事的核心是为什么我认为自己负责的这个前景不错的项目应该被落地执行。”

在家庭当中，与其设定短期目标“这件事的核心是让我儿子不要再打他妹妹了”，不如设定更长远的目标去教育、说服孩子：“这件事的核心是让我儿子学会尊重他人。”

专注地寻找、确定自己的诉求和主张（而不是意气用事），能帮助你加速转变思维方式——并帮助你做出真正的改变。优秀的诉讼律师都知道在没有明确案件主张的情况下，根本无法为自己的当事人提供有价值的法律服务。因此，他们一开始与当事人接触就会着手于此；而糟糕的诉讼律师从来不会确定什么案件主张，只会像无头苍蝇一样在黑暗中摸索，这种工作方法很有可能会给当事人带来难以预料的沉重后果。

◎ 避免无关话题

19 世纪初，英国越狱的逃犯会在自己逃跑必经之路上反复用红鲱鱼摩擦地面，用这种气味诱骗那些紧咬不放的警犬，以便顺利脱逃。就像这种散发着怪味的鱼一样，那些可能会令人分心、不符合整体规划、存在瑕疵的论据也会降低，甚至彻底毁掉你实现真实目标的可能性。这些“红鲱鱼”会让你的目标发生偏离。

把这句话填写完整：“这件事情与______无关。”通过这样的方式阐述自己的观点，你可能会说出一些让自己都颇感惊讶的答案。你会发现诸如“我有多么生气”或者“为什么我是正确的”这种围绕着纯粹主观情绪或者公平正义的主张和诉求，通常无法帮助你实现预期目标，甚至会让一切事与愿违。你面对的并不是“又笨又贵的水管工”，而是“一台还需要继续修理的排水泵”。你面对的并不是“老板低估了我创造的价值”，而是“我想获得理想的加薪”。

在案件进展的过程当中，对方带来的“红鲱鱼”和你的“三心二意”都有可能会让你的目标发生偏离。你要时刻提醒自己不要忘记真正的“主旋律”。不要让“红鲱鱼”分散你的注意力。你需要循着那股带着目标本质的“气味”——这是你能制胜的关键。

◎ 明确目标

你想得到什么样的裁决？你确定的案件主旨能帮助你获得理

想的结果吗？在论述主张和诉求的过程中，我们的脑海中有时会不经意地闪现一些模棱两可、不现实或者没有意义的想法——这些想法根本不是你想要实现的真正目标。在案件的起始阶段就想清楚自己想要什么结果，才能在论述的全过程中一直围绕着它。比如，你在医院等检查结果，医生让你白等了三个小时。这时，与其要求医生为此道歉，不如想清楚你的目标是“在医生下班之前拿到这份重要的结果”。再如，你的同事正在给你经手的项目泼冷水，面对这种情况，你的目标应该是“为项目争取一次对你有利的论证会”，而不是对同事做出反击。

接下来，我们一起看看在法庭当中让“明确目标”这种方法发挥积极作用的一些方式：

⊙ 第一种方式

作为前任联邦检察官，在准备对谋杀案件提起公诉时，我通常不会先考虑起诉的具体罪名，而是先明确自己的立场。我会仔细考量自己希望陪审团以什么样的案件事实作为本案的裁决依据和基础。

比如，被起诉的凶手在实施谋杀的过程中吸食了可卡因，处于受毒品影响的状态。我就必须让陪审团意识到吸毒导致的神志不清并不是法定有效的“减轻情节”。对我的目标而言，吸食毒品是一条“红鲱鱼”——而且是一条被告辩护律师一定会加以利用的“红鲱鱼”。所以，我会对陪审团说：“这起案件的核心在于，无辜的女性被害人在路口等红绿灯时因为想要保护自己的孩子而死于非命。被告想要偷走她的车，可她女儿还在车里。女士们、先生们，这是一起被告涉嫌绑架和谋杀的联邦案件。”然后，我会明确说出自己的诉求："据此，我希望陪审团裁定被告一级罪名成立。"

⊙ 没有借口

在担任联邦检察官期间，我经常会遇到被告辩护律师援引所谓的"甜点抗辩事由"的情况。这种抗辩事由会试图让陪审团不再关注于追究被告犯罪行为的法律责任，而是引导陪审团将被告实施的犯罪行为归咎于各种外界因素——比如，他当时吃了太多汀奇面包[1]，摄入了过多糖分因而在实施杀人、抢劫、强奸时处于极度亢奋的状态，所以不应该为自己的犯罪行为承担刑事责任。作为检察官，在面对采用"甜点抗辩事由"的被告时，我的诉求必须借助于常识:"这起案件的本质是对自己的行为负责——不要试图给自己找借口了。实施杀人、抢劫、强奸这种犯罪行为的是被告，不是那些蛋糕、毒品或者他的坏心情。"

"文化抗辩事由"也有很强大的说服力。我在生活频道[2]的节目当中报道过这样一起案件：住在加州的一位印度女性移民想要溺死自己的两个孩子，因为她的丈夫准备为了另外一个女人和她离婚。根据辩护律师提出的主张，她之所以想要溺死两个孩子，是因为无法承受内心巨大的羞耻感。因为在她的家乡——印度，大家总是会把婚姻失败的原因完全归咎于女性。检察官驳斥了这种"文化抗辩事由"，提出了自己的诉求，并说服了陪审团。陪审团没有容忍被告谋杀未遂的行为，一致作出了有罪裁决——辩

---

① 汀奇面包（Twinkies），一种奶油夹心的海绵蛋糕。

② 生活频道（Lifetime Television），美国一个付费电视频道。

护律师抛出的“红鲱鱼”遇到了无法逾越的障碍：“虎毒不食子”——世界上没有任何一种地方文化会接受谋杀自己孩子的行为。

⊙ 太不负责任了

你可能听说过最近发生的一系列针对烟草公司的诉讼案件，原告当事人的诉由是，为了让人们对香烟产生更强烈的依赖性，烟草公司加大了香烟中尼古丁的含量；你可能也听说过针对福特公司的诉讼案件，诉由是在明知平托车（Pinto）的油箱在车辆发生交通事故时存在爆炸隐患的前提下（有确凿的书面文件证明他们的确知情），福特公司经过测算，宁愿选择为潜在的伤者支付巨额医疗费并支付赔偿金，也不愿意投入研发成本对平托车的设计进行改良。在这两起诉讼案件当中，两家公司都选择拼一拼自己的运气，认为向伤者或者死者家属支付赔偿金比改进产品、“行正义之事”更“划算”。两起案件的检察官都选择围绕“公司责任”这一概念论述自己的案件主张，因为这种主张完全符合陪审员对公平正义的理解。

◎ 不要以貌取人

在对一位来自中产阶级家庭、很有个人魅力的白人女护校生提起公诉时，我经历了一场艰苦卓绝的斗争。这位护校生雇用了职业杀手，准备“解决”男友的前妻。在案件准备过程中，我掌握了一些无法被法院采纳为证据的事实：被告小时候目睹自己的父亲枪杀了自己的母亲；她曾经企图溺死自己的表弟以及做临时保姆时照顾的幼童（这是两起不同事件）。但根据俄勒冈州的法律，这两次谋杀未遂的犯罪记录都在她 18 岁时被永久销毁了。我准备起诉她的时候，她的工作是在基督教青年会教授游泳课！我的诉求是裁定其罪名成立，为她寻求心理辅导，并在不提及她之前的犯罪行为的前提下让她今后不再从事青少年的游泳教学工作。

我的主张是让陪审团相信，在被告甜美可爱的护校生外表下，有一个反社会人格。她找了一名职业杀手，边请他吃自己亲手做的意大利面，边教授他该如何“解决”男友的前妻，并把一切伪装成一场发生了冲突的毒品交易。她向职业杀手提供了消音器，告诉他必须对男友前妻的脑袋连开两枪——如果男友和前妻的孩子也在场，“就把他一起做掉”。

受制于无法援引被告成年之前的犯罪行为作为证据，为了便于陪审团理解，我对自己的案件主张进行了简化：“‘人不可貌相’——在漂亮的外表下，被告其实是一个残忍而精明的杀人凶手。”在庭审的过程中，我不断强调这句话，并提供了被告和职业杀手的对话录音及证人证言，证明她的情绪和“化身博士”①一样不受控制。虽然法官和陪审团起初都对她很有好感，但他们逐渐认清了她的“真实嘴脸”——一名必须接受法律严惩的冷血杀手。最终，这名护校生被判处 15 年有期徒刑，并且必须在联

---

① 《化身博士》(*Dr. Jekyll & Mr. Hyde*)，英国文学家罗伯特·路易斯·史蒂文森的代表作，讲述了亨利·杰基尔医生因喝下了自己配制的试验药剂而分裂出邪恶人格——海德先生的故事。因书中人物亨利·杰基尔和海德先生善恶截然不同的性格让人印象深刻，因此“Jekyll and Hyde”一词后来成为心理学当中对“双重人格”症状的代称。

邦监狱服刑。

◎ 一切简单化

我处理过一起复杂的经济诈骗案，被告从数百位受害者那里骗了很多钱，涉案金额巨大。这起案件中的犯罪嫌疑人开办了一家旅行社，他欺骗天主教神父和信教群众说可以带他们去巴基斯坦旅行，对“二战”老兵说可以带他们去日本和德国。当然，这些旅行根本没有兑现过。能证明被告犯罪行为的书面证据不计其数。

于是，我决定与其围绕着这些无穷无尽、非常复杂的文件“做文章”，不如去关注那些毕生积蓄都被骗走了的受害者。这起案件的本质是“背信弃义”。被告利用了受害者的期待、梦想和回忆，让受害者们为那些永远不会兑现的旅行花掉了毕生积蓄。

虽然我还是从堆得像小山一样的文件当中挑选了一些作为证据，但其实我更希望陪审员们能去关注那些上当受骗的受害者以及他们的遭遇。我的案件主旨十分清晰，也便于记忆——“背信弃义”，在庭审的过程中我不断强调“被告的诈骗行为给受害者们带来的巨大伤害”（而不是陷入逐一证明转账日期和金额、旅行文件和目的行程的泥淖）。通过反复强调“背信弃义”的案件主旨，而不是在文件堆中艰难前行，我成功地说服了陪审团，赢得了胜诉。

◎ 女士，把事实说出来就可以了

在庭审当中（以及在日常生活当中），一旦你因为“红鲱鱼”

而忽视了自己的真实诉求，往往会迷失方向——然后遭遇失败。或许 O. J. 辛普森案中检察官的败诉原因能更加充分地说明这一点。在辛普森案持续数月的庭审中，检察官一直都在被 DNA 证据干扰。检察官的案件主张是："辛普森先生于盛怒之下，杀死了自己的前妻和她的朋友，他留下的指纹足以证明这件事。"这个主张符合通过证据呈现出的案情。

遗憾的是，检察官犯了连法学院一年级新生都不会出现的重大失误——试图把原本并不同情辛普森的陪审团变成 DNA 分析技术的专家。他们本可以为此传召两位专家证人，然后速战速决——一位专家以《读者文摘》[①] 的形式讲述一下"DNA 是什么"（最多占用两个小时）；另外一位对辛普森的 DNA 在犯罪现场的分布情况进行简要分析（最多占用一个下午）。但在实际庭审的过程中，检察官却在这件事情上耗费了几个月。

在该案审理的过程中，检察官竟然会在自己都不能肯定结果的情况下要求辛普森戴上那只手套证明案情，这种做法简直荒谬到可笑。在检察官忘记了自己的真实诉求和主张后，陪审团也失去了思考方向。更让我震惊的是，在陪审团作出无罪裁决之后，负责该案的检察官玛西亚·克拉克告诉全世界，她在抗辩环节的前一天晚上才开始进行准备。作为一位经验丰富的诉讼律师，她本应该在庭审开始前的几个月就先明确自己的立场和案件主张——并把它们写进结案陈词当中。如果她能提前开始准备工

---

① 《读者文摘》(*Reader's Digest*)，美国家庭读物，世界上最畅销的杂志之一，为全世界各年龄、各种文化背景的读者提供资讯。

作，或许我们就能看到一个截然不同的判决结果。

作为检察官，她的工作应该是从庭审开始到结束都一以贯之地坚持自己的案件主张，而不是根据辩护律师的说辞被动地进行“即兴表演”。如果她能在庭审过程中时刻做到追本溯源、紧密围绕自己的诉求和主张，就不会因为引入 DNA 证据而迷失方向，也不会被那只手套彻底击溃。失去既定目标，让她只能采取守势，而无法主动进攻——对检察官来说，这无疑是自杀式打法，因为在刑事案件当中举证责任由检察官承担，检察官要证明被告有罪。据此，辩护律师改变了自己的主张：“如果我的当事人戴不进去那只手套，就必须裁定他无罪。”辩护律师们组成的“梦之队”及时调整并强化了自己的主张——因为检察官的案件主张早就被散发着恶臭的“红鲱鱼”带到了九霄云外。

现实生活，真实主张，真的重要

现实生活中的各种挑战可能会让我们无法像律师在法庭上那样确定一个清晰明确的案件主张——因此，如何具体落实第一步对于能否赢得这些挑战就变得更为重要了。

我大学时代的好友艾伦在一家规模不大的电信公司工作，有一名专职助理协助她开展工作。有一天，老板突然通知她：由于公司糟糕的财务状况，她必须和其他同事分享自己的助理。艾伦克制住了想要去找老板理论的冲动——“你这种做法根本就是不尊重我的工作”，或者“这样做会让公司陷入更深的泥潭，因为我们做账单的速度会变得更慢”。虽然她认为自己想要脱口而出的这些话都是对的，但她依然让自己冷静下来，把这种对她不利的人事调整变成了证明自己观点的依据：公司应该把做账单的工作外包给第三方，把自己的员工从不直接产生收益的工作中解放出来。

艾伦向老板阐明了自己的观点，并且成功地说服了他——现在有关账单的工作被外包了，艾伦的幸福感和工作效率也实现了指数级增长。

在现实生活中，职场上的矛盾要么事关更高的工作效率，要么事关盼望已久的升职加薪。像艾伦一样，如果你能暂时抛开自己的主观情绪（或者积极地利用自己的情绪），适时地忽略一些旁枝末节、并不是问题的“问题”（你的老板忘记邀请你参加团队烧烤聚会），你会发现自己反而得到了自己真正想要的东西。

明确主张和诉求不仅对职场发展以及各种商业和消费谈判至关重要（你并不需要斯普林特①向你道歉，你需要的是新手机），对妥善地处理个人事务也非常重要。考虑到绝大多数人在面对友情、爱情、亲情时可能出现的各种复杂心理和情绪，在解决生活中的矛盾和分歧时，你会发现我们经常会因为强烈的主观情绪而轻易地忘记案件的实质，并背离初衷和真正想要实现的目标。

梅根的女儿和我女儿是日托班的同学。对于丈夫连续两次忘记去接小女儿夏洛特这件事，梅根十分气愤。当她丈夫再一次忘了去接孩子的时候，梅根气到脸色发青，恨不得冲上去把她丈夫

① 斯普林特（Sprint），一家美国电信公司。

的脑袋拧下来。她说："这再次证明他就是一个无能的人。"不过，梅根还是决定与其现在把丈夫臭骂一顿，不如自己先去散散步，想清楚问题究竟出在哪里。

做了很多次深呼吸之后，梅根意识到她并不想贬低自己的丈夫。贬低对方也许能带来短暂的满足感，但她非常清楚，这样做他们双方都不会长期获益，夏洛特也不会从中得到任何好处。她的诉求并不是在日托班挽回颜面，也不是因为要额外支付"晚接费"而恼怒。经过一番深思熟虑之后，她意识到真正的症结甚至都不是"夏洛特被落在了日托班"——虽然这件事的确足以让她暴跳如雷。

真正的症结是她和丈夫之间的沟通不畅已经糟糕到了一定程度，以至于在一起生活让他们两个人都产生了深深的挫败感。梅根回到家时，非常清楚他们需要做出哪些真正的改变了。她明确了自己的诉求——她需要和丈夫就作为父母应该承担的不同责任进行深入、坦诚的沟通。于是，梅根和丈夫坐在了一起，冷静地说明了自己的诉求，她的丈夫也并没有找各种借口推卸责任：他没有说"你告诉我接孩子的时间就是错的"或者"你压根就没提醒过我"，更令梅根惊讶的是她丈夫也没有甩出最爱用的那个借口——"这根本不是我的错"。事实上，在听完梅根的叙述之后，她丈夫的回应是："你是对的。"

这次谈话后，梅根和丈夫进行了婚姻咨询，学习了更顺畅的沟通方式。他们建立了一种更平等、更平衡、更稳固的夫妻关系，也为夏洛特营造出了更和谐、更美好的家庭环境。

有时候，你就是错了

明确案件主张和诉求的关键，是聚焦于你想要实现的目标。我们都想要公平正义，也有权利获得公平正义。因此我假设，你想要赢得“胜诉”，是因为那才是公平、正确的结果，但有时候你可能会发现——你完全错了。

前两天，我弟弟克里斯托弗和我提起了这样一件事——有一次，为了公平正义，我们的父亲帮助他意识到了自己的错误。克里斯托弗现在已经成了一名很成功的演员，最近他刚刚出演了ESPN频道的《组织核心》[1] 和CBS频道的《犯罪现场调查》[2] 这两部电视剧。但在19岁时他也有过“成长的烦恼”。他读大学时的某个寒假，在和三位朋友去爱达荷太阳谷的路上，他们住在了我们的家乡——华盛顿州东部小城雅吉瓦。

在做了一些“疯狂”的事情、喝了很多酒之后，这个四人小组开着车在路上晃悠的时候被交警发现并拦了下来。交警判断他们这种未成年人持有酒精饮料及未成年人饮酒的行为已经违反了交规并触犯了法律。在酒精的作用下，克里斯托弗还出言顶撞了交警：“什么？M... O... U... S... E?”交警把他们送回了家，要求他们明天早上九点准时到交通法院受审。这句话似乎让我弟

① 《组织核心》（*Playmaker*），美国ESPN频道制作的一档描写美式橄榄球运动员生活的电视剧。

② 《犯罪现场调查》（*CSI*），一部美国刑事系列电视剧，由亚特兰提斯同盟（Alliance Atlantis）与哥伦比亚广播公司（CBS）联合制作播出。

弟和他的朋友们稍稍清醒了一些，但他们仍然坚信自己手中握有“免死金牌”——因为我父亲也是律师，在雅吉瓦这座小城市执业超过30年，我的祖父则是一位十分受人尊敬的退休法官。雅吉瓦的所有法官和律师都认识我们，所以克里斯托弗非常确信自己能从这次麻烦中顺利脱身。

第二天一大早，克里斯托弗和他的朋友（处于宿醉状态）收拾好背包，把滑雪板绑在了车顶的行李架上，乐观地推测着他们应该能在中午之前赶到太阳谷，当天下午应该就可以去滑雪了。到时候，他们会在太阳谷一起大笑，把这次“小麻烦”抛到脑后。

清晨的交通法院已经人满为患。行政法官面前的待审案件堆成了山，但就像克里斯托弗预料的，法官朝我父亲挥了挥手，然后问道：“理查德，要不我们从你开始，先解决你的案子？”克里斯托弗非常高兴。还有能比这更美好的事情吗？法官十分亲切地直呼着父亲的名字，而没有公事公办地称他为“维尔先生”。他们的“小案子”会被优先审理。克里斯托弗感觉自己的双脚马上就要踏上雪道了。

我父亲、我弟弟和他的三个朋友走到法官面前。“理查德，”法官问道，“发生什么事了？”

“早上好，法官大人，”作为四人组的辩护律师，我父亲开始叙述案情，“我儿子和他的朋友们——”停顿。“——简直就是彻头彻尾的白痴——”停顿。“——他们应该好好在监狱里待上一晚。”自此开始，情况急转直下。克里斯托弗的脸色变得像他注定无缘踏上的雪道一样苍白。法警押送他们走出了法庭，然后他们这个四人组就真的在监狱里待满了整整24个小时。

现在我们家的人说起这件事都觉得十分好笑。值得庆幸的是，这是我弟弟截至目前出现的唯一一次违法行为。我父亲当时的诉求是让克里斯托弗学会对自己的行为负责，不要每次犯错时都指望被家人“捞出来”。当然，在这件事情上我父亲也可以选择为克里斯托弗进行“辩护”，也许真的可以帮助他们顺利脱身。但在了解州法、知道不会让我弟弟留有案底的前提下，我父亲认为一个晚上的“铁窗时光”或许能够彻底阻止克里斯托弗再犯同样的错误。就像我父亲总会不断提醒我们的，勇于承认错误才是真正正确的选择。

人在犯错的时候，可能会试图提出这样一种主张和诉求——我在美国联邦调查局的朋友称之为“否认—否认—否认—要求证实—倒打一耙”。如果案件事实对自己不利，就援引法律规定为自己辩护；如果法律规定对自己不利，就去攻击对方采用的战术。换言之：

· 你根本就没看到你说自己亲眼所见的事情。

· 即便真的是你亲眼所见，那你肯定没有亲眼看到是我做了这件事。

· 就算你看到是我，那我当时也不在场。

· 即便我的确在场，我对自己做过些什么也是一无所知，所以我也不算是“真正在场”。

我听过这样一个故事：

在为因入室抢劫罪被起诉的被告辩护时，律师选了一个“很有创意”的辩护理由：“我的当事人只是把胳膊伸进窗户里，拿走了价值不高的财物。‘他的胳膊’并不等同他本人，我认为你不应该因为一个人的四肢触犯了法律而对他的‘全部身体’做出处罚。”

“说得好，”法官回应道，“根据你的逻辑，我判决被告胳膊有期徒刑1年。他本人可以选择一起服刑，也可以选择不一起服刑，他可以自己决定。”

被告面带微笑。在辩护律师的帮助下，他把自己的假肢取了下来，放在法官面前，然后大摇大摆地走出了法庭。

然而这些其实只是利用了法律的“小花招”，并不能成为人生重大决策的参照。当然，你或许可以利用这些花招和诡计从眼下的困境中脱身，但你接下来要考虑的问题就是：“真的值得吗？靠这些花招取胜，我真的高兴吗？”如果你在事实和道德上都没有什么优势，那就应该放下自己傲慢的态度，诚恳地承认错误。只有凭借正当手段取得的胜利才能给你带来幸福感，付出公平正义的代价、不择手段地取得自己想要的结果并不会让你感到快乐。

你的真实诉求是不惜一切代价“取胜”吗？你现在的行为方式是不是很像法庭上的辩护律师，在明知自己的主张不真实、不正确的情况下，还要使出浑身解数提出各种辩护事由？还是你愿意适时地示弱，以维系一份友谊、寻求对方的谅解，或者变成一名更好的职员？真正的答案只有你自己知道。

我希望这本书中提到的“八步法”能成为你的得力工具，帮助你提高自信、克服恐惧，在面对生活中的各种难题时面带微笑、心中有数。

一步一步完成任务

你可能无法在矛盾发生或者困难出现的一瞬间就想出并确定自己的案件主张和诉求到底是什么——不过认真思考这件事仍然能为你发现并进行有效的立论打开机会之门。花些时间考虑清楚“这件事的本质是什么?”以及“我想要达到的真实目标是什么?”，因为你的答案将为之后的胜利打下坚实的基础。

对我的朋友珍妮弗来说——那位收到了负面考核评语的律师助理，确定她的诉求并非易事。珍妮弗的父亲专横又传统，不希望她外出工作、追求经济独立，因此精准确定自己独立的诉求和主张对她来说十分困难。

◎ 明确她的立场

起初，珍妮弗决定保持沉默。她宁愿委曲求全地接受这份差评，也不愿意在律所里引发风波。她祈祷自己忽略这份差评的做法能让这件事被慢慢淡忘，也不为其他人所知。我告诉她，这份差评会一直留在她的档案当中，不仅可能会直接影响她未来的升职加薪，还有可能导致她被开除。于是，她请求我帮她去找合伙人谈谈米歇尔的差评这个问题，我告诉她这很有可能会弄巧成拙——如果米歇尔知道她的这种做法，只会更不喜欢他。

“你想要什么?”我问。

“我想知道为什么米歇尔要对我做出这么负面的评价。她的依据是什么？”

“好，这就是你的立场！”我高兴地对她说。

◎ 避免无关话题

珍妮弗的最初倾向是自我怀疑，她觉得米歇尔的负面评语可能的确有根据。她不停地边哭边问：“我到底做错了什么？”以及“我还能改好吗？”

然后她的伤心和沮丧变成了愤怒，强烈的负面情绪干扰了她的判断能力：“显然，米歇尔完全不知道她自己在说些什么。我要到合伙人那里去申诉。”但与上级主管为敌并不会对她的诉求产生任何积极影响，反而会引发更大的问题。珍妮弗逐渐意识到，对自己的主张和诉求而言，对米歇尔的工作能力提出质疑是一条“红鲱鱼”，自己必须“绕道而行”。

◎ 确定她的目标

珍妮弗需要在不朝米歇尔发火、不表现出沮丧的前提下为自己辩护，希望能说服米歇尔重新写一份评语，让她对自己过去一年担任律师助理工作的表现做出积极的评价。

因此，她的诉求和主张是：“我很擅长自己目前从事的这份工作……因此，我很想知道：第一，这份负面评语的依据是什么；第二，我怎么做才能让你愿意修改你的评语。”

在明确珍妮弗的诉求之后——她的工作表现不错，但上级主管的考核评语却并没有如实地反映出这些——珍妮弗已经做好了采取行动的准备，希望能为自己争取到理想的结果。

事情的核心是你

你需要解决的到底是什么问题？你的案件主张和诉求是什么？是得到更高的职位？还是创造更稳固的恋爱关系？或者是想让医生准时给你看病？如果你已经知道自己想要什么、能准确识别出“红鲱鱼”、拥有了既定目标，那接下来就需要像《电视指南》[①] 上的剧情简介一样把这些内容精练地表达出来：一艘沉船上的幸存者们流落荒岛，他们必须在岛上重建社会秩序，并找到回家的方法。

想象这样一个场景：一群记者围在法院门口的台阶上连珠炮似地向你提出各种问题：“对这起案件，你有什么要说的吗？”一位记者高声大叫着提问，手里的麦克风已经快戳到你脸上了。你准备好答案了吗？如果你不能在 15 秒时间内回答完毕，那就需要再打磨自己的答案。（我曾经遇到现实中更为严苛的法官，让我用一两句话说明为什么这起案件值得由陪审团作出裁决。）

案件主张就是你的大本营。如果大本营安全，你就可以继续向前推进案情了。

---

① 《电视指南》（*TV Guide*），全美销量最高的杂志之一，主要内容包括电视节目表、电视节目动态、名人访谈、八卦新闻和电影评论等。

运用诉讼律师的技巧应对生活中的挑战

案件摘要：第一步

诉求和主张

1. 确定真实立场

a. 你现在面临的情况、困难或者冲突是什么？

b. 引发这种情况、困难或者矛盾的导火索是什么？

c. 这件事的本质或者核心是什么？

2. 避免无关话题

a. 你为什么会因为眼前的情况而感到愤怒、震惊或者害怕？

b. 这件事与______无关？

c. 列出可能会让你迷失方向的无关话题。

3. 明确目标

a. 在这种情况下，你想要实现的、具备可行性的真实目标是什么？

b. 你的主张和诉求到底是什么？

c. 你想通过什么样的案件主旨实现自己的诉求？

第2章

第二步　选择并培养听众：陪审团遴选[①]

有些律师技巧能帮助你充分利用对事件对方的既有了解，用最有可能说服对方的方式论述你的观点和主张。

或许大家正是通过辛普森案才了解到一些在诉讼律师圈子中早就人所共知的重要事实：陪审员的选择将会左右案件的判决结果，甚至在双方律师做完开庭陈述之前案件的结果就已经确定了。我们每个人都由自己的经历和“历史”组成，组成我们的成分中包含人种、性别、宗教信仰、性取向、经济条件等各种各样的因素。那种认为个人经历不会透露出“我们是谁”的想法实在太过天真了。从陪审团候选名单中挑选陪审员时，律师会选择那些最有可能被自己的证据说服的人。与此类似，如果你正试图在生活或者职场上说服他人接受你的观点，那就必须先确定自己的观众——你的“陪审员”有能力、有意愿为你提供帮助。

在辛普森案中，被告的辩护律师从一份以非洲裔美国人为主

① 陪审团遴选（Voir Dire），美国司法制度中的一个程序环节，法官和律师通过提问的方式，对候选陪审员进行审查，以判断其是否具备加入陪审团的资格。

的陪审团候选名单中挑选出了自己的陪审员，希望他们能支持被告提出的诉求和主张：就因为是非洲裔美国人，所以辛普森先生才会沦为执法者仓促提起公诉的“牺牲品”。陪审团遴选结束后，辩护律师们把他们的这位“明星被告”未来的命运交给了九名非洲裔美国人、两名白人以及一名拉美裔美国人，他们相信这个以非洲裔美国人为主的洛杉矶陪审团会因为自己与执法者之间的“宿怨”而认定被告无罪。

由于辛普森是在洛杉矶——而不是以中产白人为主要居民的布伦特伍德被提起公诉，因此当时陪审团候选名单中绝大多数候选陪审员都是非洲裔美国人。检察官玛西亚·克拉克知道，无论她在陪审团遴选环节排除多少候选人，仍然会面对一个极为同情被告的陪审团，因为自己要起诉的被告是一位非洲裔、极富个人魅力的体坛巨星。事实上，那些最终组成陪审团的人要么曾经是洛杉矶警察局种族歧视行为的亲历者，要么就是曾经亲耳听到过自己的家人、朋友讲述他们遭到种族歧视的经历。辛普森的律师极为巧妙地利用了种族之间的这种不信任感。

暂且不论你如何看待辛普森是否谋杀了自己的妻子这个问题，他的辩护律师采用的这种“与陪审团建立共鸣”的技巧还是十分值得赞赏的。这就好像是约翰尼·科克伦邀请陪审团的成员们来自家后院举办露天烧烤聚会，其间约翰尼讲了个笑话，陪审员都轻轻笑了。约翰尼很热情，陪审员对他的热情做出了回应。他在调查研究和留意倾听之间找到了平衡。这种平衡为他赢得了胜诉。

*　*　*

从理论角度分析，法官和陪审团在案件的初始阶段应该做到不偏不倚，但现实中从他们步入法庭的那一刻开始，双方律师就会尝试把他们拉拢到自己的阵营当中——让他们认同自己提出的主张和诉求，或者被这种主张说服。在现实生活中，你或许并不是每次都能找到有空的调解员，在认识的人当中选择陪审员可能也并不合适。在实际生活当中，你面对的法官或者陪审团可能就是和你产生争执的人，比如你的老板、丈夫/妻子或者你好不容易找来的管道维修工。假设你和丈夫/妻子吵架了，这时并不适合打电话请邻居来家里喝咖啡——然后假装不经意地说："哦，来得正好，你可以给我们当法官，你说我们俩到底应该谁去把洗好的衣服晾上？"

当然，在面对生活的挑战时，你可能无法按照自己的喜好"挑选"陪审员，但仍有一些"律师行业的常用秘诀"可以帮助你打动陪审员，并把他们拉进自己的阵营。

陪审团遴选基础课

如果你曾经履行过陪审义务，那就肯定参加过"陪审团遴选"这项司法程序。"voir dire"是一个法语词，原意是"去看，去说"——在这项程序当中，检察官和辩护律师会对候选陪审团成员提出一系列涉及其宗教信仰、政治观点、工作、个人经历的问题。每一方都希望挑选出"特定类型的人"——有可能作出对自己有利的裁决的人，并由这些人组成陪审团帮助自己赢得胜诉。

在司法程序当中，检察官和辩护律师都有权从陪审团候选名单中排除或者“剔除”某些候选人。这种排除有时不需要说明理由——“无因回避”[1]，有时则需要说明理由——“有因回避”。双方都可以不限次数地行使“有因回避权”——只要检察官或者辩护律师能向法官证明该候选人不适合充任本案陪审员。双方律师需要向法官证明他们想要剔除的候选陪审员对自己的当事人存在偏见，这种偏见会让陪审员无法以开放、公正的观点审理本案。比如，如果陪审员与涉案人熟识，或者强奸案的受害人和陪审员的女儿同岁，而他的女儿本身也曾遭遇强奸——这些情况就可以成为律师行使有因回避权的“因”。律师需要通过对候选陪审员进行提问的方式说服法官认同“该候选陪审员的确存有偏见”。

辩护律师米奇·谢尔曼[2]告诉我，在迈克尔·斯凯克案[3]的陪审团遴选程序当中，他发现大部分候选陪审员都很想充任该案的陪审员。对于受到媒体关注的“大案要案”，这种情况并不罕见。在最初的陪审团候选名单上有一个人是航空公司的乘务员，据米奇描述，“态度很傲慢”。她对案情有基本了解，看过很多相关报

① 无因回避（peremptory challenge），指诉讼当事人可以在不说明理由的情况下，拒绝或者阻止某人充任本案陪审员。

② 米奇·谢尔曼（Mickey Sherman），美国著名刑事辩护律师。

③ 在该案中一位肯尼迪家族成员被指控曾在青少年时期用高尔夫球杆连续猛击自己邻居的头部致其死亡。

道，认为被告斯凯克有罪，但她说自己会“竭尽所能地”作出公正裁决。米奇以此为由向法官主张这位候选陪审员“有因回避”，但法官却认为他给出的理由不够充分，因为这位女士或许能做到公平、公正——她承诺了会“竭尽所能”保持中立。

于是，米奇请求法官允许他再问一个问题。“候选陪审员女士，”他说道，“假设我现在是你所在航班上的乘客，我们的飞机准备飞往伦敦。就像《空前绝后满天飞》那部电影中的剧情一样，机长因为食物中毒、突感身体不适，无法驾驶飞机安全降落。这时，我举手主动提出可以帮忙完成飞机降落的工作。我从来没开过飞机，但‘我真的会竭尽所能’。你觉得这样可行吗?”还没等她回答问题，法官就同意了米奇的主张，同意他对这位候选陪审员行使有因回避权。

在行使无因回避权时，律师们可以在不说明原因的情况下直接排除某位候选陪审员：只需说明本案无须该候选陪审员履行陪审义务即可。在使用次数有限的无因回避权时，律师们只需告知法官：“被告/公诉方在此感谢3号陪审员，你现在可以离席了。”通常情况下，检察官可以行使三次无因回避权，被告可以行使五次。因此，双方律师在使用它的时候都会非常谨慎。在对一起强奸案提起公诉时，我利用无因回避权排除了两位年龄稍长、在我看来可能会在裁决时过于主观的女性陪审员，留下了年龄较大的男性陪审员们，我认为这些男性陪审员有可能会将本案的受害人视为自己的女儿、妻子或者姐妹，并因为这种带入感产生强烈的保护欲。该案中的强奸犯最终锒铛入狱，目前仍在服刑。

◎ 选得不错

对律师而言，选择陪审团成员是最具挑战性的工作之一。完成这项工作就像在走钢丝，在遵守各项法律规定的前提下，律师必须在“挖掘信息”和“不冒犯对方”之间找到一种平衡。陪审员们才是最终决策者。他们手中共同掌握着被告或者案件的命运，而陪审团内部的运转方式很像“重组家庭”（但愿不会出现太多矛盾和分歧）。在这种运转方式下，陪审团会一起作出裁决。

任何一个活着、正常呼吸的人都会有自己的倾向、想法和经历，这些因素都会对他的决策过程产生影响。作为律师，我们希望能在陪审团遴选程序中找到那些因为其倾向和经历而更有可能被我们提出的观点和证据说服的人。因此，我们需要有针对性地对陪审员候选人进行提问，在不冒犯、不疏远这些候选陪审员的前提下，从他们身上挖掘出有关其“既有倾向”的信息。

比如，假设我在陪审团调查问卷上看到一名候选陪审员没读完高中就退学了，但拿到了普通教育发展考试①证书，那我就不会问出这种尴尬的问题：“请问你为什么没读完高中就退学了？”（言外之意：你挺笨的。）我会这样问：“我看你拿到了普通教育发展考试证书，要拿到这种证书需要付出哪些努力？”我的主要目的是收集信息，并不需要在提问时咄咄逼人，让对方狼狈不堪。假设我已知一名候选陪审员曾经被开除过，我就不会问：

---

① 普通教育发展考试（GED），全美承认的一种可以替代高中毕业生文凭考试。

“你为什么会被开除?”（言外之意：你连工作都保不住。）我可能会换一种方式：“我看到你之前在亚美公司工作过？在那儿工作感觉如何?”我需要明确知道候选陪审员对权力部门是否有“怨念”，或者无法适应在规定时间内完成特定工作，而不是去孤立他。人们对此类问题给出的答案通常都能让我迅速、有效地完成“识人”的工作。

假设我要对每天要照顾三个孩子的家庭主妇提问，我会首先想到她可能会对职场女性——一位女律师产生排斥心理。因此，在遇到这种情况时，我会这样提问：“我有两个孩子，他们的个性和特点完全不同。和我聊聊你的孩子们，他们的性格也都各不相同吗?”（言外之意：我也是一位母亲。）

在陪审团遴选程序中，我并不想让候选陪审员感到格格不入或者特别难堪。因为这些人很有可能会出现在最终的陪审团名单中；就算我能成功排除某些候选陪审员，其他陪审员会看到我的所作所为。在华盛顿州立大学法学院时，我会经常提醒我的学生们：在法庭上，在任何一个时间点，都会有至少一位陪审员在观察你的一举一动。诉讼律师的大脑深处都应该时刻牢记：如果选错了陪审团，那在案件开始前，你就已经把它毁掉了。想要选出一个可能会倾向于自己的陪审团，诉讼律师就必须在选择陪审团成员时对案件的实质和双方的庭审焦点有非常清晰和准确的认知。

在陪审团遴选程序中，律师绝对不能依据归纳总结或者对某些群体的刻板理解做出选择，这种做法通常会带来大麻烦。我曾经在西雅图担任过联邦检察官。在西雅图，你拿到的陪审团候选名单上经常会出现一些在波音公司工作的中年、白人、男性工程师。对公诉方而言，这些工程师已经被贴上了“极难对付的陪审员”的标签。按照这种归类，这些工程师对于法律适用和事实认定有着极为精准、近乎机械化的要求。他们对于裁定被告有罪的证明标准简直高到令人难以置信的程度。但诉讼律师必须警惕以这种泛泛的“刻板印象”作为自己的判断标准。

在一起毒品犯罪案件中，我起诉的被告是一名年轻的非洲裔男性，我发现辩护律师非常想要在陪审团中留住几位年龄较大的非洲裔蓝领工人。他错误地将大家对非洲裔美国人的“模式化理解”套到了他们身上，想当然地认为他们会支持、同情“自己人”。很可惜，他的想法大错特错。在该案中，陪审团裁定公诉方对被告提起的各项罪名均成立。主导陪审团商议程序的正是其中一位年龄较大的非洲裔男性——辩护律师以为自己早就把他收入囊中了。

在陪审团遴选过程中，我没有对这些非洲裔陪审员提出异议。因为据我观察，“非洲裔美国人”并不能代表他们的全部经历；他们一生勤勉工作，想凭借自己的努力实现美国梦，相信只要辛勤工作就可以为自己创造美好生活。他们每天都会回到聚集着年轻吸毒者的社区，也看到过毒品（和毒贩）给他们的美国梦带来的毁灭性打击。他们会比陪审团中的那些白人更加痛恨毒品犯罪。他们亲身经历过被告这种人给他们的家庭和社区带来的浩劫；他们心中对被告这种人的愤怒和厌恶会让他们支持我的诉求和主张。我之所以能获得令人满意的裁决结果，是因为在陪审团遴选过程中，我克服了自己的“膝跳反射”，没有按照大部分人对非洲裔美国人价值观的刻板理解做出判断。

在选择支持你的陪审员时，要避免视野狭窄。对自己想要追求的东西过于执着、不会灵活变通，和模式化地理解陪审员的价值观并据此做出错误判断一样，都会危及你的主张和诉求。

作为检察官，在一起涉及大量复杂交易文件的经济犯罪案件中，我想当然地认为一位经济学博士会因为他受过的高等教育而认同我的主张。我认为在这起涉及复杂计算、现金流动和诈骗行为的案件中，这位男士有能力引导陪审团的其他成员准确理解那些错综复杂的细节。

因为对这位经济学博士寄予厚望，我得意忘形，根本就没有为陪审团遴选程序做好充分准备。如果我当时能再详细挖掘一下他的生活经历，就会发现：因为常常“忘记”支付信用卡账单，他的个人信用等级非常低。没错，这就是那位经济学家。在案件审理的过程中，我发现他虽然接受了良好的教育，但却不具备生活常识。如果我能在陪审团遴选程序中提出正确的问题，就会及时发现这种“特殊情况”，然后把他排除出去。我固执地认为：陪审团中有经济学家对我而言是一件好事，于是根本就没有想要去了解他的“真性情”。幸运的是，我最终还是胜诉了，被告被裁定有罪——因为在其他陪审员的帮助下，那位经济学家终于理解了那些重要事实和细节。

在多年的执业生涯中，我发现：在法庭上，你必须待在那些拥有丰富常识的人周围——这比一个人在自己办公室的墙上挂了多少张学历证书要重要得多。在生活当中，同样如此。毕竟，学历证书有可能会丢，但生活常识永远不会丢。你需要那些具备生活常识的人留在你的阵营当中。

说实话，作为律师，虽然我们嘴上总说自己想要选出公平、公正的陪审团，但这根本就不是我们的真实想法。没有任何诉讼律师想要选中完全中立的陪审员。我们其实都想找出愿意支持自己的诉求和主张，愿意采纳我们的思路和观点的陪审员。

第一次约会

陪审团遴选程序就像第一次约会——你想要在短时间内迅速了解对方，然后迅速确定自己是否愿意再次和对方约会。如果你有过“第一次约会”的经验，就会发现与其说这是一项有趣的活动，不如把它当成一次质询。你想赢得对方的好感，让对方了解你，但又不想回答各种让人觉得尴尬的问题。想想你那些糟糕的“第一次约会”吧。其实在你们之间的第一次闲谈开始不久，彼此的第一印象就已经产生了。

第一次约会的每一个细节都会被关注——在陪审团遴选程序中，律师的所有言行都在不停地对外传递信息。第一次约会时，你会留意对方是否准时、着装是否得体、紧张时候有哪些举动、对服务员的态度如何，甚至指甲是否干净。与此类似，在法庭上，从陪审团候选人步入法庭开始，他们就会开始细致地观察律师和涉案人。就像在约会一样，当律师们在思考应该选择由哪些人充任陪审员时，候选陪审员们也在思考自己应该选择相信哪位律师。

在陪审团遴选程序中，诉讼律师的三个主要目标与第一次约会想要达成的目标十分相似：

1. 展现出自己最好的一面；

2. 了解对方（陪审员）的想法和态度；

3. 必须让对方（陪审员）熟悉你和你的想法（你想让陪审员了解到的案件事实以及案件可能涉及的主要法律问题）。

◎ 展现自己

第一，给对方留下良好的第一印象，并在不被对方发现的前提下密切关注对方（陪审员）的举动。你要做真实的自己——真实的自己最好的一面，你要和对方分享一些让你看上去更真实的故事，但又不能暴露你的弱点或者让你看起来缺乏安全感。第一次约会并不是和对方分享你上一次糟糕的婚姻的好机会，也不适合告诉对方你现在还为家具的问题和前任“较劲”。虽然这些事情会让你表现得非常坦诚，但对别人来说这些事实可能太过真实了，以致对方根本不会和你再有第二次约会了。

在刚从法学院毕业并成为一名非常年轻的检察官的那段时间，我发现很多候选陪审员根本不相信坐在桌子后面的这个年轻女性也是一名律师，我知道他们当中的很多人是这么想的：她绝对不可能说服我。但是，我做到了。我认为我之所以能说服这些人是因为我能坚持真实的表达，坚持我的诉求和主张，而不是试图把自己伪装成其他人——比如，一名强硬的男律师。

我被许多陪审员视为妹妹、女儿，甚至孙女，并不是因为我会溜须拍马，而是因为我会诚恳地说：“我会把我了解的事实告诉你们，我相信你们会认同我的诉求和主张。”我从来不会“操纵人心”或者自顾自地向陪审团明说“我是一个诚实的人”或者“相信我就可以了”。我会自信而真诚地说：“我不会告诉你们一些连自己都不相信的事实”或者“我会尽可能清晰地向你们说明本案的全部事实”。

在处理我的第一起公诉案件时，我非常紧张。在整个陪审团遴选的过程中，我的双腿都在不停颤抖。于是，我对候选陪审员们说了这样一番话：“我得承认，我的双腿一直在发抖——因为这是我的第一次正式庭审。伸张正义非常重要。我保证会向你们出示有力的证据，如果你们能给我一个机会的话。”

我发现无论是挑选陪审员，还是在生活中找人倾诉，你的焦点都应该是得到对方的尊重，并让其与你产生共鸣。营造出让人放松的沟通氛围，并先分享一些你自己的“小秘密”，你就会有机会得到对方诚实的回答。

◎ 获取信息

第二，要擅于倾听。在双方沟通的过程中，如果一直是你在不停地说，就不太可能了解到对方的想法和状态。如果你能给对方表达的机会，和你约会的人通常也愿意与你分享一些自己的故事。谁都不想经过了一晚约会之后，因为自己不善倾听，而对对方的情况一无所知。如果你的人生梦想是生三个孩子，和你约会的女生却说自己压根就不想要孩子，这就是一条很有用的信息。如果陪审员在被告可能会被判处死刑的案件中说她绝对不会支持死刑，作为检察官，这就是我必须提前了解的信息。

在庭审过程中，诉讼律师能直接与陪审员对话的唯一机会就是陪审团遴选程序。律师可以借此机会了解这些陪审员，以及他们对本案的态度。在确定陪审员人选时，我只能通过六个问题尽可能多地了解他们。通过陪审团调查问卷，我可以看到他们的年龄、性别、种族，有时也能看到职业。我的工作是根据这些信息，提出具体问题，以确定某位候选陪审员是否认同我的主张和诉求。

为实现这一目标，我会进行“开放式提问”。这些问题需要陪审员用一段叙述而不只是用“是”或者“不是”回答问题。提出问题之后，我会认真去听陪审员的回答。我不会机械性地不停提问——陪审团遴选程序的核心不是提问，而是获取信息。记得有一次，我的助理律师在进行证人询问时特别紧张。他问那位证人的生日是哪天，对方说想不起来了。因为太紧张，我的助理律师径直提出了下一个问题。我发现助理律师根本就没认真听对方的回答，这提醒了我：一会儿我们要回到刚才这个问题，找出某些重要信息。

根据那位证人的回答，我又追问了一个问题：“先生，你刚才说自己从来没当过陪审员。请问这是因为你想当却没被选上，还是因为你很幸运，从来没有在陪审团候选名单上出现过?”我想要通过援引对方答案，证明我很关注他的回答，并且需要根据对方的回答再次提问以进一步了解他的想法。这种做法在庭审辩论领域被称为“循环代入”——在提出新的问题时加入对方之前给出的答案。“你看到开着蓝色车辆的司机撞倒了这位女士，然后发生了什么?”

通常，我还会这样询问候选陪审员：“有没有你觉得很重要但我没有问的事情?”接着，我会收到各种各样的回答：

- “我的妹妹/女儿/母亲/妻子也遭遇过强奸。”
- “我因为谋杀罪被起诉过，但陪审团认定我无罪。”
- “我打过警察，他们说的任何事我都不相信。”
- “我是晚期癌症病人，可能没办法全程参与庭审了。”
- “我们高中的时候出去约会过，不过你好像不记得我了。”

◎ 掌握信息

第三，在第一次约会时“扮演”别人，将来会给你和对方都带来困扰。如果你明明每天要抽两包烟，却非要在第一次约会时说自己讨厌抽烟，那当对方发现你是资深烟民时，你们双方都会有很深的挫败感。法庭上同样如此。如果我的当事人吸毒，但我没有在陪审团遴选时问及他们对于毒品的态度，这件事很有可能会在之后庭审过程中对我造成“伤害”，甚至直接毁掉我的主张和诉求。

没有人喜欢被蒙在鼓里，对真实情况一无所知。陪审员想要了解案件的全部重要事实。所以如果律师没有在陪审团遴选时为他们提供案件要点，他们就会选择用自己的想象力去填补这些“空白”。

谁，问什么，什么时间，
什么场合，为什么以及怎么做

在现实生活中遇到挑战时，大部分人不会先停下来思考我们

能否选择倾听诉求的人选，或者我们能否说服负责倾听我们的诉求和主张的人。但在职场上、在进行消费谈判时——你可能必须要找到更高级别的领导处理问题，必须和销售主管直接沟通，或者想让房产经纪人为你提供更为优惠的贷款利率——其实在大部分这种情况当中，我们都可以先弄清楚在有能力解决问题的人当中，谁会最有可能认同或者接受我们的主张和诉求。

即便你面对的是完全无法选择陪审员的情况——要与你沟通的是你的妻子/丈夫/孩子——你仍然可以凭借自己对他们的了解，调整沟通方式，让他们更容易接受你的观点和主张。

- 陪审员是谁？
- 你应该问什么？
- 你应该在什么时间提出要求？
- 你应该在什么场合和对方沟通？
- 你为什么会提出这种要求？
- 你应该怎么做？

◎ 谁

无论是在法庭上还是在牙医诊所，抑或是在任何其他场合，你都需要思考并回答这样一个问题：谁最有可能给出我想要的结果？在面对冲突时，你通常都可以选择陪审员。如果要讨论孩子在校的表现，你可以选择和哪位校领导沟通；如果汽车修理厂的工人搞砸了、把你的车彻底弄坏了，你也可以选择和汽修厂的哪位负责人沟通补偿事宜。

在准备提出自己的诉求时，你也可以进行“陪审团遴选”，对所有候选人进行评估，找出最有可能被你说服的陪审员。谁可能会“打小算盘”或者被轻易激怒，或者喜欢咄咄逼人？谁可能会冥顽不灵或者做事不求逻辑？如果你先静下心来仔细研究每位陪审团候选人，就会发现这其中有些人可能压根没有权限和能力给你一个满意的结果。你需要选择更合适的人来充任你的陪审员。

比如，发生职场冲突时，如果你知道直接上级给出的答复很有可能无法让你满意，那直接去找人事经理或许才是更好的处理方法——即便你会担心这样做属于“越级”。就像律师可以向上级法院提起上诉一样，你同样享有“上诉权”。每当一线客服不能给出让你满意的解决方案、而你要求和她的主管直接沟通时，你其实就是在“上诉”。这种做法可以被运用到生活中的方方面面——不论你是要处理家庭矛盾、改善在校表现还是解决职场冲突。

即便无法选择陪审员，你仍然可以在其他方面做出选择。

每年，达琳和丹都会休假两周，带着两个孩子去位于新英格兰海边的小别墅与丹的大家庭团聚。因为预算有限，这对夫妻每年只能享受一次这样的悠长假期。他们的两个孩子很喜欢这种安排，因为他们可以和自己的表哥一起在海边玩上两周。这两周的团聚时光对丹的大家庭来说也很有意义。

达琳面临的两难处境是丹有一个大家庭。虽然她很清楚对丹和两个孩子来说，这段假期时光非常珍贵，但对达琳而言，和一大堆亲戚共住两周却让她觉得很压抑，尤其是一想到这是他们夫妻每年唯一的一次长假，她就觉得格外压抑。她试着和自己的丈夫沟通过，建议他们利用这两周假期单独旅行。结果她刚说完自己的提议，丹就大为光火，认为达琳产生这种想法就是错误的，所以这场夫妻对话直接就走进了“死胡同”。达琳真的非常期待和丹一起享受一些真正的“家庭时光”。她认为这对他们的婚姻来说非常重要，因为丹最近的工作似乎越来越忙了。于是，她决定在丹的大家庭当中找出合适的人选，能在不伤害他们感情和热情的前提下，对这件事提起“上诉”。

达琳首先排除了丹的母亲。她们之间一直处于“话不投机半句多”的状态。达琳有些轻微超重，丹的母亲对此颇有微词，她还经常当着达琳的面故意提起丹高中时约会过的那些“漂亮女孩”。达琳由此判断自己不可能获得婆婆的公正裁决。丹的姐姐或许是不错的选择，因为她在家中有话语权又很喜欢达琳，但她恐怕并不希望达琳缺席每年固定的家族聚会——她还指望着达琳和丹的孩子能和自己的孩子“互相内耗”以度过整整两周的时间呢。丹的妹妹和两个弟弟对家中事务基本上没有话语权——就算他们都认同达琳的主张，又有什么用呢？

达琳选择了丹的父亲充任陪审员。他们拥有相似的幽默感，两人之间的沟通总是很愉快，丹的父亲也不时会说起丹能娶到达琳这样一位好妻子，两个孩子能有这样一位好妈妈——真是“夫复何求”。达琳决定在周四晚上给丹的父亲打电话，因为她婆婆每周四晚上都会去参加园艺俱乐部的聚会。“爸爸，你好，”达琳开门见山地说，“你能不能帮我想想办法，今年休假的时候我想和丹拥有更多‘二人世界’的时间。”

这次沟通非常成功。达琳把自己的主张和诉求交到了“正确”的陪审员手中。丹的父亲想出了一个绝妙的方案，并把新方案告诉了自己的妻子，还帮达琳成功实施了新方案。那一年，以及此后的每一年，这对夫妻都会让两个孩子先飞去新英格兰，他们自己则会在假期的第二周飞过去，与丹的大家庭团聚。这种做法让每个人都很开心。丹的父母觉得自己能在第一周当中“独霸”两个孙辈，丹姐姐的孩子仍然能和自己的表弟、表妹玩上整整两周。丹和达琳的两个孩子也很开心，因为他们终于有机会单独坐飞机了，也因此变得更加独立。最重要的是，丹和达琳可以拥有为期一周的浪漫时光——有一年他们选择了一家便宜的汽车旅馆，每天在泳池边享受日光浴；另外一年，他们选择去野营；去年他们在尼亚加拉大瀑布附近选择了一家民宿，住了整整一周。第二周，他们又去享受了大家庭带来的乐趣。

因为选对了陪审员，达琳的主张和诉求得到了支持，她胜诉了。

* * *

有时，你可能会意识到自己在陪审员的人选上做出了错误的选择。这时，你该怎么做呢？20 世纪 80 年代后期，我从法学院毕业不久，刚刚进入一家律所做公司法律师。当时，艾滋病还是“新鲜事物”，而我想要为那些生活和命运都被“HIV 阳性”的检测结果彻底改变的人做些事情。我觉得我能做到的、比较有价值的事情就是免费为那些负担不起律师费的艾滋病人起草遗嘱，让他们能死得更有尊严。但起草遗嘱并不是我自己的业务领域，因此，我决定求助于律所中的信托和房地产律师。

我的第一反应是求助于律所的资深合伙人。在我说明来意之后，他说："嗯，我觉得可以，但如果他们那种人来过你的办公室，律所的其他同事恐怕会把你办公室里的所有家具都烧掉。"我马上意识到我选错了陪审员。显然，这位资深合伙人在掩藏自己的真实想法。因此，我说："我还真没考虑过这件事。我可能需要再考虑考虑。"

我反思了自己的想法，暗自琢磨谁会更愿意接受我的想法。我发现我需要找的是资历和我差不多、初出校门、思想比较进步，并且愿意帮助我（以及别人）的律师。我找到了信托和房地产团队刚入职的一名年轻律师，向他阐述了我的诉求和主张。他表示非常愿意参与。起初，我们俩成立了一个小项目组，五年之后这个小项目变成律所的重点公益项目。如今，它仍在运转。在这件事情上，我一开始选错了陪审员，但在意识到自己的错误之后，我很有分寸地在不伤害对方的前提下选择了其他人充任陪审员，并没有陷入毫无意义的哲学辩论当中——开展这种辩论完全无益于我实现自己的目标。

* * *

有时，你无法选择陪审员——你不可能完全地要求另一个孩子去把他自己的房间收拾好——但你可以根据自己对陪审员性格、状态及态度的了解，调整自己的"迎战方式"。就像检察官和辩护律师会调整语言风格和演讲方式一样，你也可以根据陪审员的情况改变沟通方式。

在对陪审员进行评估时，你可以采用辩护律师常用的技巧去判断这位候选陪审员会不会认同你的主张和诉求。辩护律师会留意候选陪审员的一举一动，从中发现那些能够体现出他们个人对本案、双方当事人及律师抱持态度的征兆和“暗语”。

有些征兆的含义非常明确，有些就比较微妙了。在沟通的过程中，“陪审员”是在直视你，还是俯视你，抑或她的目光直接越过了你？“回避目光的直接接触”通常代表对方不想听或者并不关心你想要表达什么。在你发言的过程中，陪审员有没有身体反应？比如，他有没有对你微笑？辩护律师通常会以让陪审员点头表示同意作为自己的目标。或许这未必是了解对方倾向和看法的最可靠办法，但却不失为不错的起点。当然，如果对方像看麻风病人一样看着你，那一定不是好兆头。

他在读什么书或者他桌上摆了哪些东西？有没有他和孩子或者妻子的照片？这些视觉线索能否引出你可以和对方讨论的共同话题？

你想让陪审员对谁作出裁决？对你本人，还是其他人？在挑选“陪审员”时，这两者之间大相径庭。如果你的孩子犯了错，你会希望陪审员也已为人父母，这样对方更有可能理解你的尴尬处境以及在育儿时可能会面临的各种难题。如果你想要更便宜的话费套餐，那你可以选择三位陪审员——从三家运营商那里分别选择一位客服主管。

在进行陪审团遴选时，需要时刻牢记——陪审员不好骗。陪审团、孩子、同事、老板，或者租车公司的客服代表都能察觉并拆穿谎言。所以，你要推定自己选择的陪审员并不愚蠢。不要用荒唐的主张或者可笑的诉求侮辱他们的智商。谦逊有礼的态度会有帮助，但溜须拍马、阿谀逢迎就只会让对方觉得恶心，对你的主张和诉求不会起到任何积极的推动作用。

◎ 问什么

一旦确定了陪审员的人选，面对这个最有可能给你一个满意结果的人，你要怎么做才能把对方拉入你的阵营呢？我发现对我儿子——10 岁的雅各布来说，表扬和鼓励的作用远远大于哀求和命令的作用。采用积极的方式对他提出要求，往往能产生更好的效果。当你在考虑如何表达自己的诉求时，要记住：绝大多数大人和孩子一样，与“当头棒喝”相比，会对表扬作出更为积极的回应——当然，你的表扬要真诚，不能太过刻意。

在与陪审员讨论问题之前，你需要仔细规划自己准备提出哪些问题。这样，即便是在讨论问题的过程中出现需要额外澄清或者明确的问题，你也仍然可以保持放松的状态。那些看似在临场发挥时游刃有余的人，其实都做好了充分准备。通常，我会把自己准备提出的问题列出来，但这样做并不是为了在庭审的过程中“念稿子”。把问题写下来能帮助我记忆，而且能降低我对这些问题本身的关注程度，而把更多注意力放到陪审员的回答以及在回答过程中展现出来的身体语言上。

开放式提问能让双方开展交流。这种问题能引导陪审员把自己内心的真实想法表达出来，而不是根据提问者的“暗示”去推测自己应该给出什么答案。比如，在面试求职者时，与其问对方：“你能在我们这家公司工作至少两年吗？”不如直接问：“你觉得五年之后自己会处于什么样的生活状态？”与此类似，“我想有一个大家庭。你呢？”这种提问方式其实是在暗示对方什么样的答案才能哄你开心，这就有可能导致“陪审员”——比如，你的潜在婚姻伴侣，给出不太真心的答案。“你觉得十年之后自己的生活会是什么样子？”——这种提问方式或许更具有启发性。

如果你问陪审员：“你支持死刑吗？”你只会得到“是”或者“不是”这种回答。但如果你问她：“你如何看待死刑？”就能更为深入地了解她的真实想法。“你觉得我们应不应该把旧沙发换掉？”这种提问方式，其实已经明确地表达出了你的倾向。你可以尝试换一种方式提问，比如，“你觉得我们怎么做才能让客厅变得更舒服？”

如果在提问之后，对方没有回答你的问题，那你就必须要重复提问或者换一种表述方式再问一次。不管采用哪种方法，一定要再问一次。通常情况下，如果陪审员给出了一个模棱两可的答案，或者在回答问题之前出现了一个别有深意的停顿，那就说明在对方给出的答案当中一定隐藏着一些值得挖掘的重要信息。

提前准备好问题，这样你才能把注意力放在那些真正重要的事情上——你的案件主张和诉求。

◎ 什么时间

虽然有时你无法选择陪审员，不过通常说来，你可以决定何时向陪审员提出自己的想法，并以此选择在什么情境中阐述自己的主张。

如果你在圣诞假期结束后的第一天到商场退货，或者在周五傍晚打电话给客服，你的问题通常都无法获得关注，更不可能被马上解决。与其这样，你不如找一个大家都不太忙、不太累，也还不太易怒的时间点提出自己的主张和各种要求。

弄清楚阐述观点的最佳时间点在应对生活的挑战的过程中也十分重要。我的房产经纪人山姆和我说起过，他很早之前就发现在什么时间和妻子讨论问题和用什么方式和她沟通同样重要。“如果我想在不爆发戏剧性冲突的情况下和她讨论问题，”他说，“比如，房子的外墙应该刷成什么颜色，或者第二天应该由谁负责带孩子，那我就不会在晚饭前和她讨论这些问题。另外，我妻子是资深烟民——虽然我很不喜欢她的这种习惯，但我绝对会不在她烟瘾发作的时候提出任何要求。”

再如，在你的孩子或者丈夫/妻子刚要迈进家门，还在门口换鞋、挂外套的时候就连珠炮似地对他们提出各种要求，恐怕也不是好主意。当我完成一整天的工作回到家的时候，我的孩子都知道在我洗完脸、扎起头发、换上舒服的睡衣之前最好不要对我提出任何要求或者问题。

反复斟酌提出诉求和主张的时间点，才有可能得到最理想的结果。常言道：时机决定一切。

◎ 什么场合

提出诉求和主张的场合非常重要。仔细思考什么样的环境对你阐述自己的主张和诉求最有利，这种思考能帮助你找到气氛最和谐的地点和场合。在女儿学校门口、当着她同学的面和她对质，十有八九会让你事与愿违。在重要大型会议进行中，突然对老板发难，也极有可能会让你的诉求“被扼杀在摇篮中”。

有一次，我刚刚完成一天密集的庭审工作，就收到了儿子的校长发来的一条语音留言。校长在留言当中非常详细地描述了他和另外一个男生在课间休息时发生的冲突。我的第一反应是以最快的速度冲回家，在儿子开门进来的时候直接“开炮”，好好给他讲讲“以己度人”的道理。不过，我马上意识到，如果我们能离开家，去其他地方讨论他的这种不良行为——比如去公园，然后边骑自行车边讨论这件事，在那种环境下他可能会更容易接受“说教”，我的胜算也更大。我母亲常说，重要的沟通不要在车里进行，因为在这种封闭的环境当中“被沟通”的一方（就是我父亲）会觉得自己像是落入了一个圈套。

身处熟悉的环境中时，人们通常会更为放松。如果你想让陪审员处于放松的状态，那可以选择在她的办公室、她家或者她常去的餐厅进行询问。如果你要掌控整场沟通的氛围和节奏，那可以选择你最自在、最放松的地点，比如你的办公室，或者“我们一起去公园散散步”。

营造和谐的沟通氛围，你在实现目标的道路上就已经向前迈出了一大步。

◎ 为什么

记住你找到这位陪审员的原因——为了实现你的诉求和主张。道理很简单，如果你的言行无法让陪审员坚定地支持或者认同你的观点，那就是在白费力气。

我的朋友苏珊和她丈夫乔经常“互相抬杠”。因为“没有责任感”这个问题他们已经吵过很多次了，家中任何鸡毛蒜皮的事情都能引出这个话题。无论他们最初发生争执的原因是什么——苏珊买了一件根本不实用的麂皮夹克（他们住在阴雨连绵的西雅图）、乔再次忘记了结婚纪念日……反正吵到最后他们一定会绕到“没有责任感”这个问题上。

“但我们争吵的次数越多，越不知道到底在吵什么。”有一天清早，在和我一起喝咖啡时，苏珊抱怨道。

“你有没有想过你们到底为什么吵架？”我问。

“什么意思？”

我建议苏珊不要每次都把“没有责任感”这盆脏水直接扣在乔头上，而是仔细回想自己每次和乔吵架的真正原因——她的案件主张和诉求——明确自己每次想要实现的具体目标，他们之间的沟通或许能取得实际进展。

一周之后，她告诉我：“丽斯，你肯定不会相信我说的话，我们不吵架了，我们能坐下来好好沟通了。我发现如果我能告诉乔自己生气的原因，而不是单纯地怒吼，我们也能进行真正的沟通。前天晚上，我们在讨论更改401（K）投资计划[1]，当时我的情绪马上就要失控了。我很想提起上次乔忘记取干洗的衣服的事情，就在这些话要脱口而出的时候，我忽然意识到那件事与我们现在要讨论的问题无关。因此，我们没有跑题，而是讨论出了一个我们都能接受的新方案——乔说他今天就会打电话通知我们的理财顾问。”

如果你忘记了自己向陪审员求助的原因，那在阐述自己的主

① 401（K）退休福利计划，一种延后纳税的退休金账户计划。

张和诉求时，你必然是徒劳无功的。

◎ 怎么做

你的衣着打扮、语言风格和表达方式共同组成了陪审员对你的第一印象，他们会据此决定对你的主张和诉求予以支持——还是反对。

先去看一下镜子里的自己。我每次出庭时，我的个人形象都将会成为陪审员的研究对象。我通常会穿上那套让我看上去就“很值得信任”的蓝色西装，搭配低跟鞋，然后化上淡妆。我很喜欢芭芭拉·沃尔特斯①的访谈节目，在当了十五年观众之后，我注意到她会根据被采访者的身份和采访环境调整自己的服装风格。如果要采访网球明星，她就会在肩膀上搭上一件白色针织衫。如果要采访政治家，她就会穿蓝色西装，搭配丝巾。还记得第一次约会时，你为挑不出满意的衣服而懊恼吗？当你准备提出主张和诉求时，你的衣着和风格可以完全由你掌控。

在和陪审员沟通时，语气要温和。通常情况下，“大嗓门”会让人觉得害怕，感觉受到了威胁和操控。没有人喜欢被别人操控。你可以把自己的声音录下来。如果没有现成的录音设备，你可以把自己想要提出的诉求和主张当作电话留言录下来。

营造氛围。不要让任何物体或者事情干扰到你和陪审员之间的沟通。你需要和对方建立直接联系。如果你们在餐厅吃饭，餐

---

① 芭芭拉·沃尔特斯（Barbara Walters），美国广播记者、作家及电视人物。她以主持的电视节目闻名全美，开设的节目包括《今天》、《观点》及《ABC 晚间新闻》等。

桌正中有一个东西遮挡住了你们双方的视线，那就及时挪走它。如果你们在你的办公室进行沟通，那就把你的办公桌整理干净，丢掉杂物。你肯定不希望陪审员的注意力被桌上的那些杂物吸引住。关上过于刺眼的荧光灯，打开光线柔和的台灯。如果你们在室外，那就摘掉墨镜。对方需要通过你的眼神判断你是否值得信任。如果是通过电话沟通，请你站起来并保持微笑。站姿能让你更具掌控力和说服力，而微笑是可以通过声音传递的。

你已经为自己的案件打好了基础。你找到了观众（陪审员）及主题（你的诉求和主张）。下一步你需要确定自己的“台词”并反复排练，这样你——作为主角（以及导演）——才有可能为观众呈现一场精彩的演出，然后获得自己想要的结果。

运用诉讼律师的技巧应对生活中的挑战

案件摘要：第二步

陪审员

1. 你的候选陪审员有谁?

a. 你的陪审员将对谁作出裁决？你本人，还是其他人？

b. 你的陪审团候选名单上有多个人选吗？如果有，那这些候选人当中谁更有权、更有意愿给你满意的结果？

c. 这些候选陪审员当中有没有人可能会有自己的“小算盘”，或者因为一些特别的原因而讨厌你？如果有，他们是谁？

d. 这些候选人会认真听你阐述自己的案件吗？

e. 你了解候选陪审员的性格吗？你知道该如何和这种性格的人沟通吗？

f. 有没有某种征兆或者暗语可以帮助你了解候选陪审员的想法和态度？

g. 你的陪审员是谁？

2. 你应该提出哪些问题？

a. 哪些表述能促使陪审员认同你和你提出的诉求？

b. 哪些问题能帮助你找到陪审员的“敏感点”或者既有倾向？

c. 哪些问题会让陪审员感到被称赞，而不是被威胁、被批评？

d. 你提出的问题本身是否会暗示你想要的答案？如果是，你应该如何修改自己的问题，以避免给出这种暗示？

e. 你的问题能让双方展开真正的沟通吗？你的问题有没有给陪审员提供充分的空间表达他们的真实想法？还是你提出的问题只能以“是”或者“不是”作答？

f. 把你的问题都写下来。

3. 你应该选择什么时间阐述自己的观点和主张？

a. 陪审员最方便与你沟通的时间段是？

b. 对你而言，阐明自己诉求的最佳时机是？

c. 你的陪审员什么时候最善于倾听、处于最放松的状态？

d. 最糟糕的沟通时机有哪些？

e. 综上，你阐述案件主张和诉求的最佳时机是？

4. 你应该在什么场合阐述你的观点和主张？

a. 哪些场合能让你的陪审员处于最放松的状态？

b. 哪些场合能让你处于最放松的状态，又能掌控局面？

c. 在哪些场合你的陪审员可以全神贯注、仔细倾听你想表达的内容？

d. 你不想在哪些场合阐述自己的想法？

e. 综上，你会在哪里阐述自己的观点和主张？

5. 为什么？

a. 为什么你选择与这位陪审员沟通？

b. 为什么你想要与这位陪审员沟通的内容至关重要？

c. 把你的诉求和主张写下来。对，再写一次。

6. 怎么做？

a. 你的陪审员会穿什么？

b. 你准备穿什么？

c. 你的声音听上去怎么样？

d. 在阐述观点和主张的过程中，你如何让自己保持冷静？

e. 你可以采取哪些措施改善周围的环境，让它更适合沟通？你身边杂物多吗？你和陪审员之间有遮挡视线的物体吗？你们坐的椅子舒服吗？

第 3 章

第三步　组织证据：证据开示[①]

在开始论证你的观点之前，你需要确保自己已经做足了功课。

我儿子雅各布在读幼儿园时，放学回家之后会向我抱怨："妈妈，我想要有作业。"我就会向他解释等他再长大一点就会有作业了。当然，现在他可能非常希望自己还能把整个下午都花在"玩"上。他在读一二年级时，仍然经常会在放学回家之后表达这种不满：他真的很想要有作业！

之后，他升入了三年级，终于开始有作业了。"啊，"他每天下午都会抱怨，"作业！难道我一定要做这些作业吗？我就不能出去玩吗？"

"是的，"每次我都会这样回答。和很多其他家长一样，我基本上每天都会重复这句话，"写完作业才能出去玩。"

雅各布现在还没意识到，他人生中没有作业的时光可能一去不复返了。高中毕业并不意味着再也没有作业了。总会有更多知

---

① 证据开示（discovery），美国诉讼制度中的一种审前程序，一方当事人可以通过该程序从对方当事人处获得与案件有关的事实与信息，以帮助其准备庭审。

识等你去学习，而如果你想每次都占据主动，就必须“先完成作业，再出去玩”。如果你没有充分掌握全部事实，就不配得到“优”。比如，你认为水管工在维修厨房的下水道时多收了钱，那你就要先去了解他给别人家维修下水道时如何收费，以及你家附近的其他水管工如何收费，并在了解这两件事之后再对水管工的收费金额提出质疑，只有这样你的质疑才会有力。

在《欧莱利实情》最近的一期调查报道中，我在一段简短的采访中发现丹尼斯·里奇（她的前夫是著名金融家马克·里奇①。2001 年，时任美国总统克林顿在自己任期结束当天批准了对他的赦免）被她之前的员工——詹姆斯·海斯特起诉了，并向其索赔 3000 万美元。海斯特的众多起诉理由中包括这样一项：丹尼斯强迫他于 2000 年向希拉里·克林顿的参议员竞选活动提供政治献金，因为她自己的政治献金额度已经用光了。基于坊间流传着“克林顿的竞选团队计划把这笔政治献金退回给海斯特”的传闻，我先给海斯特的律师打了电话，弄清楚了他到底有没有收到退款，然后才致电克林顿办公室。正是因为我提前做好了功课，所以我才能在打这个电话的过程当中向克林顿办公室的工作人员提出非常具体问题，并在对方回应说“上周我们就把退款支票寄出去了”的时候继续追问：“那就有意思了，海斯特先生到现在还没有收到这张支票。”

在面对生活中的挑战时，证据开示意味着你要提前完成作

---

① 马克·里奇（Marc Rich），被称为“现代石油交易之父”、对冲基金管理人，后因涉嫌在“伊朗人质危机”期间违反禁令，以及因电信欺诈、敲诈勒索、偷税漏税等 65 项罪名而被美国联邦调查局通缉。

业、做好功课——你在这个过程当中了解到的信息将会决定你在人生的考场上到底是能得到代表着胜利的“优”还是失败的“不及格”。

写完庭审作业

作为年轻的检察官，我第一次出庭起诉的案件是一起银行抢劫案。

案件的被告约翰·艾德华·米勒（John Edward Miller）被控多次持械抢劫。在实施抢劫的过程中，他会带着手枪冲进银行，然后朝天花板连开数枪。他会留下一名银行柜员，并命令其他所有柜员走进银行金库。他会在金库里用强力胶带把所有人都绑起来，然后把他们的嘴封住。接着，他会命令金库外留下的那名柜员把金库中的全部现金以及贵重物品都放进他带来的大包里。他会把所有柜员都锁在金库里，自己则带着一大笔钱远走高飞。他很“成功”——在长达数年的犯罪生涯当中，他分别在 5 个州多次实施抢劫，犯罪所得累计超过 100 万美元。他是一名手段残忍的罪犯。

与联邦法院相比，州法院的量刑通常更为宽松，因此大部分罪大恶极的犯罪分子都会在联邦法院受审——这名银行抢劫犯就是其中之一。在审理他的案件时，法院需要提高安保级别，因为他曾经有过从联邦法院成功脱逃的经历——他把自己之前的那位辩护律师咬成了重伤，然后把他当成人质。与大部分被我起诉的被告一样，在这起案件中，我请求法院判处这名银行抢劫犯终身监禁，我知道陪审员们自然也会严肃认真地完成自己的“工作”。

不过，我遇到的问题是当时我掌握的全都是间接证据。所谓“间接证据”，就像饼干罐子里少了一块饼干，而厨房灶台上撒落了不少饼干残渣。你无法绝对肯定是你儿子拿走了那块饼干——尽管当时只有他一个人在家。“或许，”你儿子的辩护律师会说，“是老鼠干的。”

对于眼下这起银行抢劫案，我并不掌握充分的直接证据证明就是被告实施了这些犯罪行为。没有目击证人能指认米勒——和“标准”的劫匪一样，米勒进行了一番“乔装打扮”：他用黑丝袜和滑雪帽蒙住脸，并戴手套防止留下指纹线索。

米勒的前女友可以证明在抢劫案发的时间段，米勒经常会以“出差”为借口消失，每次“出差”回来都会给她女儿带礼物。“我真的不知道他是做什么的，”她说，“他只会说‘我要出门工作了’。”

银行柜员因为这种痛苦的经历而不可避免地遭受到了精神创伤，但有些柜员仍然愿意出庭作证、说明抢劫案细节。我记得有一位柜员说她以后再也不会去五金店了，因为她只要看到那名劫匪用到的强力胶带就会“害怕到发疯”。不过他们仍然帮我总结出了所有银行抢劫案的共同点，确定了被告的行为模式和犯罪手法。据此，我得以在辩论中主张这一系列抢劫案均为一人实施：米勒先生。

以上这些都是很好的间接证据，可以证明米勒是一名银行抢劫犯，但“排除一切合理怀疑”① 却是更严格的证明标准，为此我感到十分担忧。我手上并没有米勒犯罪的直接证据。当时和我配合工作的两位美国联邦调查局的探员分别是戴夫·苏萨和迪恩·斯腾格尔。戴夫和我的情况差不多，这是他参与调查的第一起案件，他很想证明自己；迪恩是一位高级探员，帮助我们研究案情的各种可能性。

在庭前询问中，我请一名所在银行遭到抢劫的柜员再次从头到脚地描述一遍她看到的袭击者。“嗯，”她说，“他穿了一双白色的阿维雅牌球鞋，尺码是 10 号或者 10 号半。”

“你怎么会知道鞋的尺码？”我问。

“在做柜员之前，”她解释说，“我在鞋店做过售货员。鞋店要求我们必须能准确地辨认出各种鞋的尺码和品牌，我们为此接受过专门培训。”在人生最紧张的时刻，她把自己的注意力都放在了对方的鞋上。

询问结束后，我们重新查看了银行的监控视频截图。当然，在这些照片当中，抢劫犯都穿着一双白球鞋，而米勒被捕时，脚上也的确穿着一双 10 号的阿维雅牌白球鞋。

我仔细研究了我能找到的所有关于米勒的资料——他在哪些地方住过，有哪些狐朋狗友，以及他以前在哪里工作。在梳理他的工作经历时，我发现他有过因工伤申请保险理赔的记录。在那次工伤事故中，他失去了右手食指，也因此获得了人身伤害赔

---

① 排除一切合理怀疑（beyond a reasonable doubt），是在刑事诉讼中，陪审团认定被告有罪时适用的证明标准：只有当检察官提供的证据对被告有罪的证明程度达到了不存在其他合理怀疑的程度时，陪审团才能认定被告有罪。

偿。那天晚上，在开车回家的路上，“啊哈”时刻来临。我马上给戴夫打了电话，请他帮忙放大所有银行监控视频截图当中劫匪右手的部分。午夜时分，我赶回检察官办公室，在美国联邦检察院的大厅里把这些照片一字排开。我拿着放大镜，在空无一人的办公大楼里认真研究着这些照片。然后，我如愿以偿地找到了我需要的东西。

在庭审时，我先拿出了所有间接证据，说明了基本的案件事实，然后传唤联邦探员迪恩·斯腾格尔出庭作证。我们选择由斯腾格尔探员出庭作证，是因为他更符合普通人心中对有勇有谋的联邦探员的期待——他身高 6 英尺 3 英寸①、身材魁梧、满头银发，梳着利落的背头。他穿着笔挺的蓝西装和白衬衫，走上了证人席。

“斯腾格尔先生，您的职业是什么？”

“我在美国联邦调查局工作，也就是 FBI。”

“您的主要工作是什么？”

“我的主要工作是刑事侦查，也会收集、分析犯罪现场的各种证据。”

随后，我向法庭证明了他是一位武器专家。“您是在哪里受训的？”（其实我早就通过证据开示知道了这个问题的答案，在庭审中务必要遵守这条准则：永远不要问你不知道答案的问题。）

“我是在匡提科受训的。”他对法庭说。

“您接受过枪械训练吗？”

① 6 英尺 3 英寸，约为 190 厘米。

“当然。”

“您平时佩枪吗？”

“当然，”他说，“不过我没带上法庭。”

通过一连串的提问，我敢说陪审员们已经被斯腾格尔探员迷住了。他就是所有人脑海中标准的“联邦探员”。在证人作证的过程中，他给人的印象和他说的话其实同样重要。先有好印象，陪审员们才会愿意聚精会神地听你的证词内容，而不是把注意力都放在“为什么这个人看上去不是‘那种人’”这样的问题上。

斯腾格尔探员描述了我们放大银行监控视频截图照片的过程，以及我们在其中一张放大照片中的发现：劫匪的持枪姿势有些奇怪。

“您能给陪审团看看这些放大后的照片吗？”我问。

“当然。”他说着，举起了一张海报大小的照片。

“您能向陪审团解释一下照片中劫匪的持枪姿势吗？”

辩护律师突然意识到自己似乎没有为此做准备，也没有仔细看过这些照片。所以，他马上以迪恩·斯腾格尔从未以武器专家的身份出庭作证为由提出反对。

法官驳回了他的主张：“每位专家证人都有第一次出庭作证的时候。”

斯腾格尔探员继续解释，正常人拿枪时为了能随时扣动扳机，通常会把食指放在扳机上，所以食指又被称为“扳机指”。

“请您告诉陪审员，照片中的这名银行劫匪是怎么持枪的呢？”我问。

“这名劫匪没有把‘扳机指’放在扳机上，”他边说边用一根红色记号笔在大照片上圈出了相应的地方，“他把自己的中指放在了扳机上。这名劫匪根本没有右手食指。”

“米勒先生，”我边说边转向被告——我们等到了“见证奇迹”的“佩里·梅森时刻”①，“请你给陪审团看看你的右手。”

在别无选择的情况下，被告举起了只有四根手指的右手。

因为认真完成了证据开示工作，所以九根手指的约翰·艾德华·米勒目前还在俄勒冈州门罗镇的联邦监狱完成自己长达104.5年、不得假释的刑期。米勒案让我领悟了一件非常重要的事：无论是准备起诉罪犯的检察官，还是想说服男友多出一些时间陪伴自己的姑娘，你都最好能在提出诉求和主张之前确定自己掌握了充分依据。认真完成这些“功课”，会让你更有说服力。

着手查明案件事实

在诉讼当中，法律要求检察官必须向辩护律师提供自己掌握的全部证据。不过可惜的是，现实生活中并不存在这样的规则。一家电话公司绝不可能说出哪家公司能提供比他们更低的话费。不过在准备“案件”的过程中，你会惊讶地发现：其实在你身边存在很多能帮你赢得胜诉的证据——只要你知道自己需要哪些证据。

---

① 佩里·梅森时刻（Perry Mason moment），取材于20世纪20年代美国律政题材电视连续剧《梅森探案集》，指在案件审理的过程中，一方当事人向法庭递交了一份出人意料，但能扭转乾坤或者对庭审能起到决定性影响的证据。

假设你的老板接到了客户投诉你工作不到位的电话并为此大发雷霆。这时，在和老板讨论你的工作问题之前，你也可以仔细问问这通投诉电话的细节。或许能帮助他想起你对公司的贡献，让你能坚守立场、为自己辩护。如果你使用的邮购公司通知你之前购买的商品可能会等到圣诞节后 3 周才能寄到，那在取消订单之前，你可以先向对方索要一份包含运费说明和补偿规则的标准购物合同，看看能否获得补偿。这种做法或许可以帮你找出一个对双方都更为有利的解决方案——比如，邮购公司先给收货人寄去礼品卡，告知他们礼物随后就到。与此同时，给你一个大折扣，作为对此次问题的补偿。你会发现与彻底失去一张订单并得罪一位忠实的顾客相比，邮购公司或许更愿意采纳你提出的这个方案。

通常，那些有利证据其实就在我们手边。我们需要做的只是弄清楚如何找出这些证据，并对其充分加以利用。

◎ 珍妮弗的发现

我的朋友珍妮弗，就是那位收到了主管给出的“差评”，然后来找我想办法的律师助理，为了准备自己的案件，她花了不少时间收集各种证据。她翻出了律所员工手册，找到了其中有关业绩评估标准的规定。在仔细研究过员工手册的相关规定之后，她发现其实只有律师有权对律师助理的工作做出评价，律师助理的主管根本没有这项权利。

她还发现米歇尔勾选的“工作表现令人不满意”的准确含义是：“工作表现令人不满意意味着员工无法达到职位的基本要求。

可能会得到这种评价的员工应在年终考核完成前接到通知，由公司对其工作提出改进意见，因为此类员工的加薪申请可能会被拒绝，也有可能会面临解聘。”除了说她工作表现很出色之外，珍妮弗从来没有听到过律所的人对她的工作给出任何其他评价。

她复印了所有律师对她做出的年终考评，以及将米歇尔的评语与和她直接共事的律师给出的评语合并计算后得出的综合成绩。她收集、整理了在为律所工作的这十年中律师们给她写的各种推荐信，并询问律所有没有收到过任何针对她的投诉。结果一次都没有。

简言之，珍妮弗找到了自己需要的、能充分为自己辩护的证据。这些证据将有效地推动她实现自己的诉求：弄清负面评语出现的原因，以及能让米歇尔改变自己的决定。

◎ 艾琳的发现

你可能听说过另一位律师助理，她的发现“让一座小城为之欢呼，让一家大型企业濒临崩溃”。艾琳·布劳克维奇离过两次婚、带着三个孩子，她没钱、没资源、没有受过高等教育，却凭借单枪匹马收集到各种证据，为一起案件的原告们取得了美国有史以来直接诉讼①数额最高的和解赔偿金——3. 33 亿美元。

她是怎么做到的呢？她不屈不挠地完成了自己的“功课”。

在一起她本不需要承担任何法律责任的交通事故发生后，艾

① 直接诉讼（direct – action），指原告直接起诉侵权人的保险商，而不是在起诉侵权人的过程中附带对其保险商提起诉讼，或在取得对保险商的判决后再行起诉。

琳发现自己的境况比之前更为窘迫了，因为她的律师没能为她争取到任何赔偿。在万般无奈的情况下，艾琳向这位律师提出了自己的主张（“我只是想当一个好妈妈”），恳求这位律师能给她提供一份律所的工作。（“我很聪明、工作努力，你给我什么工作都可以。你今天要是不能给我一份工作，那我就不走了。”）在得到工作机会之后，艾琳偶然在一起房产公益诉讼案件（律师无偿代理的案件）的材料中看到了一些不正常的病例记录。于是，她开始了自己的证据采集工作。

她觉得这些病例与那些房产之间存在某种隐秘的关联，因此她决定：

· 找到那些电力公司中主动要求购买其房产的家庭并进行沟通。通过沟通，她了解到这些房屋所在位置的地下水中含有铬，而且在这些家庭中都有人得了“怪病”。

这些发现引导她：

· 找到一所大学的化学实验室，在那里她了解到铬的特性——利用它的特性，很多发电厂会将其用作防锈涂料。她了解了铬的不同种类，以及六价铬是一种高致癌物。

大学的研究人员告诉她：

· 去市水务局查找相关资料。在水务局，艾琳找到了一些井水水质检测记录，这些记录可以证明那些房屋所在位置的地下水中确实含有六价铬。

她收集了：

· 小城不同位置的水样。

· 雨水径流中的青蛙尸体。

她发现：

· 使用铬作为防锈涂料的发电厂冷却塔会将剩余的冷却用水直接排向池塘，而这种做法是违法的。

她记录了以下内容：

· 电力公司购入房屋所在位置。

· 之前住在这里的那些家庭出现的疾病类型。

· 地下水的流经区域以及已经被污染的水井的具体位置。

她的底线：

· 当需要证明自己的观点时，可以非常自信地说："我的调查没有任何疏漏。"

当然，你的案件未必会事关3.33亿美元，但却可能事关你能否获得升职加薪，能否维护和谐美满的婚姻关系，或者能否享受更优惠的话费套餐。不论你的目标是什么，功课的完成情况都将决定你能否实现自己的诉求。

◎ 你的发现

在收集证据时，你可以：

· 对那些能为你提供帮助的人进行口头询问或者书面质询。

· 收集你需要的文件（要求对方出示证据的请求①）。

· 跟进线索。

· 请求其他涉事人员提供证词（证人询问）——如果诉求与工作有关，你可能需要收集同事证词；如果和交通事故有关，你需要为自己辩护，那你可能需要收集其他目击证人的证词。

收集并对那些可能会削弱你的证明力和说服力的证据进行评估，防止对方利用这些可能被你忽视或者遗漏的不利证据出其不意地对你提出质疑。

◎ 提问

在案件准备的过程中，律师们最重要的工作就是绞尽脑汁地提出各种问题，以防出现"百密一疏"的情况。如果想要出色地完成证据收集工作，就必须"打破砂锅问到底"，想方设法地让对方愿意为你提供更多信息。迎合对方的自尊心，让他们想要"炫耀"那些自己掌握的事实，或者提供其他知情又愿意回答问题的人选（前任男友或者女友通常会"知无不言，言无不尽"）。

我的朋友——联邦调查局的探员戴夫·苏萨列举了五种能让别人"坦白交代"的常见方法：

1. 奖励机制

设置"奖品"。刑事案件经常会进行辩诉交易，在这种"交易"当中，检察官会尝试说服共同犯罪中罪责较轻的被告，以较

① 要求对方出示证据的请求（request for production），指在证据开示过程中，一方当事人要求另一方当事人出示书证或者物证的请求书。

轻的刑罚或者免予刑罚作为奖励，诱导其坦白其他所有共同犯罪人的犯罪事实，以换取较低刑罚或者免予刑罚。

2. 诉诸道德

告诉对方“行正义之事”的重要性，或者设身处地告诉对方守护一个秘密会有多么沉重，以及把秘密说出来会有多么轻松。

3. “人非圣贤，孰能无过”

这是通常会在涉儿童色情作品或幼童强奸案中采用的一种审讯手段，具体的使用方法是告诉犯罪嫌疑人：其实我们每个人都或多或少会产生你的那些想法，你只是遵从了人类的本能。然后继续引导：你可以告诉我到底发生了什么。

4. 推卸责任

去指责受害人——“她穿成那样，肯定是想要发生些什么！”——你，作为提出问题的人，可以通过这种方式告诉被告，他的犯罪行为只是一种无奈的选择。

5. 虚张声势

表现出一种你“早就掌握了某些重要信息”的状态，但其实你一无所知。戴夫告诉我，他有一次告诉一名抢劫犯：他实施抢劫时戴的那个面罩已经被送去犯罪实验室了，实验室会从面罩上提取罪犯的“脸纹”（其实根本不可能）。那名抢劫犯马上有了反应：“天哪，我不知道你们还能这么做”，然后马上承认了自己的犯罪事实。在另一起案件中，一位探员告诉谋杀案的犯罪嫌疑人自己认识被害人，那个人简直就是人渣，他真的很想和杀死他的人握手致意。结果这名犯罪嫌疑人马上站了起来，很自豪地和探员握了握手。

在现实生活中，并不是每个人都像这些犯罪分子一样愚蠢，但我们需要从中学到的重要一课是：不提问，你就不可能得到答案。你的提问技巧越高超，就越有可能获得你想要的信息。如果你没有时间（或者太害羞），以致无法面对面地提出问题，那就把问题写下来。律师们称之为书面质询。当我受邀在电视节目当中针对诉讼案件或者热点事件发表评论时，节目的制片人通常会提前把"主持人的问题清单"发给我。这种做法会让我和主持人都更放松，因为我可以有充分的时间提前构思答案，主持人也不必担心我会出现令人尴尬的"长时间卡壳"。

你也可以听取"专家"的建议，以确保自己掌握了充分的证据。例如，如果你想找一份新工作或者正在和新公司谈工资，那就可以给从事类似工作的朋友打电话，了解这个行业的平均薪酬水平，看看你能拿到的工资大概会是多少。提出问题，并及时说明你只需要掌握大致范围即可，这种灵活的"空间"会让对方更愿意向你提供有效信息。这样，当你和新公司谈工资时，就能做到"心中有数"，你会非常清楚对方说出的数字到底是过低，还是远远超出了市场平均水平。

托德是一家公司的高管。为了享受更优惠的贷款利率，托德正准备将自己在纽约市中心的那套公寓重新做一次抵押。在完成抵押手续的过程中，他接到了抵押经纪人[①]打来的电话。经纪人在电话中通知托德：他的房产托管人没有及时向抵押公司提交某份重要文件，为此他可能需要"多付些手续费"，因为在等待这

① 抵押经纪人（mortgage broker），指为借贷双方撮合交易的个人或者公司。

份文件的过程中，贷款利率又被提高了。托德感觉这其中好像有些“猫腻”，所以他没有直接告诉经纪人自己的决定，而是询问自己是否可以稍后回电。

接着，托德马上致电了另外两位抵押经纪人，仔细询问了抵押贷款行业的“行规”，然后他又给自己的房产托管人打了电话，告知他有关那份“重要文件”的情况。通过这通电话托德发现，房产托管公司的传真机坏了一个星期，所以他们根本就没收到过让他们提供相关文件的要求。他还发现这份所谓的“重要文件”完全可以由抵押公司自己的估价师直接出具。因此，当他给那位抵押经纪人回电话的时候，托德很有把握地先问对方有没有直接和房产代管公司取得联系（而不只是发传真），抵押经纪人说没有。接着，他又问起这份“重要文件”是不是完全可以由抵押公司自己的估价师提供。那位抵押经纪人的回答是：“你说得对。我应该直接联系他们。”因为完成“功课”，托德为自己省下了上千美元，也避免了与抵押经纪人之间本来很有可能会发生的、痛苦的“拉锯战”。

你需要收集那些能在你论述观点和主张的过程中为你提供强大助力的重要信息。

◎ 索要文件

如果案件涉及一些书面事实，那在证据开示过程中，你就应该以收集所有能够支持你的观点的交易信息为首要目标。如果你对电费账单有疑义，那就应该找出之前一段时间的账单，以证明正常的用电量。如果保险公司认为牙医给你选用的补牙填料是价格较高的“医疗美容”材料而非“基础材料”，并以此为由拒绝赔付相关治疗费用，那你就要查阅保险计划手册“选择性手术”的相关条款，并恳求牙医出具书面说明，向保险公司解释为什么会在常规手术中用白色而不是银色填料：这两种颜色的填料都一样坚固，但白色填料看上去却没那么明显而且价格也仅仅是稍高于银色材料。

法律规定各种公司——包括保险公司和信用卡公司，均有义务为你提供双方协议的全部条款和条件。这些内容通常会被称为“极易被忽略但十分重要的小号字体印刷的附加条款”。这些文字规定了你需要履行哪些义务以及对方需要履行哪些义务。如果想邮寄支票到信用卡公司进行还款却寄晚了，那在支付滞纳金之前，你可以先看看你的这张信用卡有没有设置还款宽限期。如果出现了你确实需要承担滞纳金的情况，而你想让他们退回这笔费用，那就需要整理好之前的账单（以证明通常情况下你都能按时还款），找出你寄出支票的时间以及信用卡公司开始处理这张支票的日期。确定这些日期或许要花些时间，但你很有可能会发现信用卡公司对你这张支票处理的时间过长，这才导致你没能及时还款。

如果真的想要收集证据，其实有非常多的可靠渠道能够为你提供信息，以支持你的观点和主张。通过咨询税额审查员，你可以了解自己缴纳的房产税额与本地区面积相近、状况相似的房产之间是否存在差异；通过咨询建筑规范办公室，你可以了解邻居家正在搭建的围墙是否符合相关建筑规定。如果你发现一家便利店的老板正在考虑买下你家旁边那块地皮，那你可以去找城镇规划负责人，提前了解那块地皮的批准用途。

新闻记者以及很多每天都在使用电脑的人都已经掌握了在互联网上寻找有效信息的诀窍。互联网是一个很神奇的工具，从线上比价到规划旅行，甚至是寻找失联已久的学生时代的挚友，它都能为你提供强有力的帮助。如果在你开车去陈述某项诉求或者主张的途中（就像我昨天一样），车忽然熄火了，搜索引擎就可以帮你回忆起是应该先接上黑色夹钳还是红色夹钳，应该把哪个颜色夹钳接在有电的电池上，哪个接在没电的电池上。我知道有一种连接顺序能让汽车重新发动，而另外一种可能则会导致电池爆炸。我打开搜索引擎，输入“借电启动应该怎么做”，出现的搜索结果当中有不少网页都给出了具体的操作步骤，利用这些网页的内容，我还可以在正式操作之前交叉比对这些指导的准确性。

获取各种政府文件的另一个有效工具是联邦《信息自由法》[1]。所有公民均有权通过递交书面申请查阅政府文件，通常在递交书面申请后的20天之内，经批准，你就可以获得进入政府文件库的许可。记者们会利用《信息自由法》寻找并发现各种与政府有关的重要信息——从行政资源浪费，到与公司勾结隐瞒生产安全隐患，甚至是公务员们的工资数额。

你可以通过《信息自由法》获取所有不涉密的政府文件。假设你住在核电站附近，那你就可以递交一份《信息自由法》申

① 《信息自由法》(Freedom of Information Act)，美国关于联邦政府信息公开化的行政法规，主要规定了公民获取行政信息的各项权利，以及行政机关向公民提供行政信息的各项义务。

请，要求查阅政府应急预案的适用范围、该核电站是否存在已知的安全隐患，或者政府是否会定期对核电站周边环境状况进行监测。在 2000 年的总统大选风波①中，各大媒体和普通选民向佛罗里达州政府递交了大量的《信息自由法》申请，要求查阅投票总数。我还在媒体报道中看到过隔壁城镇的几位居民利用《信息自由法》了解到了他们居住的社区马上要开展街道改造工程的相关细节。他们发现这项工程的设计图纸根本不完善，也与城市规划法的要求相悖。凭借这些信息，他们叫停了这项马上就要动工的改造计划。

《信息自由法》的使用方法有无限可能。你可以申请调阅美国消费产品安全委员会、美国民权委员会、美国环境质量理事会、美国食品药品监督管理局……所有政府部门的所有不涉密文件。想了解更多有关这项法律的详细信息以及应该怎样递交《信息自由法》申请，或者想寻找书面申请示例，可以访问美国新闻自由记者委员会的主题网页（www. rcfp. org/foiact/index. html）浏览由该委员会撰写的《如何使用〈信息自由法〉》这篇文章。

◎ 跟进线索

如果你对自己的房子进行过改造，就应该知道：如果有人给你推荐了非常不错的承建商，这位非常不错的承建商十有八九会认识非常棒的电工，非常棒的电工大概率会认识非常棒的水管

① 2000 年美国总统选举是美国选举历史上投票结果最为接近的一次，最终的选举结果在经过 36 天的争议后尘埃落定。当时双方的主要争点是佛罗里达州的计票方式和结果。

工，非常棒的水管工可以修好你家厨房漏水的水龙头。收集证据也应如此。第一个消息来源把你引向第二个消息来源，第二个消息来源把你引向第三个消息来源，第三个消息来源会帮助你发现真相。在我自己的生活和起诉的案件中都存在这种规律：只要我能一直依循线索，通常都能找到我需要的答案。

当然，我想再次重申：并不是所有线索都能取得进展。有些线索会直接把你带进"死胡同"。

在臭名昭著的"大学炸弹客"① 系列案件中，联邦调查局在全美范围内调遣了数千名联邦调查员仔细排查所有姓名当中包含"内森·R"的人，因为联邦调查局在之前引爆的一枚炸弹旁边发现了一张写着"内森·R"字样的碎纸片。破案后，事实证明这是一条毫无价值的线索。探员们白白浪费很长时间对全美所有的"内森·R"进行了排查和审讯，结果都是"无用功"。

有一段时间，西雅图地区接二连三地发生针对地方银行的抢劫案件，而联邦调查局开始注意到一些奇怪的"巧合"：只要西雅图附近有白色福特面包车被盗，奥林匹克银行、Seafirst 银行、科凯银行中就会有一家被抢劫团伙洗劫。这些劫匪会占领银行，然后带着大笔现金逃之夭夭。有不止一位目击证人声称自己看过白色的面包车快速驶离犯罪现场。联邦调查局据此认定这两起事件之间一定存在某种关联。因此，只要出现白色面包车的盗车

① "大学炸弹客"（Unabomber），美国罪犯泰德·卡辛斯基的绰号。卡辛斯基原本是一位数学家，为对抗现代技术，他于 1978 年至 1995 年，不断邮寄炸弹给大学教授、大型公司以及航空公司，造成 3 死 23 伤，后被判处终身监禁。

案，探员们就会马上启动对这三家银行的严密监视。这种情况出现了很多次，但探员们每次都是无功而返。最终，联邦调查局意识到这两起事件之间可能根本就没有任何联系——纯属巧合。

点与点之间可能并不存在关联，也可能存在某种联系。如果两点之间存在某些隐藏的“线”，而你能够通过自己的努力将这些“点”联系起来，那这些点和线就能共同为你绘制胜利的画卷。

◎ 寻求证词

从间接参与事件或者案件的人那里获得的证词，或许能为你带来一些新的启示。如果有顾客投诉了你，那你就需要目睹了你们之间完整的沟通过程的同事为你提供帮助。顾客描述的情况是否属实？还是她进店的时候就已经带着情绪了？如果发生了交通事故，又面临你和对方各执一词的情况时，周围的围观群众或许能帮你找到最充分的辩护理由——除非他们看到的事实和你理解的有出入。

我的朋友斯科特给我讲过这样一个故事：他 15 岁时出过一起交通事故，他开着父亲的小货车狠狠地撞上了一位年龄较大的女士开着的棕色平托车，造成了严重追尾。他想起朋友的父亲告诉过他：如果出了车祸，赶紧去找目击证人。于是，斯科特冲进了追尾地点旁边的加油站，寻找能为他提供证词的目击证人。

“你看到刚才发生什么了吗？”他感觉自己的双手在颤抖。

“看到了啊。”那位服务人员一边给汽车加油，一边说。

太好了，斯科特想：我找到了一位证人。

“当然，”那位工作人员继续说道，“你把她的车撞得不轻。”

这就引出了我想分享的、有关证据的下一个问题——在收集证据过程中，你可能找到的对自己不利的证据。

◎ 分析不利证据

在为案件收集证据的过程中，大多数情况下你会发现一些能为对方所用的、对你不利的证据。如果你没能发现这些证据，那在双方沟通的过程中，你就会像暴露在车头大灯前的小鹿一样——无所遁形。我经常会告诉证人我有能力应对各种情况——无论情况有多么糟糕——但前提是他们必须告诉我全部的事实真相。（在对证人进行指导时，我会告诉他们对方掌握着他们所有的隐秘，因为我的证人通常会是被告的前女友、前妻、已经终止合作的商业伙伴这些人。）

在一起移民案件中，我起诉了一个偷渡团伙。我的证人苏妮塔出庭作证。她告诉法庭，为了偷渡进入美国，自己向该团伙支付了一大笔钱，结果被告辛格先生却屡次对她进行敲诈勒索，索要数额也越来越大。苏妮塔在直接询问中[①]表现非常不错。但在交叉询问[②]阶段，辩护律师起身问：“你和辛格先生有过一段婚外

---

① 直接询问（direct examination），庭审中由律师向自己的证人提问，主要目的是向法庭说明对自己一方有利的案件事实。

② 交叉询问（cross examination），庭审中律师向对方证人提问，主要目的是审查对方证人证词的真实性，或者引导对方证人承认某些对他不利的事实，以达到削弱其个人可信度的目的。

情，对吗？”

“我们当时是真心相爱的！”她恸哭着说。

她在陪审员心中的形象瞬间就从此前的“敲诈勒索受害者”变成了“心存怨恨的前女友”。

如果你发现了一些可能会被对方利用的不利证据，就一定要在对方利用它们攻击你之前“先发制人”，主动向陪审员说明情况。如果你不主动说明情况，你猜谁会把这些证据提供给陪审团？对方！处理不利证据的最佳方式是把它们“夹”在所有案件信息当中，而不是把它们作为庭审重点，或者“头版头条”。有一次，我的关键证人是一名曾被控作伪证的公务员。轮到他出庭作证时，我问：“比尔，你曾经被以伪证罪起诉过，对吗？”

他获得了对此做出回应的机会。“对，那时我只有18岁，而我妈妈正面临破产，为了帮她保住房子，我说谎了。那是我人生中最糟糕的决定。”这种做法使原本可能的确计划利用这件事大做文章、对证人的可信度提出质疑的对方律师毫无可乘之机。

如果你有拖欠房租的“前科”，但这次的真实情况是你寄给房东的支票被弄丢了，那你在与房东沟通时可以这样说：“房东先生，我这次其实提前很长时间、在月初就把支票寄给您了。我知道自己之前确实拖欠过房租，不过这个月的情况确实是无心之失。我很愿意现在去给您送一张新支票，如果您之后收到了我之前寄出来的那张支票，直接把它撕掉就好。”

* * *

在竭尽所能收集各种有力证据的过程中，你可能会碰到故意为你设置障碍的人。他们会想方设法地让你的取证工作变得更为艰难，或者分散你的注意力：要时刻留心，并做好准备。

在律师事务所的时候，我参与过一起“大案”。负责这起案件的合伙人很信任我，让我主导对一位关键证人的宣誓取证工作。这是我第一次参与宣誓取证。①

在这次宣誓取证过程中，对方聘请了一位非常资深的律师。只要我提问，他就会用指关节敲击桌面，或者为了表达极度无聊而重重叹气。一开始，他的这些行为确实分散了我的注意力，而且让我有些恐慌。毕竟，我当时很年轻，而对方却是非常资深的合伙人，他的这种反应让我感觉这场宣誓取证可能要被我搞砸了。不过我很快意识到：他这么做的目的就是想让我因为紧张而发挥失常，又不想让法庭书记员把他这些“行径”记录下来。我没有为此感到愤怒，而是找到机会和他打了个平手。我对法庭书记员说：“我想提请法庭注意，在宣誓取证过程中，辩护律师一直不停地在敲桌子和叹气。”我看到对方律师的脸涨成了紫红色，并停止了那些“讨厌”的行为。

只有在收集证据的过程中掌握主动权，才能掌握案件的主动权。

① 宣誓取证，是指取得将要出庭作证的证人经宣誓后的正式证词。除证人外，宣誓取证时双方律师及法院书记员也会到场，由书记员负责证人的宣誓程序，并记录证词。法官不会监督宣誓取证的过程，也不会在这个过程中作出任何裁定和判决，陪审团也不会到场。

稻草、木棍和砖块

调查取证对于案件结果将会起到至关重要的作用。就像你在盖房子，而你收集到的证据就是盖房子的材料。在掌握了材料——大量案件事实、各种推测、专家意见、对事实的阐释之后，你必须对手上的所有证据进行分析，以确定它是否属于：

· 偏见性证据

偏见性证据本身可能是真实的，也与案件事实存在相关性，但陪审员很有可能会因为这项证据以及自己的主观偏见，在忽略客观事实的情况下，做出草率或者错误的判断。

· 间接证据

间接证据中会包含一些主观推测或者经过多次转述而得出的结论，这些推测和结论并不是证人亲眼所见或者亲耳所闻。法庭通常不会采纳间接证据。

· 直接证据

直接由案件事实形成的证据。

· “证据杀手”

“证据杀手”是指由于被主观倾向或者动机“污染”，或因属于传闻证据[①]而完全不能使用的证据。在调查取证过程中，你必须及早发现这些“证据杀手”。如果对方使用了此类证据，你应

① 传闻证据（hearsay），指证人的证词不是以自己亲眼所见或者亲耳所闻的事实作为依据，而是转述其他人的经历。

该马上提出异议。

弄清楚你的证据属于以上哪种类型其实并不困难——只要你还记得童年时大家都听过的《三只小猪》的故事。

◎ 偏见性证据——“抓起稻草”

在《三只小猪》当中，第一只小猪用稻草给自己盖了一座房子，因为这样做最容易。获得偏见性证据也非常容易，而且这些证据本身可能也的确是真实的，但此类证据自带的那种潜移默化的危害性也极强，极易激化双方的矛盾，因此很有可能会削弱你的诉求和主张。我给这种证据起了个绰号——“打死不说”的证据，因为它们会挑起对方的敌意，或者分散对方的注意力，不会对你实现自己的诉求产生任何积极影响。

即便你丈夫十年前有过一次婚外情（你选择了原谅），他之前对婚姻不忠的行为和他“今天晚上又一次忘记去超市采购”这两件事之间也不具有任何相关性。如果你旧事重提，就像第一只小猪抓起稻草盖房子一样，“翻旧账”不仅会伤害你丈夫，也会伤害你自己的案件主张。你丈夫可能会恼羞成怒，最终导致你根本无法实现自己的诉求。此时，所谓的相关性是你指着已经被翻空了的冰箱，同时说起上周五同样“弹尽粮绝”的情况。尽管在你丈夫看来这种对采购需求的描述可能仍然属于偏见性证据，但它至少符合事实并且与需要解决的案件之间存在相关性。

安娜是一家跨国银行的高管。有一次，在与同事发生争执时，她就遇到了要在证据相关性与偏见性证据之间进行选择的难题。她的同事谢莉一直为自己直言不讳的沟通方式而感到自豪——她告诉安娜自己准备直接去找其他国家的银行高管，把银行在这些国家还没追回的贷款数字甩到他们脸上，然后对这些银行高管的职业道德提出质疑。这种做法会破坏安娜此前制订的催款计划。谢莉认为这是对“爱之深，责之切”的生动诠释；安娜却认为谢莉这么做有可能会引发国际争端。

安娜收集了证据：外国政府怒气冲冲的电报、负面新闻报道以及一份报告。这份报告充分说明即便采用谢莉的办法，拖欠贷款的比例仍然在逐年增长。安娜对谢莉的育儿方式也有些了解，她决定把这些事实也写进自己的证据清单——谢莉 12 岁的儿子对待其他孩子特别粗暴，以至于学校的同学都将他视为“没有朋友的校园恶霸”。安娜决定把谢莉儿子的种种表现作为秘密武器，证明谢莉的人际关系战略很有可能会产生事与愿违的结果。

当安娜在沟通过程中提起谢莉的育儿方式时，谢莉被彻底激怒了。“我儿子不在这家银行工作，”她怒火中烧，“你怎么有胆量用育儿方式来攻击我？”安娜不仅毁掉了给谢莉展示其他积极证据的机会，还导致她们之间产生了裂痕，并彻底毁掉了银行里和谐的工作氛围。

依托偏见性证据阐述自己的主张只会令对方勃然大怒，让你实现诉求的希望彻底破灭。

◎ 间接证据——“一根、一根木棍搭起来”

第二只小猪用小木棍给自己盖了一座房子，它的房子显然比第一只小猪的房子结实多了。就像小木棍需要堆叠才能盖出房子一样，间接证据——通过推理才能证明案件事实的证据——如果这些证据能以正确的方式组合起来，的确会有很强的说服力，甚至可以说服大灰狼改变主意。

莎拉有一个 16 岁的儿子。有一次，她收到了一份金额高达 2000 美元的话费账单，通话记录上列出了很多打给印度尼西亚的国际长途。于是，她拨通了其中一个印度尼西亚号码，结果发现是色情电话热线。在从最初的震惊中恢复过来之后，她发现这些电话的通话时间都是她儿子独自在家的时间段。她把这些间接证据拿给了儿子。在莎拉温柔而坚定的“攻势”下，她儿子扭捏地承认了这些电话都是自己趁莎拉不在家时打出去的。

利用同样的证据以及儿子的“供认”，莎拉对发来账单的长途电话公司提出了质疑——他们故意把所有来电都转接到雅加达，以此按照国际标准收取话费。最后，她向州消费欺诈监管部门进行了投诉，要求长途电话公司退回这笔款项、停止欺诈行为，并对此类电话开通家长控制设置。（她儿子受到的惩罚是一个月的禁足，同时此后每个月会被强制扣除 20 美元的零花钱，直至还清这笔巨额话费。）

间接证据的另外一种使用方法是帮助你得出一个清晰的推论。如果你早晨醒来看到地上有雪，就会推定昨晚肯定下过大雪，虽然下雪的时候你早就睡着了。这种间接证据对你实现自己的诉求和主张往往能起到巨大的帮助作用。你唯一需要注意的就是它们的“堆叠”方式。

我有一位法官朋友——我称他为“法官比尔”。法官比尔给我讲过一个故事，这个故事与他之前审理的一起谋杀案有关。

该案的被害人是一名年轻的母亲，据其家人说她在独自外出散步之后失踪了——警方一直没能找到她的尸体。检察官以谋杀罪对她丈夫提起了公诉，但这起案件完全建立在间接证据基础上。在结案陈词中，辩护律师主张既然警方尚未发现“被害人”的尸体，那本案中所谓的被害人也有可能还活着。法官比尔详细地讲述了辩护律师在做结案陈词的最后使用的那种夸张的语气。这位辩护律师说：“女士们、先生们，其实达茜很有可能现在就会从那扇门里走进来。”当时在法庭里的每一个人，包括陪审员、记者，甚至是检察官都转过头看了看法庭的大门口。唯一没有看向门口的就是被告（法官比尔一直在观察被告的反应），显然他很清楚：他妻子绝不可能从那道门走进来了。（这正是法庭为什么会对有些间接证据不予采信的原因。）

间接证据并不是 100% 的退款保证，太过随心所欲地使用它反而可能会带来麻烦。你丈夫衣领上的口红印或许真的出自即将离职的女同事在“欢送暨祝婚姻生活好运派对”上的那个礼貌的拥抱，并不是出轨的证据。这也就是为什么在日常生活中，你不能只依靠间接证据证明自己的观点，因为这种做法有可能会彻底毁掉你的“案件”。

在米勒银行抢劫案当中，我使用了间接证据——劫匪的鞋码和鞋的类型，因此我必须清醒地意识到辩护律师在对这位之前在鞋店担任过售货员的银行柜员进行交叉询问时，可能会问：“10 号难道不是十分常见的男士鞋码吗？事实上 10 号是最常见的男士鞋码，不是吗？也就是说，在美国有数百万男性的鞋码是 10 号，而不只是我的当事人？”或者我们假设目击证人看到劫匪开着一辆雪佛兰小轿车逃离了犯罪现场，而米勒的车刚好就是蓝色雪佛兰。这仍然属于间接证据，在交叉询问阶段辩护律师可能会说："美国境内每天有×××万辆雪佛兰轿车上路行驶，其中有×××万辆是蓝色的。"

把所有的"点"联系起来——利用你的直觉——得出结论。但切记不要依赖某个间接的孤证，否则对方可能会将你掀翻在地。

◎ 直接证据——"用砖块盖的房子"

直接证据的证明力度就像用砖盖的房子一样，相当结实。直接证据能强化你的主张和诉求，让你能自信地大声宣布，"连我嘴边的毛都不会让你抓到"。无论大灰狼在外面怎么咆哮——直接证据都依然能稳稳地站住脚。你出示了物证——装得满满的厨房垃圾袋——然后指向你丈夫，其实你就已经完成了对这项直接证据的援引和使用。你丈夫不可能否认"垃圾袋已经装满了"的事实。他或许仍然会提出各种抗辩的理由，但他不能否认这项直接证据的客观存在。

我的同事比利·欧莱利很清楚在节目上以及日常生活当中应该如何使用直接证据证明自己的观点。一个冬夜，在《欧莱利实情》结束录制之后，他照常从纽约市中心的福克斯演播室开车回家——他的家在长岛。在距离他家还有几英里时，他准备在一个

“停车指示牌”① 前停车，但车却滑了过去。“非常幸运的是”，一位交警刚好就在马路对面执勤。

两三个街区之后，伴随着警笛和闪烁的警灯，比利被交警截停在路边。一位高大威猛的爱尔兰裔交警走到比利车旁，粗鲁地要求他站到车外——这名交警竟然也叫“欧莱利”。比利按照要求下了车，想要客客气气地告诉这名交警自己刚才的确没在有停车指示牌的地方刹住车。如果这位交警当时能和他一起回到指示牌前，就会发现那段路面结冰了，这就是他没能刹住车的原因。

可惜，交警欧莱利根本不想听这些，他认为比利不过就是在找借口，考虑到比利这种明知故犯、知错不改的态度，他要提高对比利的罚款金额。比利迅速对眼前的情况做出了分析和判断。他本可以利用偏见性证据——“难道你不知道我是谁吗”的那套方法——也可以借助间接证据说明当晚天寒地冻，之前还下过雨，而交警们似乎是在“守株待兔”，专等有车因为路面结冰而滑过那个停车指示牌。不过，比利意识到这两种解决方案对自己都是弊大于利，他决定不选择暴躁的交警欧莱利担任“陪审员”。他需要交通法庭②的法官来充当这个角色。他决定接过这张罚单并记下交警欧莱利的警号。他确定了自己在这件事情上的诉求和主张：请求法官免去罚款，并向这位交警证明他的那种充满敌意的态度和不愿倾听的做法都是错误的。

---

① 停车指示牌（stop sign），美国交通规则要求在有停车指示牌的路口，不论是否有行人准备通过，机动车都必须先停稳，待行人通过后，或者确定无人通过时才可以继续通过。

② 交通法庭，指专门负责审理违反交通法规行为的市级法院。

那天晚上，比利回到家之后，带着一台能记录照片拍摄时间和日期的相机，又折返回到了那个停车指示牌前。他对现场——停车指示牌和路面上的冰——进行了拍照取证。之后，通过递交《信息自由法》申请，比利查阅了交警欧莱利的档案，发现这位交警曾多次被市民投诉。

掌握了这些证据之后，比利在法庭上向法官详细描述了事件经过，递交了他拍摄的照片、气象报告以及交警欧莱利的档案。最终，依据比利认真准备并提交的充分的直接证据，交警欧莱利受到了法官的申斥，他给比利开出的那张罚单也被撤销了。

没有什么能比直接证据更能经受住对方的怒吼和咆哮了。

“证据杀手”

在收集好证据之后，你需要通过以下问题仔细分析这些证据有没有被“污染”。那些基于传闻、既有倾向以及动机的证据，通常不会被法院采信。在日常生活中你也不应该凭借这种证据证明自己的观点。当然，对方也不应该以这种证据作为质疑你的依据。这种“证据杀手”，很有可能会毁掉你的案件或者让你的观点彻底失去说服力。

为判断某项证据是否属于“证据杀手”，你需要仔细思考以下问题：

◎ 这属于传闻证据吗？

传闻证据叙述的内容不直接来自于消息源，但被用来证明某些不确凿信息的真实性。基本上，传闻证据可以等同于“谣言”。如果在出示证词时绕不开“他说”或“她说”这种表述，那这项证据就属于传闻证据，其内容不具备可信度，因此应该被质疑。

问：吉姆，弗兰克有没有告诉你事故到底是怎么发生的？

答：他说他看见梯子被架在了那个大洞旁边。

可能吉姆说的话确实能为你接下来和弗兰克的谈话提供某种线索，但吉姆说“弗兰克说过些什么”却不能被直接作为证据使用。

传闻证据被法庭采信的情况有时也会出现，这种情况被称为“传闻例外”。人在创伤性事件发生的瞬间做出的激情表述——比如，“他打了我！”——严格说来确属传闻证据，但我们之所以允许将这种表述作为证据出现在法庭上，是因为说出这句话的人没有“胡编乱造”的机会或者意图。

“临终遗言”——人们在临终的病床上或者在重大事故现场表达的内容，通常也会被予以采信。因为那些知道自己将死之人，不太可能借机撒谎。

◎ 这属于既有倾向吗？

如果一个人或者某些机构在提供证据时“别有用心”，其提供的证据的真实性和准确性就会被质疑或者削弱。所谓“既有倾向”，是指可能影响一个人的中立性的偏好或者习惯。有时这种既有倾向的出现和人身关系有关。

答：鲍比绝对不会打其他孩子。

问：你是鲍比的母亲吗？

答：没错，而且我非常了解他。

◎ **这属于动机证据吗？**

你的“证人”有没有可能基于某种原因或者出于某种倾向而毁掉对你有利的证据，或者提供内容不真实的证词？动机是一种让人们以某种特定的方式思考或者采取行动的强烈欲望——这种欲望通常基于贪婪、爱、恨或者报复。动机会严重削弱证人的可信度。

问：你真的看到我从收银台里拿钱了吗？

答：当然。

问：如果我辞职了，你想不想当经理？

答：当然。当上经理就能拿到和你一样高的工资了，那简直太好了。

收集了所有证据并分析利弊之后，你就需要开始规划应该如何使用、呈现这些证据了。为了取得胜利的结果，你需要明确自己的证明顺序并制定庭审方案。

证明顺序与庭审方案

证明顺序是一张清单，上面会清楚列明你将在庭审中出示哪些物证（实物）及传唤哪些证人。这张清单可以被当成一张路线图，让你自己和法官对“你将如何证明自己的论点”——也就是你出示证据的顺序了然于胸。以谋杀案件为例，你的证据清单上应该列出所有证人，并标注他们作证时需要出示的物证：

· 管家的证词将会引出凶器（一把刀）。

· 警探的证词会提及验尸报告。

· 被害人的助理会提到一个她替被害人买来准备送给其女友，但却被其妻子发现了的香水瓶。

· 被害人妻子的网球教练将证明她没有依约到俱乐部上每周二晚上的网球课，虽然她之前告诉警察她去了。

证明顺序可以让你按部就班地对证人和证据进行详细说明。在日常生活中，你也可以采取这种方法——（在纸上、索引卡上或者电脑上）列出你的全部证据以及如何出示这些你收集到的信息效果最佳，虽然，你并不需要向法官或者陪审员提交这份证据清单。这张清单能够帮助你有条理地做出规划，专注于你自己的观点和主张，朝着自己想要的结果进发。

就像诉讼律师在开始庭审前就已经为结案陈词做好了准备一样，在开始证明自己的论点之前，你需要对案件进行整体规划——包括你需要在交叉询问之前明确哪些事实，有哪些证据你准备留到"压轴环节"。这种方法能让你的第八步——结案陈词拥有不容置疑的说服力和感染力。

除证明顺序之外，你还要用心制定自己的庭审规划，想清楚法律和事实证据能为你的案件提供什么支持。庭审规划应该根据你的诉求勾勒出案件事实的轮廓，描述法律能为你提供哪些支持，并概括总结依据事实、法律和常识，你为什么应该获得你想要的结果。

* * *

如果你的案件是一份期末论文大作业，那你现在已经拿到了论题，也知道会由谁负责打分，你完成了调查研究，并写好了提纲——现在，你可以开始写论文了。到了你进行详细论证的时候了。

运用诉讼律师的技巧应对生活中的挑战

案件摘要：第三步

证据

1. 你会使用哪些技能收集证据？

a. 让关键证人把事实真相和盘托出，关键证人可能是你的上级主管、老板，或者某位专家。

b. 索要文件。

c. 跟进线索。

2. 通过这些技巧，找出证据

a. 列举全部直接证据——由事实直接产生的证据。

i. 已经掌握的证据：

（1）工资支票。

（2）费用清单。

（3）你或者陪审员看到的事实。

ii. 通过调查发现的证据：

(1)《信息自由法》(如果你是公务员，你可以申请查阅其他同事的工资支票记录)。

(2) 格式合同的条款和条件。

(3) 你拍的照片。

(4) 气象报告。

(5) 你以前的账单和你请过同一位水管工维修过相同问题的邻居收到的账单。

b. 找出并列举所有间接证据——通过归纳总结或者推测判断才能形成的证据。

i. 整齐地“堆放”证据——搭建论证基础：

(1) 连点成线。

(2) 加入你的直觉判断。

(3) 得出结论。

ii. 避免将间接孤证作为论证的基础。

iii. 在“连点成线”时，避免“抓起稻草”——确保论证过程符合逻辑。

c. 找出并列举全部偏见性证据。

i. 有哪些事实与你的诉求无关？

(1) 大部分援引无关事实的原因都与主观情绪有关（比如，你丈夫之前的婚外情)。

(2) 在提出每项证据之前，先明确该证据与你的诉由是否存在相关性。

d. 找出并列明全部“证据杀手”。

i. 哪些证据（直接证据、间接证据或者偏见性证据）可能会对你的诉求产生负面影响？

ii. 在你收集、整理的证据当中，哪些属于传闻、包含既有倾向或者贪婪、报复这类动机？

3. 制定庭审规划

a. 给证据排序——证明顺序。

i. 你掌握的、证明力最强的两项证据是什么？以其中一项“打响头炮”，另一项“压轴”出场。

ii. 争取“打响头炮”——用最能吸引人眼球的证据作为开场。让陪审员意识到你的主张和诉求很重要。

iii. 给其余证据排序；把所有其他证据“夹”在两项最确凿、证明力最强的证据之间。

iv. 在排序时，证据之间应该环环相扣，前一项证据是后一项证据的基础；通过堆叠所有证据，形成有力的证据链条。

v. 重拳出击——你出示的最后一项证据应该让陪审员感觉自己别无选择，必须支持你实现诉求和主张。

b. 把以上这些都写下来。

第4章

第四步　自信地辩护：证明你的观点

把你手中掌握的每项证据当成一块砖，现在你要用这些砖砌一堵墙，让对方无法穿过、绕过或者翻越。

法官：你们双方都准备好了吗？

原告律师：准备好了，法官大人。

被告律师：我们也准备好了，法官大人。

法官：陪审团的成员们，我们即将听到双方律师的开庭陈述。通过开庭陈述，你们可以大致了解双方律师会在庭审中传唤哪些证人、出示哪些证据。开庭陈述将有助于你们清晰理解那些将会在法庭上出现的证据。原告，你可以开始了。

明确了诉求、确定了陪审团，并收集了全部相关证据之后，你就可以开始证明自己的观点了。无论你是要对老板偏袒某些同事的行为提出质疑，还是要和承建商核对装修费用的账单，或者对处于青春期的儿子说出的“摇头丸并不是不好的东西”这种胡言乱语进行有力反驳……你现在已经拥有了能证明自己观点的武器和工具，应该更加自信并且掌握主动权。

读完本章之后，你会对自己的开庭陈述技巧信心倍增——你的开庭陈述应该以自己的诉求为基础，概述你掌握的直接证据（针对保险公司的直接证据示例：“气象报告表明事故发生当晚下雪”），以及你认为比较合适的间接证据（“这是铲雪公司发来的账单，第二天早上我请他们清理了私家车道”）。与此同时，在对陪审员进行直接询问时你也会更加自信——陪审员回答问题的过程，就是你的诉求被不断加强和巩固的过程——你还会了解到应该如何预见、处理对方存在的既有倾向和隐藏动机。

最近，我给有线电视公司打了两次电话，想要取消家里的“付费频道”——我以为这是一件很简单的事情。但事实证明根本不容易。首先，有线电视公司的自助语音服务就会让人非常火大，菜单中根本没有“人工服务”的选项，就算你找到了人工服务，收到的回复也只是“我们正处于高峰期，您需要等待的时间较长”。好不容易接通人工客服时，我已经十分烦躁了。其次，另外一个重要事实就是上个月和我沟通过的那位客服代表（在经历了同样曲折冗长的折磨之后）根本没有兑现承诺。结果，简单的要求变成了复杂的案件。

在说明了我的诉求（“这件事情的核心不是我现在有多么生气，而是要取消这些频道，然后把上个月多收的钱退给我”）、确定了陪审员（“我可以直接和你的主管直接沟通吗”）、收集了相关证据（上个月我是在哪天和谁通话的、我收到的本月有线电视账单）之后，我开始论证了自己的观点。

开庭陈述

常言道："你永远不会有第二次机会给别人留下第一印象。"与现实生活中一样，在法庭上，开庭陈述是律师在庭审辩论中最重要的环节。根据相关调查，我们发现绝大多数陪审员早在双方律师做完开庭陈述时就已经对案件作出了裁决。为什么？因为这是我们人类的基本生存技能。万物起源之初，为了生存，所有生物都必须学会如何快速分析周围环境并做出判断。（"我看到的这只霸王龙是食草动物吗？我应该逃跑还是待在这里继续享用这些美味的浆果？"）

进入 21 世纪，每天向我们涌来的海量信息使快速决策变成了一项必备技能。谁会有时间、有意愿每天都去消化或者处理如此之多的信息和数据？同样地，无论在法庭上还是在生活中，陪审员们在处理问题时也会以惯常方式得出结论：越快越好。

在庭审过程中，陪审员们始终会根据自己所处环境来理解眼下问题的核心，有经验的律师会在这方面为陪审员们提供帮助。陪审员会认真倾听你提供的全部信息，进行归纳整理，以屏蔽与她的信仰系统存在冲突的那部分信息。

在发言时，你需要牢记的是陪审员对非语言交际的重视程度绝不亚于你的论述内容。非语言交际包括你的衣着，你们之间的目光接触、你的表情，甚至你的声音特质。同时，他们的预期是你一定会说出某些重要信息。抓住这个机会！你应该利用这个机会，清晰、平和地说出诉求，设定案件主旨，出示那些能为你赢得胜诉的有利证据。当然，不要忘记告诉陪审员你想要得到什么样的结果。

表现出自信心、进取心，表达出案件主张的重要性和合理性，对赢得胜利至关重要。

◎ 设定基调

一场谈话的“开庭陈述”会为你要实现理想的目标确定基调。不论你是想尝试说服丈夫多顾家，还是想让有线电视公司取消付费频道并把多收的钱退给你，如果在双方沟通的起始阶段就选择了消极的基调，那你也会得到消极的结果。

在有线电视公司这起案件当中，开庭陈述决定了我能否获得满意的解决方案：客服主管只能给我很短的时间阐述自己的诉求（你根本无法想象一家有线电视公司的客服主管每天要处理多少排队等着解决方案的投诉电话），所以我必须争分夺秒。首先，在进行开庭陈述时，我的声音中一定不能带有威胁和恐吓。

如果事前准备充分，你就会很放松；如果你很放松，那陪审员就会很放松。我会大声地反复练习自己的开庭陈述，达到完全“脱稿”的程度。这样，在庭审中，我就可以把注意力全都放在陪审员身上，和他们保持目光接触，并坚定地表达我的立场。在进行开庭陈述的过程中，如果我改变了站姿，那一定是有意为之；如果我有动作，那也一定是我提前设计好的动作。我也会小心谨慎地避免可能做出分散对方注意力的小动作。

作为检察官，我有时会遇到这样一类辩护律师，他们会在整场庭审过程中，不时扭动脖子，以此表现出他要“夹碎”公诉方的证据。只要我在他们扭脖子的时候看向陪审团，就一定能发现有些陪审员在他说话的过程中会不由自主地摸脖子。这类辩护律师一定会败诉——从无例外。我觉得他们败诉的原因是陪审员根本无暇认真去听这位辩护律师在说什么，他们的注意力都放在他的小动作上了。

◎ 阐述诉求

陪审员通常更有可能记住他们一开始和最后听到的内容。因此，你需要在庭审的起始阶段就明确自己的诉求，把它当作“案件”的头版头条。

- “各位陪审员：这是一起被告的鲁莽行为彻底毁掉了别人生活的案件。”
- “上午好。本案的案情很清晰。乔·威廉姆斯被捅伤时，约翰·埃文斯并不在场。他与现场的距离超过 10 英里。他在家，和自己的家人在一起。本案的关键在于错误指认。”

或者以我的个人案件为例：

- “非常感谢您愿意花时间和我沟通，主管女士。上个月我就要求取消付费频道，但看起来这些频道还处于正常服务中，我又多交了一个月的钱。我还记得上个月拨打客服电话的日期和时间，还有当时接电话的那位客服的名字。我希望您能彻底解决这件事，然后把这个月我多付了的费用退给我。”

在庭审中，一个贯穿始终、前后一致的案件主旨能够唤起陪审员的某些深刻记忆，这种记忆的说服力甚至可能超过案件事实本身。好的主题通常建立在以下基础上：

· 我们知道的真相。“这是一起关于弱势群体的案件。”

· 人。“这起案件的核心是史密斯女士应该为自己的行为承担法律责任。”

· 情况。“这起案件的核心是不当性行为。”

一个吸引人眼球的案件主旨会帮助陪审员把他即将接收到的上千条信息整合起来——前提是你选择的主旨符合他先入为主的理念和个人经历。最重要的是，有效的主旨能唤起陪审员的重要记忆，这些记忆中的个人经历将会推动他“为其所应为”。

◎ 讲故事

优秀的诉讼律师通常会利用开庭陈述的时间把当事人的故事讲给陪审团。一个好故事需要由人物、情节以及某种情感诉求共同组成。在表述引人入胜的案件细节和说服陪审团这方面，好故事通常是最有力的手段和工具。

大多数人肯定能回忆起，在我们小时候也都是通过故事学会了很多重要的人生道理——有谁不知道“狼来了”的故事？现在，虽然我儿子可能还没意识到，但我其实也在通过讲故事的方式向他传授某些重要的人生经验。从“我上五年级时不太喜欢数学”，到“我小时候可以把每月零花钱都攒起来，不买糖，而是给我自己买到了最棒的自行车”，我总会把某些重要的道理揉进故事当中讲给孩子。（我儿子应该感到庆幸，我小时候并没有在大雪纷飞的天气步行 5 英里上学的经历。）

讲故事未必适用于所有双方发生冲突的场合。复杂的《狐狸与猎狗》① 的隐喻大概只会让因水管漏水而第二次上门维修的水管工感到困惑，他根本无法理解你的诉求是让他不要收取超时费。假设水管工刚到你家，你就唐突地说："本案的核心是你要做出正确的选择。从前有一只小猎狗，每天孤独地走来走去……"恐怕只会事与愿违。

"这位女士，你想说什么都可以。不过你能不能别挡着我？"

但讲故事这个方法对我的客服代表可能会产生说服作用："上个月我就取消了这些付费频道，因为我发现我儿子有时在家也会看这些频道播放的节目，这些节目大人可以看，但显然不适合小孩。作为孩子的母亲，我感觉自己很不负责。"

大多数陪审员都会带着主观情绪去看待自己周围的世界，因此我们应该更关注"人"而不是"问题"。在处理案件时，要学会"看人下菜"——因为陪审员们通常会支持自己喜欢的人。如果你的当事人（或者在日常生活中的你本人）很讨人喜欢，那陪审团就极有可能作出对你有利的裁决。

◎ 证据预览

像电影预告片一样，你可以利用开庭陈述对自己即将在庭审中出示的证据进行预告。除了向陪审员说明本案主旨，你也可以借此机会告诉他们会在庭审中看到哪些证据。就像电影预告片不

---

① 《狐狸与猎狗》(The Fox and the Hound)，描述了一只名叫陶德的小狐狸在母亲被猎人杀害之后，被一名老妇人收养，并与猎狗小铜成为好朋友的故事。

会“剧透”大结局一样，你也不需要在开庭陈述时“亮出底牌”。你可以向陪审团暗示你掌握着某些重要证据，他们会在庭审中看到这些证据，但你并不需要在开庭陈述阶段就把所有证据都和盘托出。你的目标是吸引陪审团来看“电影”，让他们有机会详细了解你的诉求。

◎ 说出你想要的结果

我在法庭上目睹过一位经验丰富的公设辩护律师①做过的一次冗长枯燥的开庭陈述。在这场 30 分钟的独角戏中，她为陪审团提供了很多没有太大价值的细节，又进行了概括总结才结束“演出”。成年人的注意力持续时间平均不超过 12 分钟，所以陪审团此时已经筋疲力尽，可这位辩护律师还没来得及说出她希望陪审团怎么做。她希望陪审团裁定当事人无罪吗？还是裁定当事人有罪？陪审团一头雾水。她的开庭陈述只会让陪审团彻底迷失方向，也让她付出了败诉的代价。

在案件的起始阶段，无论你是在法庭上还是在老板办公室，都需要通过透露真实诉求的方式建立和对方之间的信任关系。简言之，告诉对方你想要什么：

- “他全身上下都沾满了他妻子的血。我们将证明他出于激愤，在自己家的地下室里杀害了自己的妻子。他认为自己发现了妻子和其他男人有染的证据。本案的实质是妒火中烧的丈夫坚信

---

① 公设辩护律师（public defender），由政府指定、为贫困的刑事案件被告人提供辩护的律师。

‘直至死亡把我们分开’。”

· “我可以向你提交公司生产效率提高的数据证明、其他同事和客户写给我的表扬信，证明我对公司的长期贡献。没有人比我更应该得到这个新职位了。”

· “我在 3 月 5 日打过电话，接听电话的是 523 号客服，她说我家的付费频道马上就会被取消。但从账单上看，这些频道根本就没被取消。我可以把账单和支票付款记录传真给你。你们的工作显然出现了疏失，所以你们应该把这个月多收的钱退还给我。”

切记：无论你要解决的事情是简单还是复杂，开庭陈述都将为整个案件设定基调。调查显示，一旦陪审员产生了“他认为事实如何”这种判断，这位陪审员就会对庭审中所有证据进行过滤，只接收其中能佐证其观点的信息。

示　证

通过开庭陈述设定好案件基调并说明意图之后，你就可以理性、冷静地展开论述了。你在证据开示阶段为自己制定的庭审规划、确定的证明顺序，将帮助你有逻辑地论证自己的观点。没有比“东一榔头、西一棒子”、毫无逻辑的咆哮式演讲更苍白的说服方式了。

有一次，我在一家商场碰到了一位愤怒的顾客，他想让只有十几岁的收银员帮他退掉一双已经穿得很旧的鞋。“你看这里都开线了。”他说。年轻的收银员向他解释了商场的退货政策：“30天之内可以退换。”又补充说：“先生，我们从去年开始就不再出售这款鞋了。”那位顾客立刻提高了音量，然后“抓起稻草”：“你们这家商场简直糟糕透了。你们把每件事情都搞得这么复杂。我再也不会来这里购物了。”在每句话之间，他还故意通过粗重的喘气声来强调他的愤怒。

他为什么没有得到想要的结果？因为他根本没有做好准备，所以就像一只被逼到墙角的猫，只能被动防御，疯狂地发出愤怒的嘶嘶声，然后不受控制地朝着空气挥舞爪子。他先是在陪审员的人选上做出了错误的选择（一名十几岁的收银员怎么可能有权决定是否为他这种情况的顾客办理退货?），而他说话的方式更像一个疯子，而不是忠实的老顾客。在大声咆哮之后，他并没有拿回自己的钱，只好在出尽洋相后，带着那双破旧不堪的鞋离开了柜台。就算不考虑“退掉一双穿旧了的鞋”是否符合道德准则，这位顾客也永远不可能得到他想要的结果，因为他根本没有为自己的诉求做好准备。

如果他能事先制定出一个合理的案件规划，或许就能采取完全不同的方式解决退货的问题。他可以要求和售鞋部门的主管直接沟通，并在见到主管之后冷静地解释自己遇到的问题，而不是激动地咆哮：

“我非常喜欢这家商场，也已经是多年的老顾客了。你看，我拿来了很多在这里买东西的收据，我是很忠实的顾客。比较麻烦的是，这双鞋的收据刚好被我弄丢了，但这双鞋我大概是一年前从这里买的。我并不经常投诉，但你如果仔细看看这双鞋，就会发现这双鞋在缝线的地方是有瑕疵的。其实，我也买过这个品牌的其他款式，那几双鞋都很结实。事实上，我今天穿的这双鞋也是在你们这里买的，而且已经穿了超过三年了。我知道你们的退货政策是'30天之内无条件退款'，但我希望你能仔细检查一下这些有瑕疵的地方，然后用购物卡的方式把钱退给我，让我能再买一双新鞋。"

这种沟通方式或许能彻底改变这件事情的结果，让他们达成一个双赢的解决方案。

◎ 证据组合

在确定证明顺序时，我会考虑应该以什么方式把这些证据组合在一起才能组成一幅"全景图"。我会确定每位证人分别负责说明哪些证据（言词证据和物证），以及我应该如何对他们进行背景介绍（通过银行柜员、调查案件的探员、受害者等）。明确了这些问题之后，我才会开始考虑如何介绍案情。

在证明案件观点时，我的方法和泥瓦匠砌墙的方式相似——一次只砌一块砖。每项证据、每位证人都会变成我的一块砖，而我会将这些砖砌成一堵墙，让我的对手无法穿过、绕过或者翻越。那些揭露诈骗手段的银行记录，或者是证明路面会结冰的气象报告则是把这些砖块紧密地黏合起来的水泥砂浆。这些事实将作为加固剂，把物证和证人证词紧密结合起来。

在确定证明顺序时，我会时刻提醒自己：我已经为这起案件工作很长时间了，这个时间长度有时是以月为单位，有时甚至是以年为单位，所以我当然了解这起案件的所有细节，但陪审员在庭审开始时对这起案件的情况却是一无所知的。我需要在遵守证据规则、满足公诉方证明责任的前提下，为他们描绘出案件全貌，讲好故事。在叙述案情的过程中，有时“按时间顺序”的确是最符合逻辑的叙述方式，但却未必是最有效的方式。比如，在面对诈骗案件时，我就会选择让联邦探员先出庭作证，对案件的整体情况进行概述，然后在此基础上，再请出受害者讲述各自的遭遇。

以下是一个在现实生活中运用证据组合的实例：

蒂娜刚刚办了一张健身卡，结果发现这家健身房提供的设备和服务根本不符合她的需求，所以她想终止自己的会员合同。在暴跳如雷地提出“我想要回我的钱”之前，蒂娜决定先收集证据，以支持自己想要提出“部分退款”的诉求。她找出了信用卡账单，证明自己已经缴纳了入会费和前6个月的会费。她请医生开具了书面证明，说明使用湿蒸室有利于治疗她的肌肉痉挛症。她从健身房的布告栏上找到了那张写着“湿蒸室关闭检修”的通知，找出了办卡时领到的那份包含每周健身课程信息的会员手册。蒂娜带上了自己的会员合同，并特别圈出了她真正需要的服务项目，包括“湿蒸室”以及“工作日早晚婴儿临时看护服务”。

她决定不找以佣金为主要收入来源的“会籍顾问”解决自己的问题，因为她知道会籍顾问肯定会说服她保留会籍、继续交钱。她决定直接和健身房的经理沟通，因为她看到过这位经理背着尿布包上班。

在和经理沟通时，蒂娜先讲述了决定办卡时自己有多么兴奋。过去几年，她过得很不容易。自从女儿苏菲出生，她就一直被背部疼痛困扰。事实上，她是听从了医生建议才决定来健身的。“他认为定期使用湿蒸室和练习普拉提能缓解我的背部疼痛。”然后，蒂娜不带一丝怒气地向经理说明了她现在有多么失望。“有几次，我带着女儿到了这里才发现健身房当晚无法提供儿童看护服务，我们就只好掉头回家。另外，从我办卡以来，健身房的湿蒸室就一直处于维修状态。”

“我们在等零件，”健身房的经理插了一句，“他们告诉我的情况是这些零件下周就能送到了。”

“我明白，”蒂娜说，但并没有被打断思路，“但普拉提的课程也被取消了，这让我太失望了。”

“很遗憾，想要参加普拉提课程的人数不够多，我们开不了课。”

“可是我很想参加啊。事实上，除了湿蒸室，这是我选择你们而不是距离我家更近的那家健身房的主要原因。我觉得根本问题是我完全没有享受到你们承诺提供的那些服务，所以我希望你们能把入会费和后面 4 个月的会费退给我。”

“我理解你的顾虑，”经理说，“我不得不承认，听到你说我们没有提供儿童看护服务，真的让我很震惊。我也是在自己有了女儿之后才决定在健身房为大家提供这项服务的，可能因为我的工作时间是白天，所以我根本没有注意到晚上的儿童看护服务会出现人手不足的情况。非常感谢你能告诉我这件事。”随后，她给蒂娜做了全额退款，并额外为她提供了 1 个月的免费服务——

“希望我们能利用这段时间改善自己的服务和设施，让你回心转意。”

蒂娜之所以能获得满意的结果，是因为她进行了充分的事前准备，从头至尾仔细考虑了阐述观点的每个细节。在对案件展开论述时，你也应该和蒂娜一样，专注、自信，并“认真落实自己的规划”。记住：你对自己提出的观点和诉求很自信，你准备的证据充分而有条理——因此，你可以“不达目的，誓不罢休”。

直接询问

有逻辑地展开论述并不只是单纯地展示你收集的各项证据，这个环节还包括向你的对手提出一些精心设计过的问题，以进一步证明自己的观点。

在讲授法庭辩论技巧这门课时，我经常会告诉学生：在法庭上提问时，要忘记“你是律师”，学会像新闻记者一样思考。在进行直接询问时，你需要找出“谁（who）、什么时间（when）、在哪里（where）、做了什么（what）、什么原因（why）以及怎么做（how）”的这些信息。当你提出“五个 W 和一个 H”这种问题时，就应该知道对方会以讲故事的方式作答。你必须利用直接询问证明自己的观点，并让陪审员用自己对这些问题的回答说服自己。

以我女儿就宠物问题对我进行直接询问的过程为例：

丹妮：妈妈，什么样的动物可以被当作宠物？

我：狗、猫，还有金鱼。

丹妮：河马能当作宠物吗？

我：通常不能。

丹妮：为什么不行？

我：因为他们太大了，普通的房子装不下。

丹妮：那可以养一头河马幼崽啊，然后等它长大到房子装不下的时候，再把它送去动物园啊。

我：嗯，这样也可以。

丹妮：我并不是说我想要养一头河马……这样看来，养一条狗好像容易多了？

我：啊！

她通过一连串的提问表明了自己的观点。直接询问，就像丹妮对我进行的询问，是让对方用自己的语言描述案件事实。如果方法得当，对方给出的答案将会增强你的说服力。在丹妮的“案件”中，我的回答证明了“狗可以被当作宠物”，而且“比养河马轻松多了”。

假设你刚在自动洗车机上洗完车，发现车身上出现了一条划痕。当你为此对洗车场的经理进行直接询问时，你需要让他通过回答问题还原事实经过，并且支持你的观点：这条划痕是自动洗车机造成的，或者至少让经理同意调查这条划痕产生的原因。

问：这些洗车设备的运营由谁负责？

答：外场负责人。

问：那我洗车的时候他在哪里？

答：他在前台——他收了你的钱，让你把车挂在空档上。他要在人工冲洗环节确认你车上的天线已经收回去了，车顶的行李架没有松动，这都是他要负责的事。

问：他为什么要我把车上的天线收回去？

答：这样洗车的时候你的天线就不会被那些设备勾住。

问：那所谓的“免接触洗车”到底是什么意思？

答：自动洗车时所有设备不会直接和你的车接触。

问：那到底有没有和车接触的部分呢？

答：嗯，那些刷子和旋转抹布的确会接触你的车，但这些东西都是尼龙或者棉布做的。

问：你们上一次对这些设备进行检修和维护是什么时候？

答：每天早上我们都会做设备检查，如果使用过程中出现设备故障，我们也会马上检查。

问：这些设备可能会出现什么故障？

答：有些地方可能会卡住，或者出现零件松脱，大概是这类故障吧。

问：那你现在能不能去检查一下有没有设备被卡住或者零件松脱的情况？

答：当然。

虽然你并没有得到一个类似“好吧，责任在我们”的答案，但这些问题仍然可以有效地帮你寻找真正的答案。在洗车场检查过设备故障之后，你或许可以和经理讨论一下这些划痕的性质。比如，“划痕周围出现生锈的情况通常需要多长时间？”或者“凹痕和划痕之间有哪些区别？”，你的目标是让这位经理意识到“他的洗车设备划坏了你的车”的可能性远高于“你自己不小心把车划了，然后才来洗车”的可能性。

在提问时要特别注意的是：你需要格外留心自己出示证据和表述问题的方式。在这个环节中，你绝对不会希望收到任何“惊喜”。在“遭遇破坏性伏击”方面有一个非常著名的案例，它出现在对巴拿马独裁者曼纽尔·诺列加的毒品犯罪行为提起公诉的过程中。当时，辩护律师想要对出庭作证的政府官员的可信度提出质疑，他问了一个问题：“你参与过多少次毒品交易？”

“你是想问和你的当事人之间的交易，还是我参与过的所有交易？”证人反问。

诺列加最终被裁定犯有多项敲诈勒索罪、毒品走私罪和洗钱罪，被判处有期徒刑 40 年。如果辩护律师能仔细斟酌提问时的措辞，诺列加现在可能还住在巴拿马城的总统府里。虽然这个小“过失”可能并不是导致他最终败诉的决定性因素，但这种提问方式也并不会给他带来任何帮助。

◎ 不知道就别问

在设计问题的过程中，请务必遵守律师界的“金科玉律”：永远不要提出你还不知道答案的问题。

我的朋友安德鲁·汉密尔顿，他目前在为司法部工作，但在此之前，在他还是一名律师时曾有一位客户因罹患精神疾病而被州政府强制关进了精神病院。他接手案件时，这位当事人已经在精神病院待了 72 个小时，而州政府还想要再强制羁押他在这里住 14 天。作为律师，安德鲁的任务是让自己的当事人重获自由。

安德鲁说："这个人看上去非常清醒、毫无恶意，所以我决定向法官强调他的精神状态很正常。当时，我先问他在精神病院过得怎么样，他说'还可以，除了熄灯之后的那段时间'。"但在那之后，安德鲁并没有遵守那条"金科玉律"，他提出了一个自己并不知道答案的问题。"我问他熄灯之后发生了什么，我原以为他会说出精神病院的工作人员虐待他的那些事情。结果对方给出的回答却是'熄灯之后有一大堆蝙蝠从天花板上飞了出来，它们袭击了我'"。这时，安德鲁才意识到他的当事人大概的确是疯了，他可能真的需要待在精神病院接受治疗。

◎ 人格化

在直接询问时，我会做的第一件事就是将证人"人格化"，让陪审团感觉证人似曾相识，并且愿意相信他说的话。我会引导证人简要介绍自己的背景——他的家庭情况、他的家乡、他的工作。在这个过程中，我会和陪审团进行眼神交流，如果是在法庭上，我也会指导证人和陪审团保持目光接触。这会让证人感到放松，也能让陪审团放松下来。当然，在日常生活中，你的证人或许就是你的陪审员，直接询问的"人格化"环节在这种情况中其实更为重要。

你需要让"证人－陪审员"相信你确实理解她的想法。你需要证明自己并不是想要通过一连串的问题攻击她。你之所以会提问，是因为你珍视她的看法和意见，也知道她有能力给你一个理想的解决方案。"你认为我的报告有哪些问题?""其他人批评过我的工作表现吗?""我以后应该如何避免出现类似问题?"这种问题能有效地让被提问的人感到自己掌握着主动权。

◎ 寻找平衡

清晰、有逻辑地论证自己的观点才能成为一块质量合格的“砖块”，所以你要牢记一个原则：一次只问一个问题。如果你提出的问题可能会引出不同的观点，或者你一次性对陪审员提出过多要求，那你真正想要解决的问题就会变得很模糊，对方会因此产生困惑，而你会失去对案件的掌控。

精心策划的诱导性问题能让对方用简短的客观事实作答，通过层层递进的方式，让对方给出你需要的答案。（“当时天是还亮着，还是已经黑了？”“地板上到底有没有血迹？”“其他员工的时薪是 40 美元，这难道不是事实？”）对方完全可以用非常简练的语言、直截了当地回答这些问题。

虽然提出开放式问题的“风险”比诱导性提问要高，但如果设计得当，这种提问方式其实更为有效。证人并不傻，他们完全可以判断出自己是否在被人操纵，或者有没有被引导到某个特定方向上（“那位女士是不是身高大约 5 英尺，年龄 30 岁上下？”）。通过特定的表述方法在提问的过程中暗示陪审员应该如何回答问题，会让对方主动提供信息的意愿完全消失。开放式提问为陪审员预留了自行补充信息的空间，这对你证明自己的观点极为有利，因为陪审员通常会认为通过这种方式获得的信息更可信（“请简要描述那位女士的外貌特征”）。

◎ 让证人讲故事

直接询问时，证人应该是场上的“明星”——那个讲故事的人。（交叉询问环节却恰恰相反：作为提问者，你应该是那位明星，吸引大家注意力的应该是你提出的那些问题。）这并不意味着你要提问出那种非常宽泛的问题，以至于证人或者陪审员必须要拿出自己的全部人生经历作答。你需要做的是灵活提问，但保持专注。你需要通过提问诱导证人或者陪审员开诚布公地告诉你事实真相以及他的真实感受，并利用提问的机会让证人和陪审员走在“正确”的道路上——你想让他们走的那条路上。

你可以把自己当成一位和善的老阿姨——那种特别热心，很喜欢听故事并且已经掌握了事情真相的人。当细节有些模糊时，她会问：“你当时和谁在一起？”“当时他在做什么？”“你是什么时候回来的？”“那件东西你是从哪儿买来的？”“你为什么要去文身？”“你打算怎么向父母解释这件事啊？”通过提出“五个 W 和一个 H”这种类型的问题，你常常能挖出真正的“独家新闻”。

提问可以帮助双方把注意力放到真正需要解决的问题上。比如，与其提出“这段时间你在外面吃过饭吗？”或者“你喜欢吃鱼吗？”这样的问题，不如直接问“有一次你食物中毒了，那天你是在哪儿吃的晚饭？”以及“那天晚上你吃了什么？”

开放式提问的诀窍在于通过巧妙的措辞让对方给出“描述性答案”。这样做能够“一箭双雕”：第一，开放式提问能够帮助你的陪审员记住并理解细节；第二，最大限度地降低对方可能产生的那种“其实这件事都是你在操控”的感觉。

如果陪审员能用自己的语言回答问题并且给出的答案能对你的观点予以支持，那就说明你的论述开始对她发挥作用了。只有让陪审员表达自己对案情的理解，你才能让她认为所有决定都是她按照自己的想法做出的判断，并不是因为受到了你的威胁和强迫——威胁和强迫通常只会让对方产生抗拒心理。

无论提出的是不是开放式问题，在提问的过程中，你都应该牢记认真倾听的力量。有效的沟通是由 30% 的表达和 70% 的倾听组成的。认真倾听对方说了什么，保持目光接触，不时通过点头表明你们处于相同立场，属于同一阵营。认真倾听可以实现两个目的：第一，消除你可能会给对方造成的那种“你表达的所有内容都是提前设计好的，有些生硬和做作”的感觉；第二，让你对可能会出现的意外答案保持警觉——事实证明，“出乎意料”基本上是必然会出现的情况。

直接询问也是主动提出不利证据的好机会，虽然证据本身可能对你不利，但你可以选择用对你最有利的方式把它们呈现出来。如果你不主动出示这些证据，对方就可能在接下来的辩论中利用它们对你进行伏击。并不是所有的案件都是“非黑即白”的——总会有不利于你的证据出现。如何利用对自己不利的证据恰恰是甄别顶级诉讼律师和平庸之辈的重要标准。

◎ 挑战

在论述观点的过程中，最具挑战、最重要的一项工作就是自始至终掌握主导权。无论是对方会不时出现的抗拒心理或者注意力分散的情况，还是你那些正常的紧张情绪，你会发现自己要不停克服各种困难。这其中有些困难你可能预见到了，有些就只能依靠临场发挥了。

妮可正在和儿子的校长进行沟通，希望给13岁的布拉德办理转班手续，把他交到一位经验更丰富的老师手上，她必须努力克制自己的情绪，让自己不被校长多次突然转移话题的做法激怒。“在谈话过程中，他不停地打断我，老是想把谈话的主题转到长篇大论地探讨应该如何择校以及‘只要家长和孩子竭尽全力就一定能适应不同教学环境’的理论上。这和我的小孩在学校经历的事情完全无关——他的老师在上课时总是对他不理不睬！——我不得不强压愤怒，然后不停地把校长引向正题。我掌握的证据——包括其他家长对现在这位老师的评价，我之前记下来的、儿子在准备考试的过程中发生的各种让人崩溃的事情——让我能专注于自己的真实诉求：帮助布拉德离开现在的班级。”

作为检察官起诉犯罪嫌疑人时，即便我们在庭审前帮证人做好了充分的心理准备，他们仍然会在大家的注视下变得格外紧张，甚至于忘记自己本来准备好的内容。每当听到证人说“我不记得了”的时候，我都非常尴尬。对于这种情况，最好的解决办法是回归证据开示环节（你收集到的所有调查结果和证据），让这些证据“唤醒证人的记忆”。“女士，我现在递给你的是你之前提供的正式证词。能否请你快速默读一下这段话，然后再回答我的问题？”

有时，你可能不得不传唤“敌意证人”[①] 出庭作证——那些对你的案件有利却不想出庭作证的人（最常见的是刑事案件中被告当事人的母亲、姐妹或女友）。在法庭上，你可以请求法官将她列为“敌意证人”，这样你就可以对她进行诱导性提问。如果她仍然在回答问题时闪烁其词，你就可以反复提出相同的问题，直到她给出答案为止。如果“敌意证人”多次拒绝回答问题，陪审团就会意识到这位证人似乎在隐瞒某些重要事实，并因此对她之后给出的其他信息持怀疑态度。

在实际操作中，出示证据以及通过提问证明观点的过程，通常不会像这本书中描述的这么规范。在现实生活中，对方不可能“坐以待毙”地等着你证明自己的观点——人类的本能会让他做出“战斗或逃跑”的抉择。可以肯定的是，你的陪审员肯定会想方设法地扭转局面，“反客为主”。

面对这种必然的挑战，你要坚定地执行自己的规划。你不必为了回应对方的质疑而打乱自己的节奏，而是可以选择等待对你更为有利的时机。如果陪审员想要忽略你的主张，那你可以反复提出相同的问题，温和而坚定地坚持自己的观点，让自己的思路不被带跑，并借此机会进一步强调你的看法（这种做法会让你的对手显得十分可笑、“恃强凌弱”、不尊重他人）。

对于具体问题，如果我已经知道答案，也确定证人已经知道答案，那我就会“坚守航线”。假设在一起车祸致死案中，我知

---

① 敌意证人（hostile witness），指在直接询问中，对传唤自己的当事人表现出敌意、偏见，或者明确表示不想出庭作证，或提供对传唤方当事人不利的证据的证人。在美国，律师可以在直接询问环节对敌意证人进行诱导性提问。

道被告当晚在小酒馆喝了10瓶啤酒——有目击证人可以证实他喝了酒，被告之前也承认自己喝了酒，酒馆的账单也能证实他喝了10瓶啤酒——那我就会说，“先生，车祸发生当晚的八点到十点之间，你喝了10瓶啤酒，对吗?”被告回答：“我可能喝了几杯。”我会继续问：“在当晚十点十五分回到车上之前，也就是在你开车撞向被害人并致其死亡之前，你喝了10瓶啤酒，对吗?”被告再次回答：“我可能喝了几杯。”我继续问：“你喝了10瓶啤酒，先生。我在这块黑板上写给你看，1、2、3、4、5、6、7、8、9、10。10瓶啤酒。”我坚持按照自己的节奏提问，直到对方在别无选择的情况下被迫承认他之前说的“几杯”就是“10瓶”。即便在我出示了相关证据之后他仍然坚持“几杯”的说法，我也已经证明了我的观点，并让陪审团意识到被告没有诚实地回答问题，而是在撒谎。你或许无法让一个喜欢撒谎的人说真话，但是你至少可以当众戳穿他撒谎的事实。

如果在阐述观点的过程中被质疑，那向对方提出“是非题”也不失为一个确保你能不偏离方向、继续实现既定目标的好方法。此外，无论采取什么方法和手段，都需要避免陷入针对证据本身的争论当中。你要做的是展示证据，而不是单纯地吵架。

示证的注意事项

在开始阐述案情和主张之前，完成所有“体力活”，这样你就不会出现操之过急的情况——确定诉求和主张、确定陪审员、确定沟通的时间和场合，并收集证据。最重要的是，在论证过程中，不要被主观情绪支配，而是要不断地自我鼓励，争取用一场充满激情又理性的演讲完成超常发挥。

和妮可——那位准备说服校长给儿子办理转班手续的母亲一样，你需要记住自己究竟为什么要出示某项证据，这非常重要。为确保你不被自己的情绪击败，并增强自信，在论述案件的过程中你可以参考以下注意事项：

· 让你的声音听上去低沉而稳定。

· 语速放缓。

· 态度和善——你并不需要像检察官对待犯罪嫌疑人那样，也可以赢得胜诉。

· 表现得像一位周到、细致的老师。你不是在和对方辩论，而是在温和地教育他。

· 不要忘记镇定自若地深呼吸——要记住你比对手准备得更加充分。

· 不要频繁使用法律术语。除非你的确出现在法庭上，艰涩的法律术语和激烈的争论能发挥的作用其实微乎其微。

只有奠定好坚实的基础，你才能制定案件规划，并立场坚定地进行精练的论证。通过详细、有针对性的计划，整个案件会变得非常清晰，让你的对手、法官和陪审员都只能选择认同你的主张和诉求，并让你得到一个满意的结果。

但不可否认的是——这个过程并不容易。你基本上不会碰到这种情况：你坐下来说完观点之后，陪审员就马上宣布："你说得对！你应该得到全额退款。你想要现金，还是支票？"

在并不存在的“完美世界”中，我们一定会得到自己想要的结果。但在现实世界中，我们在阐述过自己的观点之后通常都会遭遇对方的“反扑”，对我们的诉求提出质疑和诋毁。

在哥伦比亚大学读大一时，我找到了一份在曼哈顿上西区做住家保姆的工作。这基本上是能让我负担得起纽约的生活费和大学学费的唯一方法。为这家人工作了一个学期之后，我发现自己并没有得到公正的待遇。我的工资很低，此外，他们之前承诺过可以“包食宿”，但他们提供的条件却极其糟糕：我住在阴冷、昏暗的地下室（而楼上有一间客房其实一直空着），不能和他们同桌吃饭。我还从其他保姆那里了解到我的工资其实也远低于这里的平均水平。我决定要求涨工资，并改善我的生活条件——不过我当时并没有意识到我其实就是在运用庭审技巧为自己辩护。

我想继续为这家人工作，也希望能提高待遇（我的诉求和主张）。我决定找他们夫妻二人一起沟通，而不是“逐个击破”。一天晚上，当孩子们都上床睡觉之后，我说想和他们谈谈——我知道此时他们正处于一天当中最放松的状态，最有可能聚精会神地和我沟通（陪审团遴选）。我首先说明了自己非常喜欢他们的孩子（开庭陈述），提交了我收集到的证据：其他保姆的工资数额、她们的工作内容和福利（证据开示）。然后我问：“你们对我的工作满意吗?”“有什么需要我改进的地方吗?”（直接询问），我还提出自己其实可以再多承担一些工作——比如洗衣服之类的家务。

在总结自己的论证过程时，我说：“根据我的工作内容，我觉得我应该得到更高的工资和更好的生活条件。”我到现在还记得自己当时非常自信地等待他们答复。我天真地以为只要他们理解了我的顾虑，就一定会同意让我住进那间客房，然后给我涨工资。但实际情况是，那位丈夫站起来说：“这太荒唐了。我们给你的钱已经足够多了，丽斯。”

我根本没有料想到对方会如此生硬地拒绝我的诉求。我灰溜溜地离开了客厅，垂头丧气地回到了散发着霉味的地下室。我吃了一块乐芝饼干平复心情，然后开始回忆刚才究竟发生了什么。我之前那么有信心，那么有把握，但现在我开始怀疑我自己了。他确实以强硬的“驳回诉讼请求”的方式说服了我，让我认为自己不应该得到更多酬劳。他扭转了被动的局面、“反客为主”，而我彻底失败了。

如果同样的事情再发生一次，我会做出哪些改变呢？当时的我被难倒了。我真应该等到自己从法学院毕业之后再去进行这场沟通。因为到那时我就已经知道应该如何运用诉讼律师的重要法宝——交叉询问，冷静地应对这种局面了。

运用诉讼律师的技巧应对生活中的挑战

案件摘要：第四步

证明你的观点

1. 参照你在第三步中制定的案件规划

a. 你应该如何安排证据的出场顺序？

b. 哪些案件事实能产生巨大的冲击力，为你“打响头炮”？

c. 哪些案件事实可以作为“杀手锏”——让你能用最有力的证据作为结束语？

2. 确定案件主旨，确定基调和态度

a. 确定案件主旨。

i. 设定案件主题对你的案件有意义吗？还是不太合适？

ii. 从确定案件主旨的角度看，本案的核心和实质性问题是什么？

(1) 你的案件主旨与弱势群体有关？还是事关责任和正义？

(2) 你的案件主旨符合逻辑吗？

(3) 你的案件主旨在措辞方式上符合陪审员的人生经历或者某些先入为主的观点吗？

(4) 你的案件主旨能有效推动陪审员“行正义之事”吗？

b. 确定基调。

i. 在开始论述自己的观点之前，先确定好自己的语言和行事风格；当双方情绪激动时，你仍然要坚持自己选择的风格。

ii. 无论你决定使用哪种语言风格，都应该保持积极的态度，并且不应该在语言上带有任何威胁意味。

iii. 你选择的陪审员对哪种语言风格的反馈最积极——坚定的？有权威性的？温和谦逊的？还是“装傻充愣”地向陪审员求助，更有利于你实现自己的目标？

c. 你准备以什么形象示人（如果你准备和陪审员面对面沟通）？

i. 你准备穿什么衣服？

ii. 你通过发型、妆容和配饰透露出的信息是否符合你确定的案件主旨、基调和诉求？（举例说明，“手上戴着劳力士手表”会不会对外透露你的真实财务状况？）

iii. 在论述观点时，努力保持放松。

iv. 记住要与对方保持眼神交流、避免做出容易让人分心的小动作，采取开放的身体姿态（手臂不要在胸前交叉）。

3. 设计开庭陈述

a. 这起案件的核心是什么？

b. 陪审员对最先和最后听到的内容的记忆最为深刻，所以你准备如何开始？

c. 在写开庭陈述的发言稿时，把你掌握的最有冲击力的证据和案件的实质争议结合起来——你的论述过程应该从由此形成的案件主张开始。

d. 在确定应该如何阐述你的诉求和主张时，你需要确保它能和案件主旨、基调、表述方式相互匹配。

e. 证据预告——说明你已经掌握了哪些支持你实现诉求的证据。

f. 强调你想要的结果。

4. 合理安排证据

a. 哪些证据是最具有说服力的事实陈述？（“这是上个月的账单，你的收费标准变成了25美元/小时。”）

b. 陪审员自己补充的信息更具有说服力，你掌握的哪些证据可以通过向对方提问的方式呈现出来？

i. 诱导性提问。（“这份账单上你的收费标准是20美元/小时，不是吗？”）

ii. 开放式提问。（“按照本月账单，你的收费应该是多少呢？”）

c. 对你不利的证据有哪些？

5. 把开庭陈述时要说的内容和直接询问时要提的问题写下来

a. 把开放式问题写下来。

b. 把诱导性问题写下来。

c. 把那些不利证据用对你最有利的方式呈现出来，把它们的破坏力降到最低。（“我当时没有问这个月你的收费标准是多少，这的确是我的疏忽，但因为你没有对上个月收费标准提出异议，所以我才误认为这个月你的收费标准会保持不变。”）

6. 论述观点

a. 以一段能迅速抓住陪审员注意力的“小演讲”开始，说明你的诉求和主张。

b. 告诉陪审员你掌握了哪些支持性证据。

c. 按照证明顺序，按部就班地出示各项证据，以最具有说服力的“杀手锏”证据作为结束。

d. 直接和陪审员沟通。如果对方的回答能巩固你的观点和主张，就应该适时提问。

7. 总结发言

a. 在结语中援引证明力最强的那些证据。（“你给我的这份账单上显示 6 月 24 日、25 日和 26 日你都在我家厨房工作，但这个月 26 日那天我在家休病假，你根本就没来——所以除非我记错了，不然你上个月只工作了 16 个小时。”）

b. 重申你想要的结果。（“所以，你应该把这份账单改过来，你觉得呢？”）

第 5 章

第五步　提出反诉：交叉询问

利用交叉询问环节让对方认可那些对你有利的证据。

检察官：我最后再问你一遍，是不是你谋杀了被害人？

被告：没有，先生。我没杀人。

检察官：你知道作伪证的后果吗？

被告：是的，我知道。我知道伪证罪的后果要比谋杀罪轻得多。

在法庭上，诉讼律师在阐述过基本案情并完成直接询问之后，就会通过交叉询问对对方证人的证词予以回应。他们的回应方式要么是让证人认可对自己有利的证据，要么是削弱对方证人的可信度。交叉询问中会出现两种类型的问题：“是非题”和诱导性问题（在提问的过程中暗示证人应该如何回答的那种问题）。

转化到日常生活中，当你和与你发生矛盾的“对方当事人”都表达并理解了各自的诉求之后，你也可以通过交叉询问的方式让对方认可那些对你有利的证据，或者直接指出对方错在哪里。

在交叉询问方面，有一条可以被当作“至理名言”的建议：

注意措辞。在交叉询问时，你的问题可能很尖锐，而你提出这种问题的目的就是让证人或者对方说出你指定的内容。在交叉询问环节中，证人并没有太多解释的余地——这当然很令人抓狂。在法庭上，交叉询问这种技巧并不能让律师和证人之间产生温馨的沟通氛围，不过顶级的诉讼律师仍然会以一种非常负责任的态度提问。律师基本上不会恃强凌弱地欺侮出庭证人。

萨姆·沃特森①在电视剧《法律与秩序》② 中扮演了一位聪明又老辣的检察官。每当这位检察官向证人施压、迫使其承认自己在撒谎时，我们都会鼓掌叫好。在解决冲突的过程中，我们都会想象：通过有技巧的提问，把对手逼进了“死胡同”；然后，在激动人心的高潮“请君入瓮”，让对方承认错在自己。但在现实生活中，电视剧中的那种提问方式其实十分危险。“成为交叉询问高手”是每个人的梦想，从你的老板到你的妻子，概莫能外。但请不要做梦了。这个梦想很美好，但在现实生活中可能会成为一场噩梦。那些和律师结婚的人会告诉你，他们有多么痛恨对方在解决家庭矛盾时动用交叉询问的技巧。

律师的妻子：亲爱的，我觉得我们真的要买一辆新车了。现在这辆车都快要散架了。

律师：上周你不是还说过很喜欢现在这辆车吗？

妻子：嗯，亲爱的，我那么说的意思是——

律师：请直接回答我的问题，你到底说没说过？

---

① 萨姆·沃特森（Sam Waterston），美国演员、制作人、导演。

② 《法律与秩序》（Law & Order），美国一部以警察和法律为题材的电视剧。

妻子：嗯，我不想讨论我说过什么——

律师：听着，我的问题很简单，你可以给我一个简单的答案。

妻子：好啊，我可以，我要离婚！

你经常在电视剧里看到的那种“逼问式交叉询问”其实只适用于两种场景：要么是你想要证明对方在说谎，要么你想要让对方无地自容。因为这种提问方式会让对方产生敌意，激起他的抗拒心理。你绝对不会想要把这种技巧用在那些你想和他继续维系亲密关系的人的身上，因为这种技巧可能会对你们的关系造成毁灭性打击。

尽管如此，交叉询问——通过“是非题”轻轻“敲打”对方并由此找出事实真相——在这方面的确能起到一定的帮助作用。如果方法得当，交叉询问也并非一定会造成伤害。你可以运用交叉询问的技巧温和地引导对方，并推动他通过独立思考认可你的主张的合理性，通过这种方式，交叉询问也能有效地帮助你证明自己的观点。

举个例子。我认识一位住在亚特兰大的诉讼律师，她就会经常运用交叉询问的方法帮助正处在青春期的女儿直面她想要逃避或者否认的事实。在交叉询问的过程中，她会对女儿交替提出诱导性问题和开放式问题——前提是符合逻辑的答案只有一个。通过这种方式，她可以温和地引导女儿正确地思考问题，并自己得出唯一合理的结论。

凯蒂：约书亚很喜欢我，但我朋友蒂凡尼却让他不要和我说话。她经常贬低我，还想让约书亚喜欢上她。

律师妈妈：蒂凡尼这样对你，你觉得很受伤，对吗？

凯蒂：对啊。

律师妈妈：你觉得你们俩应该坐下来谈谈这件事，对吗？

凯蒂：对。

律师妈妈：但你也不想让她不开心？

凯蒂：没错。

律师妈妈：哦，你之前和我说起过，你们学校有很多人都不喜欢蒂凡尼，对吗？

凯蒂：对。

律师妈妈：她很喜欢指挥别人吗？

凯蒂：没错。

律师妈妈：她这样对待你和约书亚，不就是其他孩子不喜欢她的原因吗？

凯蒂：是的。

律师妈妈：不过蒂凡尼似乎还没有意识到大家都不喜欢她？

凯蒂：对，她根本没意识到。

律师妈妈：那如果没有人告诉蒂凡尼，她的这种行为会让别人觉得很不开心，也会让大家都不喜欢她，她就不会改变自己的行为，然后她就会失去所有朋友。

凯蒂：嗯，我想是的。

律师妈妈：好，现在你因为她的做法觉得很不开心。但如果你告诉她这件事，她就会觉得很不开心。

凯蒂：对啊。

律师妈妈：但如果你能和她谈谈，让她以后不要再伤害你了，你就不会像现在这么难过了。

凯蒂：对。

律师妈妈：如果蒂凡尼能从中汲取教训，那对她也有好处，因为她会有更多朋友。

凯蒂：对，您说得对。

凯蒂妈妈绞尽脑汁地利用提问的方式推动凯蒂完成了独立思考，让她从初始位置——“我绝对不可能和蒂凡尼谈起这件事”，主动抵达了符合逻辑的终点——“和蒂凡尼谈谈这件事对我们俩都有好处”。在这个过程中并没有出现严厉谴责或者威胁恐吓。凯蒂的妈妈让她了解了一些很重要的事，而且完全没有提出可能会制造更多矛盾的问题——“凯蒂，蒂凡尼让你的生活一团糟，不是吗？你只要回答‘是’或者‘不是’就可以了！”——这种做法恐怕只会让凯蒂哭着跑回自己的房间。

推翻对方的辩解

到目前这步为止，直面“对方当事人”的回应大概是你在证明自己观点的过程中遇到的最棘手的一件事了。不过，合理利用交叉询问这项法律技术，可以有效缓解反驳对方的观点带来的焦虑，让你在正确的方向上继续前进。那些以再次确认已知信息为目的而向对方提出的“是非题”或者诱导性问题，能帮助你继续掌握案件主导权，并专注于你真正想要的东西：大获全胜。

就像在第三步中你需要收集证据并规划论证过程一样，利用交叉询问的技巧你可以拆解对方的抗辩理由，逐一分析对方的证据和观点，以指出其中的瑕疵事实或逻辑漏洞。

要想削弱对方证据的可信度，你需要掌握的重要技巧是抓住对方证据与事实之间的细微差别以及对方论证中的逻辑弱点——也就是说，你要学会倾听。你可能觉得这很简单，但我们却经常忘记倾听，只顾着一心一意地规划下一串问题，并因此错过了认可或者驳斥某些关键证据的机会。

在全美都可以收听到的电台节目中和比利·欧莱利相对而坐，本身就是一场关于倾听和运用交叉询问技巧对他的观点提出质疑的考验。最近，欧莱利就和我在节目上因为杰茜在杜克医院接受了失败的心脏移植术而死亡的事情展开了辩论。欧莱利的观点是小女孩杰茜的父母没有资格起诉医院以及为杰茜做手术的医生，因为她的父母是非法移民。

欧莱利：她是墨西哥人，她父母从美墨边境把她偷渡到了美国，然后他们才为杰茜争取到了接受心脏手术的机会。医院一直在尝试挽救她的生命，可惜失败了。如果杰茜的父母可以因为这种事起诉医院，那简直太离谱了！

维尔：为什么？

欧莱利：因为医院在没必要这么做的前提下，还在尝试挽救她的生命。医院完全可以不给她做手术。

维尔：但只要他们同意了给她做手术，就应该认真地完成手术，而不是草草了事。

欧莱利：你觉得那些医生是在故意犯错吗？

维尔：不，但他们犯了错误。给她做手术的外科医生的确犯了错。

欧莱利：那是事实。

维尔：这种错误可以构成执业疏失了。

欧莱利：杰茜的妈妈也犯了错误，她根本不应该让女儿非法入境。

维尔：我同意。但只要医院接收了这个小女孩，就有责任为她提供“正确的”治疗。

欧莱利：医院根本没做错什么，只是不称职而已。我认为允许这位母亲起诉医院有违道德。医院在本可以不接收病人的前提下，为这家人提供了巨大的帮助，尝试各种方法去挽救这个小女孩的生命。如果严格按照法律规定，这个小女孩根本就没有资格接受心脏移植手术。

维尔：你认为不称职的医生不应该接受处罚？

欧莱利：在本案中，我认为不应该。

维尔：为什么？

欧莱利：因为是这位母亲做出的错误决定让女儿变成了这样。

维尔：哦，天哪。所以，按照你的观点，医生可以在医术尚不过关的情况下给非法移民做手术，而且不需要为此承担任何法律责任？

然后，凭借娴熟的交叉询问技巧，我证明了自己的观点。

维尔：请稍等。当时是医生自己决定要接收这名病人的，对吗？

欧莱利：对。

维尔：医生承诺会为病人提供最好的治疗，对吗？

欧莱利：对。

维尔：但做手术的医生却在明知血型不匹配的情况下给小杰茜输了血？

欧莱利：对，但他不是故意的。

维尔：你认为孩子的父母没有资格起诉医院？换句话说，因为这个小女孩和她父母的合法身份问题，你就可以给医生和医院发一道“免死金牌”？你有没有考虑过非法移民也是活生生的人？

欧莱利：快关掉她的话筒声音！

他们还真的这么做了！这是欧莱利在节目中有史以来第一次关掉搭档话筒声音。第二天，我们收到了如潮水般涌入的电子邮件。所以在第二天的直播节目中，欧莱利说：“嗯，关于我们昨天讨论的那个话题，听众们的意见基本上是50∶50。”

“等一下，”我打断了他，“你都把我的话筒声音关掉了，我还能得到半数观众的支持？你能想象一下，如果昨天你没关掉我的声音会是什么结果？”欧莱利无言以对。

不要慌！

在你证明自己的观点时，必然会遭遇对方企图通过削弱你的可信度而进行的抵抗。不要慌！你可以通过以下三种技巧——弹劾证人、揭露真相、排除传闻证据，让双方讨论的主题重新回到那些对你有利的证据上。

◎ 弹劾证人

弹劾证人是指证明对方所言与事实不符。虽然这种做法听上去就不怎么愉快，但我们其实每天在这样做。如果你的孩子说自己一定会先写完作业再玩游戏，你却在她玩游戏的时候从她书包里翻出了还没做完的练习题，当你拿着这些作业去找她“算账”的时候，其实就是在“利用证人先前证词与事实之间的矛盾”对她进行弹劾。不过，你要小心：这种弹劾是双向的。当你正在打电话聊天，你的孩子打断了你，对你说：“你答应过吃完晚饭就给我念故事书，但你却一直在打电话。”

弹劾证词或者证人是证明你的主张和观点的一种有效手段。它的基本操作方式是先让对方承认自己先前证词的内容，然后利用这段先前证词对她的“新证词”提出质疑。诉讼律师运用这项技巧时，会先让对方提供新证词，然后对其进行诱导性提问，最后直接指出对方的自相矛盾之处。

在法庭之外，你也可以运用“弹劾”的技巧。假设你想证明自己的老板特别喜欢“说一套，做一套”，那就可以先确认他现在对某件事的态度（“不，我绝对不可能同意启动这种项目”）；然后进行诱导性提问（“你之前在这份日期标注为1月28日的备忘录上签了字，不是吗?”“这份文件上写明了‘项目审批通过’，对吗?”）；接着你就可以指出对方自相矛盾的地方了（“也就是说，塔特先生，你说自己绝对不会批准这个项目，却又在1月28日的审批备忘录上签了字”）。

在克林顿总统弹劾案中，受美国众议院司法委员会委托，我

参与了该案的调查工作并为民主党提供法律意见。与共和党的那些律师相比，我一直处于“权力下风”。颇具讽刺意味的是，在这场总统弹劾案中，我发现自己也会经常使用到“弹劾”的技巧。当时，在调查的初始阶段，我们要解决的重要问题之一就是双方是否均有权传唤潜在证人作证。根据会议记录，共和党的律师一开始很痛快地同意双方都可以根据自己的需要传唤证人。因此，我们这些代表民主党的律师就赶紧聚在一起，确定了潜在证人的人选并且发出了很多张传票，还和一些潜在证人进行了初步沟通。

但是我们的那些共和党的同行没过多久就反悔了，他们宣称我们根本无权传唤证人，只有他们（共和党）有权发出传票，而且他们也不会批准民主党提出的、对证人发出传票的申请。事已至此，我不得不指出他们“先前不一致的证词”——公开记录显示共和党的律师们说，“双方均有权根据需要传唤证人”。我“弹劾”了对方律师，迫使他们承认自己确实这么说过、现在又想在没有正当理由的情况下背弃承诺。结果：我们得到了自己发出传票的权利。

总统弹劾案中的弹劾工作并未止步于此。当时，共和党手中还攥着总统弹劾案的“钱袋子”。《斯塔尔报告》① 正式公布的那个周六，我们 5 个人——为应对总统弹劾案，民主党聘请了 5 位律师，而共和党聘请了 25 位律师——来到指定的办公地点，却

① 《斯塔尔报告》(Starr Report)，独立检察官肯·斯塔尔在美国司法部长的授权下对克林顿总统进行了调查，并将调查结果整理成了一份长达 400 页的报告。

发现这里根本没有办公室、没有秘书，甚至没有复印机。我们只好长途跋涉去找金考快印[1]，然后在那里买到了纸、笔。但我们仍然没有一个可以私下沟通的地方，到处都有媒体在蹲守。我们面临这种处境时，纽特·金里奇[2]却在接受采访时说民主党的工作团队将会“得到很好的照顾”。于是，当时的民主党少数派领袖理查德·格普哈特[3]找到了金里奇，利用这些“先前不一致的证词”对他进行弹劾。当时，他告诉金里奇：“如果你不希望这件事情出现在明天《纽约时报》的头版头条上，那就赶紧解决问题。”

第二天一早，我们有了自己的办公室，还有了配套的有线电视、电脑、打印机，甚至还有一名秘书。（这仍然无法与共和党律师们的那个豪华又舒适的办公室相提并论——他们拥有一个配置齐备的厨房和一个小餐厅——但我们已经心满意足了。）有时，即便是在总统弹劾案中，弹劾的技巧也能派上大用场。

不时提醒别人他们之前都说过什么总会起到某种帮助作用，尤其是有些时候这样做能够帮助你证明自己的主张。

◎ 揭露真相

因为之前的证据工作已经非常全面，所以你不仅能够甄别出

---

① 金考快印（Kinko’s），一家以印务为主要业务的全球连锁公司。

② 纽特·金里奇（Newt Gingrich），美国共和党政治家，美国历史上最具权势的众议院议长之一。

③ 理查德·格普哈特（Richard Gephardt），美国民主党政治家，于 1989 年至 1995 年担任美国国会众议院多数派领袖，1995 年至 2003 年任众议院少数派领袖。

证人或者“对方当事人”那些前后矛盾的证词，也能准确找出哪些信息与事实不符，还可以在不迷失方向的前提下、采取不那么“诉讼律师”的方式拆穿谎言、揭露真相。

几年前，我特别开心地买到了一辆福特“征服者”。我认为如果开这辆车带孩子出门兜风一定会很安全。这款车用的是费尔斯通轮胎，而就在我买车之后没多久，“征服者”这款车就因爆胎而造成了多起交通事故。（后来，福特为此对“征服者”实施了全面召回。）在看到初步报道之后，我就给我的汽车销售打了电话。我买车时，汽车销售的态度让我感觉自己就是他最好的朋友，不过，当我因为铺天盖地的、有关福特轮胎质量的新闻再次打电话给他，说我很担心，希望他们能免费把我轮胎换成其他品牌的产品时，我“最好的朋友”却说他根本不知道我在说些什么。

我提出了几个问题，然后说：“因为这种轮胎，国外已经有几十个人在车祸当中丧命了。”

他脱口而出：“不，不是几十人，就只有十几个人而已。”终于抓住你了！他其实早就看到过相关报道，我确认了“他在撒谎”的事实。结果（在被我拆穿谎言之后）他们免费为我更换了轮胎。

◎ 排除传闻证据

在各种日常的争执中，很多被人们称为“证据”的信息其实都是经过多次转述形成的“传闻证据”。此类证词的内容完全不可靠。你还记得小时候玩过的“打电话”游戏吗？

童年时期，我经常会去离我家不远的罗贡达夏令营过暑假。每年夏令营的第一天，营地辅导员都会让我们在小木屋前的大草坪上围坐成一圈。为了避免在夏令营期间出现“流言满天飞”的情况，我们会先做一个游戏：每个人都用耳语的方式对坐在自己旁边的小朋友说出一个小秘密，然后你旁边的小朋友会把她听到的秘密传给坐在她旁边的人。这个游戏被称为“打电话”。当最初的“小秘密”——“强尼有一双蓝眼睛”，在经过12次转述之后变成了“珍妮得了流感”时，我们也完成了夏令营第一课。

和这个游戏类似，在日常生活中，很多存在事实错误的“案件”出现的原因都是“以传闻证据为主要依据”。其实，识别、排除传闻证据并不困难。如果对方的叙述中出现了“他说”或者“我二表姐的男友告诉我”这种短语，你就应该马上提高警惕，因为对方接下来要转述的内容都是应该被排除的传闻证据。类似“她说”这种提示词一旦出现，你就应该第一时间反问对方：“你是亲耳听到那个人说……了吗?”

假设你的工作是销售代表，销售部门的副总告诉你，在你负责的销售区域，古典音乐唱片的销量下滑了15%。你不知道这个数据从何而来，但经过一番探查，你发现这其实不过是他从一个不可靠的消息源那里“听说”的数字。经过交叉询问，你或许会发现销售量下滑的消息是一名负责其他地区的销售代表——他为了通勤方便一直想要调换到你的岗位——特意告诉副总的。由此，你可以证明副总援引的内容属于传闻证据。

我参与发起了华盛顿州“律师与学生决议会项目”——该项目希望通过律师的培训，让初、高中的学生具备调解同学之间发生的各种矛盾的能力——在参与这个项目的过程中，我几乎每天都会看到学生掉入传闻证据的“陷阱”。很多学生都会这样描述事发过程：“我朋友玛丽告诉我，乔伊告诉她，苏说我很胖，我很生气。”我会追问：“你是亲耳听到苏这样说的吗？”如果她回答“没有”，那我就会让她先去收集更确凿的证据，再提出诉求。虽然有些学生确实会出口伤人，但在大多数情况下双方之间其实只是产生了小误会，而通过直接沟通，这些误会很快就会被消除。

解决传闻证据引发的矛盾很简单。你要做的只是找到所谓的“初始消息源”，然后直接问对方：“你说过……吗？”耐心求证就能让你减少很多烦恼。

◎ 反驳，还是不反驳？这是一个问题

大多数情况下，面对“对方当事人”的回应，你都需要思考这样一个问题：“我需要反驳他吗？还是应该选择忽略他说的话？哪种方式对我更有利？”换言之，面对对方的回应或辩解，你需要判断有没有必要为了证明他表述的内容与事实不符或者不可信，而提出其他证据或观点。因为对方的辩解有时并不值得你做出进一步回应。

在大多数情况下，完全依据事实、不带有任何主观感情色彩地做出回应，就足以让对方想要转移话题的希望落空。对手反击时，你必须及时阻止她进一步详细阐述自己的观点，因为敌意证人总会在反驳过程中“不失时机”地打击你的主张。

在交叉询问过程中，利用简短的诱导性问题对陪审员的“说

话时间”做出严格限制是阻止其长篇大论的最有效手段（“李维斯先生，这份账单上的项目是不是上个月就收过钱了?”）。在这个过程中，避免提出开放式问题（“李维斯先生，请问这份账单上都列出了什么内容?”），因为这种问题为陪审员充分预留了以对你不利的方式解释其观点和立场的空间。

在大多数情况下，你其实不必反驳对方的辩解，你只需要继续提问，就可以让双方的沟通重回正轨。在不直接做出回应的前提下，以下这些表述方式也可以化解对方带来的消极影响。

“不，我要问的是……”

“重申一下，我刚才给你看的是……”

“你是亲耳听到的吗？不是？那是谁告诉你的？你知道他是从哪里听说的吗？在这之前的消息源又是谁呢?”

“我觉得那个人质疑我的原因是……”

“你刚才说的是……但那天你说的其实是……”

“不好意思，这不是我今天要讨论的问题。我们要解决的问题其实是……”

准备交叉询问

不论你的意图是什么——找出更多对你有利的证据，或者证明对方（或者他的证人）在撒谎——交叉询问的整体结构都需要遵循以下两个原则：

1. 不重复直接询问的内容。交叉询问的时间不应该被浪费在重新讨论第四步出示过的证据上。

2. 把最强论点放在开始或者留到最后。交叉询问应该“虎头龙尾”，中间夹入一些不太重要的论点。大家对一开始和最后听到的内容印象最为深刻。

为了实现你的意图，在准备交叉询问时，需要牢记以下三点：

1. 受到质疑时，坚守自己的立场和主张。
2. 双方激烈争论时，要掌握“指挥权”。
3. 提前为交叉询问做好准备，预估对方可能的回应。

◎ 坚守自己的立场和主张

在第四步中，你学会了利用在证据开示过程中收集到的证据进行直接询问。在你论证自己观点的过程中，必然会遭遇对方的“抵抗”——不过，那些在承受压力时仍然能为自己辩护、目标明确的辩手们才能取得自己想要的结果。

与直接询问类似，“好的开始是成功的一半”，交叉询问最开始的几秒钟决定了你在这个环节中的成败。开场白应该果断坚定，避免出现类似“霍华德校长，关于我儿子现在的这位老师，我有几个问题想要请教”这种没有任何说服力的“客套话”。这种带有介绍性质的开场白只会让霍华德校长认为你对自己要阐述的观点根本没有信心。交叉询问环节的开场白应该直击要害：“霍华德校长，我儿子的老师根本就没通过教师资格考试，对吗？”（你通过证据开示收集到的信息）。这会让霍华德校长意识到你有备而来、胜券在握，因此他有必要对你的诉求予以重视。

你应该毫无保留地坚守自己的立场，把自己的诉求作为所有问题的“弦外之音”。（“霍华德校长，我儿子的老师没有通过教师资格考试，对吗?”弦外之音：我希望我儿子离开现在的班级，然后转入一个老师更好的班级。）

在交叉询问时，你并不需要对手阐述他的想法——你需要控制对方的表达欲望，让她的回答为你所用，去印证那些对你有利的证据，你需要迅速、充分、不带有任何疑虑地阐明自己的主张和观点。

◎ 掌握案件的“指挥权”

交叉询问可能会是一个令人崩溃的过程——对手给出的答案可能与你的期待背道而驰，你和对方之间可能会出现剑拔弩张的局面。如果你想维护陪审员对你的信任，就不要肆无忌惮地大吵大闹，那会让你的案件变成一场灾难。那种喜欢靠大吵大闹证明自己观点的人，最后只会一无所获。

我经常会说，进行有效的交叉询问并不需要疾言厉色。这是我还是一名年轻检察官时就吸取过教训：我曾经对着当庭撒谎的证人大发雷霆。当时被告出庭作证，而庭审本来马上就要进入他彻底崩溃、当庭认罪的“佩里·梅森时刻”了，这时被告却在关键问题上撒了谎。我怒火中烧，气急败坏地开始朝被告大吼大叫。这种表现让我看起来就像一头饥饿的斗牛，这种做法除了让陪审员对我失去信任之外，什么作用也没有。后来，我逐渐掌握了“温言在口，大棒在手”的询问技巧。

“你并不需要咄咄逼人”，这大概应该是最能帮你释放压力并进行有效交叉询问的“真相”了。大多数情况下，沟通过程中出现的懊恼和愤怒会让对方被迫进入义愤填膺的情绪当中。回想上次你出于某种非理性的本能反应，因家庭琐事而在你丈夫/妻子下班到家的一瞬间对他/她发起攻击的情景。你面对的十有八九会是对方的敌意和抗拒——最后你的收获只会是一个被愤怒毁掉的夜晚。

不要在交叉询问阶段向你自己的主观情绪“投降”（也包括案件的其他阶段），靠事实而不是大嗓门向对方提出质疑，这是截至目前我发现的、能为你实现诉求的最佳手段。

◎ 预估对方的回应

只要证据收集工作做得足够细致、彻底，在交叉询问时就不会出现任何“惊喜”。因为母亲生病，罗伯特和妹妹需要在母亲住院期间共同代其处理个人事务。但罗伯特却发现妹妹布兰达在滥用自己的权力——她连续多次使用母亲的信用卡为自己采购生活用品——罗伯特小心翼翼地对她的这种做法提出了质疑。布兰达辩解说她不是在给自己买东西，那些生活用品都是买给母亲的。罗伯特早就预料到妹妹会有这种反应，于是他开始了交叉询问。

问：妈妈是不是 2 月 11 日入院的？

答：是的。

问：她出院回家的日期是 23 日？

答：没错。

问：在出院回家之前，她的一日三餐都由医院负责吗？

答：当然。

罗伯特找出其中一笔信用卡的刷卡时间，并将刷卡日期和医院寄来的账单进行了比对。

问：妈妈手术之后在医院住了两个星期，这两次你刷卡采购时，妈妈还在住院，对吗？

答：对，罗伯特。我刷了妈妈的信用卡买了一些东西。

问：事实上，你花了将近500美元，对吗？

答：没有，我没买太多东西。

问：在妈妈住院的这两周期间，她的信用卡一共有三笔消费记录，加起来差不多有500美元了吧？

答：我会把这笔钱还上的！

罗伯特之所以能对布兰达进行有效的交叉询问，原因在于他为双方可能会发生的冲突提前准备了反驳对方的依据，而不是等到冲突发生、对方辩解时再匆忙地临场发挥。

在交叉询问时，不要太过出格。你应该利用这段时间引导对方做出对你有利的回应，或者降低某些对你不利的证据和证词的影响，而不是开展新的“探险之旅”、寻找新的证据。你提出的所有问题都应该是“明知故问”——在提问之前你其实已经知道对方会给出什么答案了。

大约一年前，在一起合伙企业散伙引发的诉讼案件中，我作为律师职业道德领域的专家出庭作证。在庭审中，对方律师企图对我的“专家资格”提出质疑。“维尔女士，”他问，“律师职业道德这门课您教了多久？”

“五年，”我说，“另外，我还教过律师执业资格考试的考前培训，也做过很多年幕后的律师职业道德专家。”当他发现攻击我的资历似乎收效甚微，索性掏出了“杀手锏”。“维尔女士，事实上你从来没有以‘律师职业道德专家证人’的身份出庭作证过，对吗？”

因为预料到（也很期待）对方律师提出这种问题，我回答说：“你说得对，先生。其实不管我需不需要亲自出庭作证，作为专家证人，我收到的费用都是一样的。其实担任专家证人的压力是很大的，对于那些邀请我做专家证人的案件，我通常都会直接拒绝。不过，当我方当事人找到我时，她的遭遇让我很受触动，你的当事人对待她的方式的确显失公允。正是出于对律师行业伦理和道德上的责任感，我才决定为她担任专家证人。”

我的回答终结了他的交叉询问，我们赢得了胜诉。

交叉询问很容易让人上瘾——你永远会觉得还有一个观点需要反驳，还有一个问题需要澄清。但请小心，同一个问题不要询问太多次。在交叉询问时，只要能够充分证明你在接下来的结案陈词（第八步）中的全部论点就可以了。不要让对方有机会用一个答案终结你的交叉询问。如果你不得不“背水一战”，向对方提出你不确定答案的问题，那你至少要先确保无论对方如何回答，你都可以从容应对。

早知如此

在复杂的庭审准备工作中，示证仅仅是冰山一角。除非你的直接询问技巧已经炉火纯青到计划收购的目标公司愿意当场接受你提出的收购条款，或者造成追尾事故的后车司机愿意主动给你买辆新车，否则你就必然需要面对“对方当事人”的反驳和辩解。

在读大一兼职做保姆时，我就曾经自认为自己提出的“涨工资”的主张很有说服力，所以根本没料到对方可能不会接受我提出的要求。我对“混蛋因素”的理解很天真——在现实生活中，有些人就是根本不想听到你的想法。如果当时我能明白这个道理，或许就能更冷静地面对他们的“消极抵抗”。我可能就不需要在阴冷的地下室吃饼干进行自我安慰了，我会回到客厅完成这场交叉询问：

问：马库斯先生，您请我来做保姆时，我的工作内容和待遇都是您提出来的，对吗？

答：是的。

问：当时您说您有两个孩子——凯蒂和朱莉娅，我要给她们做早饭、送她们上学、接她们放学，放学之后要照顾她们的生活，陪她们去公园做游戏。对吗？

答：没错。

问：此外，每天晚上我还要给她们做晚饭、帮她们洗澡、哄她们睡觉？

答：对。

问：每天我都按时给她们做好了早饭，送她们上学，再接她们放学，对吗？

答：对。

问：每天我都在陪她们玩、带她们在公园做游戏，对吗？

答：对。

问：每天晚上我都给她们做好了晚饭、读了睡前故事、哄她们睡觉，对吗？

答：对。

问：您之前承诺过会为我提供住宿？

答：没错。

问：您家楼上有1间多余的客房，对吗？

答：是。

问：在我为您工作的这4个月当中，有人住过那间客房吗？

答：我印象中应该没有。

问：您当时说会给我提供住宿？

答：对啊。

问：您还说会为我提供一日三餐？

答：是的。

问：正是因为您提供的工作待遇，我才决定从华盛顿州搬到纽约为您工作。您也非常信任我，把两个小女孩的安全和健康都交给我全权负责。

答：没错啊。

问：但我现在住在地下室里？

答：对。

问：我的三餐只是饼干和花生酱？

答：啊……

运用诉讼律师的技巧应对生活中的挑战

案件摘要：第五步

交叉询问

1. 仔细设计交叉询问

a. 在交叉询问环节，继续沿用你在直接询问之前确定的案件主旨、基调和语言风格。

b. 将你通过证据开示程序了解到的事实作为交叉询问的基础。

2. 准备交叉询问之前需要做什么

a. 明确交叉询问的目标。

i. 你想重复利用哪些在直接询问环节中使用过的证据？

ii. 哪些证据可以降低对方在直接询问时做出的消极回应带来的不利影响——如何处理对方提出的不利证据？

b. 不要重复直接询问中问过的问题或者双方说过的证词。

c. 速战速决：把你在交叉询问环节的问题限制在5个以内。

3. 准备交叉询问

a. 和准备直接询问相同，把交叉询问的问题写下来。切记：陪审员会对你一开始和最后听到的内容印象最为深刻。

i. 以哪个对你有利的证据作为开始——“打响头炮”？

ii. 以哪个对你有利的证据作为结束——“收官之战”？

iii. 把所有其他证明力稍弱的有力证据，以及对你不利的证据夹在以上两者之间。

b. 最后，对于陪审员在交叉询问中给出的答案，只对那些有必要做出“承认”或者“反驳”的部分做出回应。

i. 你需要对陪审员阐述的哪些观点或者证词予以回应？

ii. 陪审员说的哪些内容你应该忽略？——对方做出的所有带有强烈主观情绪色彩的表述都应该被直接忽略——这些言论并不值得你们双方一较高下。

4. 把交叉询问的问题写下来

a. 问题类型。

i. 只采用“是非题”或者诱导性问题，不要进行开放式提问。

ii. 只有当你能 99% 地确定自己能应付陪审员给出的答案时，再提出相应问题。

iii. 只提问，不叙述——利用陪审员给出的答案对案件证据予以支持或者提出质疑。

iv. 与此类似，在交叉询问时不要展示过多的新信息。

b. 准备两套问题，并把它们都写下来。

i. 其中一套是你根据自己对陪审团可能做出的回应进行分析和预估之后设计的问题。

ii. 另一套问题用来应对陪审员“不按常理出牌”的情况。

c. 把能支持你的诉求和主张的问题写下来。

举个例子："好好先生，你车头保险杠上的这块红油漆和我卡车侧面上的这个凹痕刚好能对得上，对吗？"

d. 提前做好推翻对方答案的准备。

i. 针对你需要解决的问题，应该如何弹劾证人？

ii. 揭露真相？

iii. 排除传闻证据？

5. 最后总结

a. 你最后提出的问题应该指向案件中最重要的证据。"史密斯女士和'街对面的邻居'先生都提供了目击证词——你开着蓝色本田轿车撞上了我的卡车，不是吗？"

b. 再次说明你的诉求。"所以，你必须赔偿我的损失。"

第 6 章

第六步　坚持你的主张：避免七种致命的花言巧语

坚持自己的主张不仅事关诚实正直，也是你获得成功的关键。

至此，你可能感觉自己已经拼尽全力了：你确定了自己的诉求、选好了合适的陪审员，也制定了详细的案件规划。你认为自己肯定会战无不胜。你会想：还有什么能把我脱离这条通往胜利的光明大道吗？

有一个词：花言巧语。

每周我都会花很长的时间和电视、电台圈中的“耿直大师”一起工作。因此，我对“花言巧语”这个词似乎也有了新的理解。无论是否赞同比利·欧莱利对某些具体事件的看法和立场，他对“花言巧语”这种行为的态度确实深得人心。如果你想遮掩自己在结论中提到的“论点”没有事实依据这件事，或者试图表达某些连你自己都不相信的观点，或者尝试将对方的注意力从真正需要解决的问题上移开——那你就犯了“花言巧语罪”。

七种致命的花言巧语

在说服对方、证明你的观点时，有七种不同形式的花言巧语会让你之前的努力付之一炬：

花言巧语1：放弃或者背离自己的主张。

花言巧语2：言过其实。

花言巧语3：临时增加有损案件进展的诉求。

花言巧语4：援引传闻证据。

花言巧语5：进行主观判断。

花言巧语6：进行错误推断。

花言巧语7：情绪失控。

这七种致命的花言巧语都会让你面前的那条胜利之路变得坑坑洼洼、崎岖不平——如果不能绕过这些“大坑”，它们就有可能让你的辩论彻底“脱靶”。以下内容可以帮你准确识别并躲开这些“大坑”。

◎ 花言巧语1：放弃或者背离自己的主张。

解决方法：别这么做！

在阐述观点并推翻对方论点的过程中，如果你出现头脑发热的情况，你可能会不由自主地想要放弃自己之前想好的方案，冲动地做出回应——发表一场即兴演讲或者在论述中插入某些和你的主张完全无关的证据。

伊芙琳打算在小镇上买一栋乡村别墅。为期30天的交房宽

限期结束之后，房主却不打算把房子卖给伊芙琳了，而是卖给其他出价更高的买家。伊芙琳愤怒了。她之所以还没完成过户手续恰恰是因为房产所有权调查公司告知她这栋房子产权不清。为此，伊芙琳特意要求和房主见面，并为此做好了充分准备。首先，她说明了案件事实："我花了数千美元验收房屋，也请了建筑设计师做设计。我联系了小镇的建筑检查员，也拿到了改造图纸的审批文件，承建商都准备好开工了。"

随后，伊芙琳说出了她的诉求——她希望能按照双方之前商定的价格买下这栋房子，但为她提供贷款的银行告诉她产权不清的情况不解决，就无法完成抵押过户手续。她告诉房主，他需要去澄清一些问题——明确房子的产权——否则她无法完成贷款手续。可是当房主告诉伊芙琳另一位买家因为准备现金全款购房，可以立即办理过户手续时，伊芙琳忘记了自己的初衷。她本可以说："对，但我们之间商定的条件并不是现金全款，而是以我申请到贷款为条件的，而且你承诺的是交给我一栋产权清晰、打扫干净的房子。"可惜，她当时并没有这样说。事实上，房主提到"现金"这个词的言外之意让伊芙琳彻底失控了，她背离了自己原本明确的诉求和主张，在盛怒之下开始对房主进行人身攻击，谴责他滥用药物、手段龌龊。

如果她能坚持自己的诉求和主张，或许就能说服房主做一位信守承诺的"绅士"，尽管在法律技术层面，他们之前订立的合同其实是无效的。可惜，一切为时已晚：伊芙琳犯了错——花言巧语1，并为此付出了代价。房主起身径直走出房间，并在一周后把房子卖给了在她之后出价的那位买家。

在激烈争论中，你很有可能会不由自主地引入一些不相关或者带有偏见的证据，甚至把双方的讨论引到其他更为敏感的议题上。不要这样做。这种做法只会损害你的利益。“锁定终极目标”或许是很多人在阐述自己的立场和观点时面临的最大挑战。

◎ 花言巧语2：言过其实。

解决方法：实事求是，有一说一。

在阐述论点的不同阶段——从明确案件主张到结案陈词，你会发现自己似乎一直在不断发表各种“重大声明”，预告自己接下来会证明哪些案件事实，或者你已经掌握了哪些重要证据。

在说服陪审团的过程中，你需要做到的是“只对你确定自己能够做到的事情做出承诺”。在对陪审团进行开庭陈述时——为他们讲述案情时——作为诉讼律师，我只会援引那些我确信法官绝对会允许我在法庭上出示的证据。除非你真的掌握了“确凿证据”，否则就不要说你手上有这些证据。因为如果你宣称自己掌握了某些证据——在庭审过程中又拿不出来——陪审团就会对你为什么还不出示那些有力证据感到非常困惑，进而对你阐述的其他内容提出质疑。

有一次，我的朋友安德鲁·汉密尔顿对几名帮派成员提起公诉，指控他们“霸占”了一栋公寓大楼，并在其中开展大量毒品交易。安德鲁与其中一名帮派成员达成了辩诉交易，这名成员会认罪并指证其他成员的犯罪行为。安德鲁在开庭陈述中告诉陪审团：“一名他们的‘自己人’将会出庭讲述他们的所作所为。”不幸的是，在轮到这名帮派成员出庭作证时，他却反悔了。因此，在结案陈词中，安德鲁不得不向陪审团解释有些重要的证词并没像他计划的那样出现。只要安德鲁在这起案件中出示的其他证据的证明力稍有不足，陪审团就会拒绝接受他在结案陈词中做出的解释，这块遗失的“拼图”就会构成“合理怀疑”，导致检方败诉。

在蕾西·皮特森谋杀案①中，失踪的孕妇蕾西在加州被找到时已死亡。于是，检方以双重谋杀罪（蕾西及未出生的儿子）起诉了她的丈夫斯科特·皮特森。斯科特的辩护律师马克·拉格斯声称他们会抓到真正的凶手——一名叫“戴夫”、行踪不定的撒旦教教徒。就像辛普森和他的辩护律师们宣称自己会抓到真正的凶手，最后却没能兑现承诺一样，这种做法只会让你的说服力变弱。陪审员们非常期待拉格斯抓到“真正”的凶手，所以只要他没找到，陪审员就会思考“他为什么抓不到”。大部分陪审员最终会认定这只是辩护律师放出的“烟幕弹”，想要转移陪审员的注意力而已。

在日常生活中，“言过其实”的后果虽然未必是有罪判决，却可能导致问题难以顺利解决。

有一天晚上，我到邻居家赴宴，却发现她看上去很苦恼。她的房子四周还搭着脚手架，蒙着蓝色防雨布。“丽斯，”她说，“我简直要气疯了。房顶维修工之前承诺我一周之内完工。现在三个星期过去了，留下的还是一个烂摊子。我倒宁愿他当时告诉

---

① 蕾西·皮特森谋杀案（Murder of Laci Peterson），2002 年发生的一起轰动全美的孕妇被杀案，被害人失踪时已怀有八个月的身孕，警方在办案期间接到超过一万个提供案件线索的电话。

我工期需要一个月，然后给我一个‘提前完工’的惊喜。”承诺过多并没有给房顶维修工带来任何好处，我的邻居也绝不可能给他介绍任何新业务了。

苏珊想让她儿子特雷弗进入校篮球队。她认为儿子的球技早就超过学校篮球二队的水平了，所以她决定和校队教练谈谈。“特雷弗是一名不错的球员，”她有些自吹自擂地说，“他每场比赛都能得分，看起来他似乎应该成为核心球员。”教练对苏珊解释了自己的想法，他认为特雷弗确实是一名不错的球员，也准备着力培养他。不过他认为现阶段最好的培养方法是让特雷弗继续和他身高相近的孩子一起打球、练好基本功。“我觉得如果让他整天去和那些比他高出一头的球员对抗，他会非常痛苦。”教练说。

“哦，”苏珊说，她的大脑在飞速运转——“你不要被他现在的身高蒙蔽了。特雷弗的爸爸在十年级之前的暑假长高了六英寸，特雷弗的医生说他可能也会出现这种迅速长高的情况。等到秋季开学的时候，他会比现在高出六英寸，到那时我不想看到他还被留在一个不适合他的球队中。”从教练的表情上苏珊看得出来：她搞砸了。

如果你抬高了对方的期望值，那么最好能拼全力兑现自己的承诺。“好饭不怕晚”，更为可取的做法是把你掌握的重要证据和判断留到后面，等到时机成熟再拿出来，直接推翻对方的说辞。

◎ 花言巧语 3：临时增加有损案件进展的诉求。

解决方法：千万不要临场发挥！

我当然也非常希望被告能当场崩溃，当庭承认自己有罪——

就像电视剧中的情节一样——但作为检察官，我知道自己必须严格执行开庭前制定的庭审规划，才能控制庭审的节奏。我会提醒自己不要掉进“讨好观众的大义凛然”和“心血来潮的‘抓住你了的交叉询问诡计’”这两种常见陷阱当中，因为它们实际上会削弱我的说服力。

我经常会遗憾地看到律师因为之前制定的庭审规划不奏效，而突然在庭审进行的过程中“切换挡位”，试图以此扭转庭审方向，但最终失去对案件的控制的情景。为了临时增加的诉求，他们会援引一些和案件完全无关的证据或观点，这些证据和观点就像“跳弹”，根本无法触及案件核心。很多经验老到的律师也会犯这种错误，尤其是当对方出其不意地当庭提交了某些证据使他们遭遇伏击的时候。

皮特因为超速，被交警截停了，他试图说服交警“放他一马”。可惜，他多嘴地说，“……我的油门卡住了”，交警一听，马上在罚单上又加了另一条违规行为：“开故障车上路。”

援引和案件无关的事实或者增加不在庭审规划范围内的额外诉求并不能帮助你获得想要的结果。就像你给电力公司拨打客服电话希望恢复家中供电的时候，和接线员抱怨“我都等了 12 分钟了”一样——这种“指控”并不会让对方冲过来帮你解决问题。

◎ 花言巧语 4：援引传闻证据。

解决方法：除非是你亲耳所闻，否则不要把听到的内容当成事实！

作为检察官，我也有很多次非常想要援引传闻证据，但却不能这样做的情况（因为法官不会允许），而且我也不应该这样做（因为传闻证据完全不可靠）。依靠传闻证据证明自己的观点，十有八九会削弱你的说服力，让你的案件“土崩瓦解”。“他说－她说”这种“提示词”后面的内容都应该被质疑。当你想要推翻对方的辩解时，应该对于其使用的无效传闻证据及时提出质疑，因为对方一定会对你援引的传闻证据提出相同质疑。

我的朋友玛丽和蒂姆刚刚庆祝完结婚四十周年纪念日，而如果当年玛丽选择相信一些传闻证据，她可能根本就不会同意和蒂姆约会。当时，玛丽的朋友说自己听到了传闻，说蒂姆是一个玩弄女性感情的花花公子，和历任女友的分手都是因为他“劈腿”了。玛丽并没有因为这些传闻而直接拒绝蒂姆的约会邀请，她做了一位优秀律师会做的事：去找消息来源。她答应了蒂姆的约会邀请，然后直接问他到底有没有玩弄过女性的感情。这时，玛丽发现其实蒂姆才是被玩弄感情的受害者。事实上，那位把这些“传闻”告诉玛丽的朋友之前和蒂姆约会过一次，并因为蒂姆拒绝了她发出的第二次约会邀请而耿耿于怀。

当然，最重要的是：行胜于言。蒂姆本可以花言巧语地说自己不仅没有玩弄过女性的感情，而且还坚决拥护“大男子主义”，不屑于沉迷女色（记住：入室窃贼、毒贩和杀人凶手通常都不会主动承认，“对，就是我。”）。蒂姆的否认并没有完全说服玛丽；玛丽还观察了他的实际行动。

在质疑其他人使用传闻证据时，请注意措辞。没有人会希望为了自己没做过的事情受到指责。有时，传闻证据可能听上去很合理——特别是当你从不同的消息来源那里听到了相似的内容的时候——三人成虎，众口铄金。面对这种情况，你仍然应该做出进一步调查。如果间接的传闻可能会影响你的辩论效果，那你需要确定这种影响不会彻底摧毁你的主张。

◎ 花言巧语5：进行主观判断。

解决方法：围绕事实！

七种致命花言巧语当中最普遍存在的或许就是主观判断了。无论是直接询问还是交叉询问，这种错误都有可能让你不自觉地背离“只说你知道的事实，女士”这条既定原则。这种错误会让你不再专注于那些无可争辩的客观事实（“妈妈，你说过晚上八点会来帮我照顾孩子，对吗？”），而是得出某些大家会有不同理解、可能会被质疑的主观结论（“这不是第一次了，妈妈，你根本就靠不住！”）。

如果你想解释那天晚上你下班开车回家时为什么会撞到邻居家的车，你不应该说“那天晚上路灯很暗”。因为“照明的情况到底有多差”本身是一个可以被讨论的主观判断，并不是确凿的客观事实。你可以说“这个街区就只有一盏路灯”，你表达的是客观事实，其他人就无法对你说的这句话提出质疑。

布莱尔今年11岁，正在新泽西州帕塞伊克①小学读书。在和学校校长一起找布莱尔的父母讨论孩子在学校的表现时，他的老师丹就险些掉入主观判断的陷阱。丹没有专注于布莱尔在学校做

① 帕塞伊克（Passic），美国新泽西州东北部的一个城市。

出的那些客观的、不容辩驳的行为（对体育老师拳打脚踢，向丹吐口水），他的“开场白”是这样的：“你儿子最近好像一直处在非常愤怒的情绪当中。他在家里也会有这种乱发脾气的行为吗?”他的这种开场白必然会激起布莱尔父母的抗拒心理（这基本上会必然导致他们不接受老师对儿子的任何批评），如果当时他继续以这种方式进行沟通，很有可能会“未战先输”。幸好丹及时发现校长一直在怒视着他，他马上意识到如果想要说服布莱尔的父母承认他们的儿子确实存在问题，他就必须抛开自己的“观点”，而只围绕事实——布莱尔对老师拳打脚踢、吐口水的行为——开展沟通。

◎ 花言巧语 6：进行错误推断。

解决方法：不要撒谎，即便你认为说谎能帮助你。

想要凭借错误推断——建立在可以“以假乱真”的虚假事实基础上的言论——说服对方的做法既不合法，也不合理。

八岁那年，我非常想养宠物，就去央求父母让我养一只猫或者一条狗。（很熟悉的情境吧?）当时，我的父母白天都需要外出工作，而且他们说我太小了，还不能承担这么大的责任。那年冬天的一天，一个三年级的学生把一窝刚刚出生的小猫抱到了学校，我马上“不由自主”地找她要了一只漂亮的黑色小猫——它身上的毛又黑又亮，圆圆的鼻头和四只爪子尖则是白色的。在带小猫回家的路上，我非常紧张，因为我意识到自己必须想方设法地说服妈妈，让她同意我养这只猫。于是，我在离家不远的小山脚下停了下来，掏出了一直藏在我大衣里的小猫，把她放进了一个小洞。然后我后退了几步，假装重新路过这个小洞的时候忽然发现了她。我把小猫抱了起来，带回了家。

“你这只猫是哪里来的，年轻的女士?”一看到我抱着猫走进家门，我妈妈就问。

“我捡到了它。”我回答。

“‘捡到’了它?”我妈妈接着问，并不打算让我轻而易举地“过关”。

“我回家路上在一个小洞里发现了它，”我边说边可怜兮兮地看着妈妈。“她没有颈圈，而且现在外面还在下雪，非常冷。妈妈，我能养它吗?”

后来，“猕猴桃”成为我们的家庭成员，并陪伴了我很多年——但每当想起当年自己说谎这件事，我都会心跳加速。两年多前，我问母亲是否还记得当时我说在小洞里发现了“猕猴桃”。她说当然。然后，我问她当时相不相信我说的话，她说：“当然不信。这么离奇的事，我一听就知道是你编的。”

我抓住了一些“技术性细节”为自己辩护：我的确是在一个小洞里“发现”了“猕猴桃”，但这并非全部事实。为了实现自己的目的，我篡改了案件事实。幸运的是，母亲原谅了我。但我可以肯定的是大部分陪审员绝不像我母亲这么宽容。

遗憾的是，错误的推论也会不时出现在庭审中，而且这种错误每次出现都会破坏法律行业的整体声誉。

2002 年发生的丹妮尔·范·丹姆绑架谋杀案震惊了全美。在父母都在家的情况下，这个住在圣地亚哥的 7 岁小女孩被犯罪嫌疑人从她自己的卧室掳走了。对她的积极搜寻行动持续了数周，直至人们在距离她家不远的森林中发现了她的尸体。经过初步调查，警方认为丹妮尔的邻居、55岁的机械工程师戴维·韦斯特菲尔德有重大嫌疑。在搜查韦斯特菲尔德的住所时，警方在他的电脑里发现了儿童色情影片；在他家提取的物证中还包括丹妮尔的血迹，这些证据进一步加深了韦斯特菲尔德与这起谋杀案之间的联系。

庭审期间，韦斯特菲尔德的辩护律师史蒂文·费尔德曼和罗伯特·博伊斯告诉陪审团杀害丹妮尔的凶手另有其人。辩护律师请专家证人向陪审团说明了尸体被发现时的腐烂状况（也就是所谓的“昆虫理论”）与“韦斯特菲尔德是凶手”的假设不符。他们把疑点指向了丹妮尔的父母，含沙射影地指出正是这对糟糕的父母推崇的那种“宽松而疏于防范”的生活方式让真正的凶手有机可乘，掳走了丹妮尔。韦斯特菲尔德的辩护律师并不满足只在检方提供的证据中寻找漏洞，他们甚至提出了自己的案件主张：利用丹妮尔父母的疏忽大意，一位“闯入者”进入了丹尼尔的家并借机杀害了这个7岁的小女孩。

那么，作为辩护律师的费尔德曼和博伊斯在韦斯特菲尔德案中到底犯了哪些错误呢？辩护律师就应该竭尽所能地为自己的当事人进行辩护，不是吗？可惜，他们辩护的依据是错误的。在本案开庭之前，他们与检察官展开了辩诉交易谈判。他们提出的条件是：韦斯特菲尔德告知警方藏尸地点，作为交换，他会被判处无期徒刑而不是死刑。不过，就在韦斯特菲尔德和他的辩护律师即将在认罪协议上签字时，警方在尚未得到韦斯特菲尔德帮助的情况下，找到了丹妮尔的尸体。

在明知韦斯特菲尔德确为真凶的前提下，费尔德曼竟然在结案陈词中无耻地说“丹妮尔正在坟墓中哭泣”，因为韦斯特菲尔德是无辜的。作为律师，你可以辩称检方提供的证据尚未达到“排除一切合理怀疑”的证明标准，但辩护律师的这种做法——“辩称自己的当事人根本不是凶手，而且真凶仍然逍遥法外”已然突破了基本的道德底线。

对于他们这种抛开所有指向韦斯特菲尔德的物证、间接证据、直接证据所做出的错误推断，陪审员作何反应？陪审团给出了死刑判决！

律师并不是唯一会做出错误推断的群体。媒体有时也会草率地得出错误的结论——如果没有什么新闻可以报道，他们就会去炮制谣言。

在克林顿总统弹劾案中，我作为民主党的法律顾问就亲身经历过一次经典的“错误推断”。当时，“不太独立”的独立检察官肯尼斯·斯塔尔即将要在众议院司法委员会为他的那份报告——事后这份报告成为正式启动总统弹劾程序的依据——作出说明。在他作证当天，众议院的门厅和走廊挤满了全美各大媒体。记者们都在交头接耳。

这场听证会原计划在正午准时开始。听证会开始前几分钟，斯塔尔提前落座并做好了准备。中午十二点整，各家电视台都中断了日常节目，开始对听证会进行直播，但听证会并没有准时开始。10 分钟之后，听证会仍然没有按计划开始。众议员亨利·海德甚至都没有整肃场内秩序。这时媒体在做什么呢？他们开始对听证会推迟的原因做出各种各样的推测。这些全美顶级记者就在直播中猜测听证会之所以没能准时开始肯定是因为民主党和共和党正在进行秘密的“政治交易”。还有记者认为听证会推迟的原因是克林顿太过担心斯塔尔的证词对自己不利，打电话叫停了这场听证会。

你们知道听证会推迟的真正原因是什么吗？是金考（没错，那家文印店）没能及时把我们这些律师给众议员准备的案情摘要笔记本送到会场。没有案情摘要笔记本，那些参加听证会的众议员根本不知道自己应该如何提问，也不知道应该跟进哪些“议题”。所以，当电视台记者们在直播中做出各种错误推断的时候，我们正对着金考的那些工作人员大动肝火。

无论是在政坛还是日常生活中，事情的真相可能与表现出来的情况大相径庭。那次经历让我学会这个重要的道理，并把它带入到了我现在的电视工作当中。我会努力争取只对新闻事件进行分析、报道或者复述，而不进行任何主观的推测、草率地得出结论或者预言事件的走向。

在日常生活中，伪造证据或者“掩耳盗铃”——找一些连你自己都不相信的借口和托词，不仅会彻底毁掉你的诉求和主张，还会让你面临严厉的道德谴责。

马特是一名很出色的高尔夫球手。事实上，他沉迷于这项运动，所以只要天气不错，他就会想方设法编造理由离开办公室去打球。一个天气不错的周二，他打电话到公司称病告假，然后就出门打球去了。当天晚上，在结束了美好的一天回到家时，他的答录机上有很多条老板的留言，想知道他为什么没在家休息。马特给老板回了电话，说自己陪着年迈的邻居去了急诊室，他相信隔壁偶尔迷迷糊糊的那个老太太会很愿意帮他“作证”。结果，老板给医院打了电话，发现马特上周末的确去了医院，但周二却没去——他的“不在场证明”被拆穿了。从此，公司对马特彻底失去了信任，在之后经济危机引发的裁员大潮中，马特成为第一个被裁掉的人。

所谓的错误推断其实就是用律师的方法“编造谎言”或者“企图靠谎言蒙混过关”。不要掉入这个陷阱。或许你可以在短时间之内逃脱谴责，但事实真相肯定总会“大白于天下”的。

◎ 花言巧语7：情绪失控。

解决方法：保持冷静和自制。

记住：在阐述观点的过程中，任何“情感超过理智”的反应都有可能让你花了很长时间确定的、简单直接的观点和论据付之东流。利用在这本书中学会的新技巧，你会避免去恐吓对方当事人，而且在反驳对方并进行交叉询问的过程中，你也不会出现气急败坏、声泪俱下或者“不分青红皂白地进行自我辩护”这些表现。

这个世界上只有一个约翰·科克伦，也只有他敢手托圣经、动情地引用经文，当庭宣讲“炼狱之苦”这类内容。对于其他人，这种法庭表现必须被打上黄色警告标识。如果我在法庭上（或者在日常生活中）上演这一幕，那看起来恐怕会像一个体重400磅、穿紧身衣、傻乎乎的“地狱天使”。那不是真实的我。我根本不可能完成这样的表演。即便我真能演得出来，陪审团也能马上察觉到自己似乎被愚弄了。

我听到过这样一段谋杀案的结案陈词：

在该案中，被告被指控枪杀了自己的女友，检察官对陪审团提出的警告听上去很“不吉利”：“你们绝不能让这名杀人凶手逃脱法律制裁。今天你们放过了他，他就会和你们一起走出法庭。他会和你们所有人共乘一部电梯。他，还有他的枪！”我转过头看向陪审团：有几位陪审员翻了翻白眼，而另外几位则正在摇头。

真情实感的确能发挥重要作用。在为被控杀父弑母的莱尔·梅南德兹和埃里克·梅南德兹①进行辩护时，这对兄弟的辩护律师莱斯利·艾布拉姆森拼尽了全力。她的那种难以抑制的强烈情感是装不出来的。她坚信自己的当事人是无辜的，而她的这种坚定信念最终也说服了陪审团。即便在检方已经掌握了压倒性证据以及震惊全美的残忍事实的情况下，陪审团依然对兄弟二人作出了无罪裁定，而且在分别针对兄弟二人的两次庭审中，陪审团均未能作出意见一致的有效裁决。大多数评论员都将此“归功于”

① 莱尔·梅南德兹与埃里克·梅南德兹弑亲案，1989 年居住在加州比佛利山的莱尔和埃里克被指控枪杀了他们富有的双亲、身为娱乐业高管的何塞·梅南德兹及他的妻子玛丽·梅南德兹。在庭审过程中，作为犯罪嫌疑人的兄弟二人谎称自己在家中常年遭受父亲的性虐待。起初兄弟二人被分别起诉，但在这两起庭审中陪审团都没能作出一致裁决。最终，在第三次针对兄弟二人的共同起诉中，陪审团对“性虐待”的说辞不予采信，兄弟二人均以两项一级谋杀罪成立而被判处终身监禁、不予假释。1993 年起，该案的庭审过程被“法庭频道”（Court TV）全程直播，因此轰动全美。

莱斯利·艾布拉姆森充满激情和感染力的辩护表现。（兄弟二人于 1995 年被再次起诉，陪审团最终裁定二人双重谋杀罪成立。）

莱斯利·艾布拉姆森和约翰·科克伦的表现说明，在法庭上有节制的情绪表达其实十分奏效。但如果情绪失控，那对你的诉求而言就绝对是一场灾难了。

在比利·欧莱利的电台节目中，我们会在两个小时的节目当中讨论各种话题，然后接听观众来电。我们节目的听众形形色色，给我们打来电话的人之间可能存在巨大的意识形态差异。有时，那些对我或者对比利、或者对我们俩的观点有不同意见的听众会在通话的过程中变得非常激动，以至于他们说的话常常会反过来证明我们的观点。有一次，比利和我谈到了“儿童裸体夏令营”的话题。我们认为允许 6~8 岁的孩子在营地里赤裸着嬉戏打闹是错误的。我们的观点是“能做出理性判断的成年人确实可以在假期里享受‘无拘无束’的生活方式，但这并不适合那些脱离了家长监管的孩子”；尤其是这家“儿童裸体夏令营”的前负责人还在网上公开贩卖过小女孩的裸体视频。当时，我们在节目中说全美 99% 的父母都会同意我们的观点。

话音刚落，一名叫 R. C. 的观众打进了电话。“嗯，99% 的德国人还同意阿道夫·希特勒的观点呢！”他朝我们怒吼道，把我们对“儿童裸体夏令营”的观点和纳粹主义画上了等号。“你和丽斯简直是白痴、人渣。”比利给他留了一小段发泄的时间，然后打断他说：“谢谢你，R. C. 。你刚刚的行为恰好证明了我们的观点。我们都听到了那 1% 不同意我们观点的父母到底是怎么想的。”

在不理智的状态下，我们几乎不可能实现自己的目标。

克里斯蒂的丈夫是一位主厨，他在马上就能拿到两周带薪假期时离职了。于是，克里斯蒂给丈夫的老板打去电话，想要说明他们对于钱的诉求。她的主张是自己的丈夫几乎工作了一整年，所以应该至少按比例拿到一部分假期工资。在双方沟通的过程中，餐厅老认真听取了克里斯蒂的要求，对她丈夫的工作表现做出了认可，说餐厅的员工一定会很想念和他共事的时光，最后询问克里斯蒂知不知道她丈夫还拿着一些属于餐厅的物品没有归还。"哟！"克里斯蒂尖叫了一声，她的情绪失控了。"我们什么都不欠你的！你真是个自私、冷酷、狂妄自大的人。"然后，克里斯蒂"一锤定音"，彻底毁掉了自己的诉求——她威胁餐厅老板，说自己要根据《公平劳动标准法案》[①] 起诉他。

在面对质疑时，克里斯蒂失控的情绪毁掉了她为说服对方而付出的巨大努力。如果当时她能冷静下来，听清餐厅老板的要求，或许完全可以实现自己的诉求。可惜，在她的威胁恐吓之后，餐厅老板直截了当地告诉她：双方的沟通到此结束。

你需要避免让自己在阐述论点的过程中太过情绪化。有激情地表达观点并非坏事，但如果被主观情绪支配或者控制，就有可能对你的案件造成无法挽回的负面影响。

---

① 《公平劳动标准法案》（*Fair Labor Standards Act*），一部旨在改善劳资关系的法律。

避免花言巧语的错误

如果你能严格遵循自己的规划、避免使用这七种致命的“花言巧语”，并在压力之下发挥自己的最佳水平，就能掌握案件的整体节奏和走向。当然，即便是最勤勉认真的“辩手”也会偶尔“翻车”。如果你在双方讨论的过程中发现自己即将出现某种花言巧语的错误了，那以下三个技巧或许可以帮你重回正轨：请求暂停、手握王牌、情绪转化。

◎ 请求暂停

就像小孩有时需要时间冷静下来一样，在双方辩论的过程中你可能也需要停下来，重新整理思路，重新把注意力放到自己的诉求上。这种方法能有效地帮助你带着目的而不是带着怒气去进一步阐明自己的主张。“暂停”也能帮助对方冷静下来，组织语言以清晰地表达他的意见。

有一次，我和孩子正在粉刷房屋的外墙，在长时间的、令人累到崩溃的体力工作之后，一大桶我们要用到的油漆被不小心撞翻了。就在我即将陷入“都是你的错”的那种无缘无故指责他人的状态中时，我女儿抬起头看向我，说：“妈妈，你该休息一下了。”我走到邮筒旁边，慢慢平复了心情。当我回到粉刷现场时，他们又把我推进了客厅，打开电视转到生活频道，舀了两勺巧克力软曲奇口味的冰激凌递给了我。两个小时（以及一次西尔斯①购物之旅）之后，我们一起愉快地完成了剩下的粉刷工作。

◎ 手握王牌

手握关键王牌能让你不迷失方向，让你不去发表破坏性言论或者出现情绪失控的情况。比如，因为之前的那位给你看牙的医生没看出你有两颗蛀牙，你更换了牙医。你想要回最后两次看牙的诊费，于是你把那些可以清晰显示出你的蛀牙情况的 X 光片（根据新牙医的诊断）留到了双方沟通的最后阶段；在使用这张王牌之前，你想先听听原先那位牙医的解释。这些 X 光片很有可能会成为帮你成功说服对方并拿回诊费的“王牌”。

或者如果你想去找老板谈加薪，你可以考虑额外要求增加带薪休假时间或者托育津贴。因为你的诉求很多，所以如果你同意“勉强接受先加薪”的条件，老板可能会很高兴。“只想要涨工资”这个事实就是你可以留在手中的底牌。

◎ 转化情绪

在论述自己的观点时，每个人或多或少都会出现紧张、懊恼或者愤怒的情绪。但如果能适当地将情绪转化成适当的语言表述出来，就可以有效地避免让负面情绪影响你的发挥。当你发现自己开始转向极为情绪化的状态时，可以将这种情绪变成描述性的语言、以客观事实的形式将它表达出来——“你的行为让我很恼

① 西尔斯（Sears），美国平价百货公司。

火”——而不是直接表达你的情绪：“你就是个大白痴！”这种方法可以让你及时“悬崖勒马”。把情绪当作客观事实表述出来，“我生气的原因是……”或者“如果出现这三种情况，那我会非常崩溃……”，远比你对着陪审员大吼大叫或者慷慨陈词要有效得多。失控的情绪会让你的案件也彻底失控。

* * *

在阐述你的主张时，应该直截了当、言简意赅、诚实以对，避免出现以上这七种“花言巧语”的错误。你的目标是掌控案件的节奏和进展。如果你想要为错误的事实辩护，或者声称自己掌握了一些根本不存在的证据，或者过于情绪化，都会让你的案件彻底失控。此外，任何突破道德底线的做法都会让你得不偿失；即便你最终获得了胜利，收获的也将是苦涩的喜悦。

总之，每个人都希望能用光明正大的手段实现既定目标。只有这样，你才能在庆祝胜利的时候，为自己通过了考验而感到真实的喜悦。

运用诉讼律师的技巧应对生活中的挑战

案件摘要：第六步

七种致命的花言巧语自查清单

1. 放弃或者背离自己的主张

- 我将围绕我的诉求和主张展开论述。

- 我要表达的这些内容将有效支持我的主张。
- 我在严格执行自己制定的庭审规划。

2. 言过其实

- 我确信我能兑现自己的承诺。
- 这不是一个“烟雾弹”。
- 陪审员将会看到我所说的全部证据。

3. 临时增加有损案件进展的诉求

- 所有的证据都在我的掌握之中。
- 现在出示的证据符合我确定的证明顺序。

4. 援引传闻证据

- 这段表述中没有传闻证据提示词“他说”或者“她说”。
- 我得到的是一手信息。
- 我说的都是客观事实，因此不会受到质疑。

5. 进行主观判断

- 我表述的内容都是不存在争议的事实。
- 我表述的内容不是单纯的“个人观点”。
- 如果我阐述的是某种“观点”，那我会直接说明这只是观点而非事实。

6. 进行错误推断

- 我阐述的内容是真实的。
- 我没有夸大其词。
- 我没有为达到目的而捏造事实。

7. 情绪失控

- 我没有威胁恐吓对方。
- 我没有抗拒心理。
- 我没有在“表演”。
- 我的情绪在可控范围。
- 我的呼吸很平稳。

第 7 章

第七步　用心讲述：让我给你讲一个故事

一个震撼人心的故事能够吸引听众的注意力，利用这种新颖又令人难忘的方式不仅能更好地表达自己的观点，也能实现说服对方的目的。

故事的力量不可否认。通过故事表达立场和观点，会让别人印象更为深刻。你还记得《金发女孩》①、《糖果屋》② 和《丑小鸭》的故事吗？肯定记得。在翻开这本书之前，你复习过这三个故事吗？显然没有。这充分说明通过故事表达观点和立场不仅易于记忆，而且这种记忆还会非常持久。如果你能通过一个故事让对方对你的逻辑和推理产生共鸣，就说明你已经是一名优秀“辩手”了。

---

① 《金发女孩》（*Goldilocks*），主要内容是一个金发女孩进山采蘑菇，误闯进了熊屋。熊屋中有三张大小不一的床、三把大小不同的椅子，三碗不同温度的粥，金发姑娘趁着熊爸爸、熊妈妈和小熊都不在家，一一进行了尝试，最后选择坐在不大不小的椅子上，喝那碗不冷也不热的粥，还在那张不大不小的床上美美地睡了一觉。

② 《糖果屋》（*Hansel and Gretel*），故事中的汉泽尔和格蕾太尔是贫穷的伐木工人的孩子。由于害怕食物不足，他们的继母准备将两个孩子遗弃在森林里。被遗弃的孩子们在森林中找到了用糖果做成的巫婆的家，两个孩子智斗巫婆，拿到了珠宝，最终回到了自己温暖的家。

很多人认为律师之所以能说服别人，是因为他们擅长把晦涩的字眼用到逻辑推理的规则当中，并通过这种方法说服法官和陪审团：只有他们表达的才是唯一合理的观点。但在现实生活当中，顶级律师的厉害之处在于他们可以“拨动陪审员的心弦”。他们可以通过确定案件主旨和讲故事的方式，让自己当事人的处境和案件事实与陪审员的某段人生经历相契合。他们会让案件变得极具个人色彩，让陪审员愿意通过他们的眼睛、站在他们的角度去理解案件事实。

如果你对遣词造句得心应手，那你可以在陪审员的头脑中给案件中的人物和场景都贴上“标签”，借由这些“标签”表达你的观点和态度。在法庭上，称当事人为“本案原告”与称其为“‘二战’老兵”的效果大相径庭；称一场车祸为“事故”还是“碰撞”的效果也完全不同。还有一种方法也可以让你将具体形象烙印在陪审员的头脑中：将案件当事人比作他熟悉的故事中的人物。我可以说：“坏人会欺负好人。还记得递毒苹果给白雪公主的邪恶女巫吗？本案被告就和邪恶女巫一样，在明知可能危及他人生命的情况下，仍然一次又一次地向这些无辜的人提供不合格的产品。”这种表述会像一粒“种子”在陪审员头脑中“种下”，并给其留下难以磨灭的印象。

在日常生活当中，故事也能发挥巨大作用，帮助陪审员了解案件背后的诱因并帮助你实现诉求。我和布莱恩通过彼此之间的一位共同朋友相识，他积极地运用讲故事的方法说服了他当时供职的医疗中心的院长。作为一名不轻易服输的医院管理人员，布莱恩开始几乎是单枪匹马地对医院管理层在董事会上提出的削减预算的计划表示反对。后来，他讲述了这样一个故事为他获得了多数支持：

“卡尔弗特先生，六年前我之所以会选择加入这家机构，正是因为你们是临终关怀方面的先行者。这对我很重要，因为当时我外婆刚刚因乳腺癌去世不久，我还记得我母亲、我舅舅每天都要开车赶到10英里外那个阴冷、荒凉的医院，然后痛苦地看着她走向死亡。就像我外婆一样，每个人都希望能死在自己舒适的床上，身旁有家人陪伴。如果无法实现，那享受临终关怀的温暖也是很好的选择。亲身经历让我深知这项事业的重要性。”

最终，虽然医院仍然裁减了机构预算，但因为布莱恩的努力，临终关怀项目的预算削减幅度远远低于医院的其他项目。

故事的力量

当我儿子第一次出现“没有写完作业，却告诉我作业已经写完了”这种情况时，我给他讲了这样一个故事：

你没有听过一个放羊小男孩的故事？他每天要带着全村的羊上山吃草。有一天，羊吃草时，他等得很无聊。为了自娱自乐，他突然大叫：“狼来了！狼来了！有一只狼来吃小羊了！”

村民们赶紧跑来帮忙。他们跑到山顶才发现，根本就没有狼，只有放羊的小男孩在那里哈哈大笑。“如果没有狼，就不要喊‘狼来了’。”村民们警告小男孩，然后气鼓鼓地下山了。

过了一会儿，小男孩故伎重施，又开始大叫：“狼来了！狼来了！有一只狼来吃小羊了！”然后他高兴地发现村民们再次争先恐后地跑上山，准备来帮他赶狼。

当村民又一次发现其实根本没有狼的时候，他们很严肃地告诉小男孩：“除非真的发生了什么不对劲的事情，否则不要大喊大叫。如果没有狼，就不要喊‘狼来了’！”村民们再次转身下山，放羊小男孩开心地笑了。

不久，真的有一只狼出现在了羊群周围，不断徘徊。又惊又怕的小男孩跳了起来，大声呼救：“狼来了！狼来了！有一只狼来吃小羊了！”但所有的村民都以为这又是小男孩的恶作剧，所以根本就没有人上山。

等到日落时分，村民们都在纳闷为什么放羊小男孩还没有把他们的羊赶回村里，于是就一起上山寻找。他们在山顶的一棵大柳树下找到了小男孩，他正在哭。“刚才真的有一只狼！它抓走了几只羊，剩下的羊都吓坏了，全都跑散了。你们为什么都不上来帮我？”

“等到天亮我们会帮你去找那些走散了的羊，”村中的智慧老人边说边用手搂住了还在哭的小男孩。“但记住，没人会相信一个爱撒谎的人，即便他根本没有撒谎。”

讲完这个故事，雅各布抬头看着我，眼泪在眼眶里打着转，他说：“我明白了，妈妈。如果我对你撒谎，那即便以后我说的都是真话，你也不会相信我了。我不会再喊‘狼来了’了。”

这起“雅各布撒谎”案件之所以能如此顺利地解决是因为我选择了用故事的方式说明问题。雅各布也很快发现自己就是那个“放羊小男孩”，也明白了我想要谈的不仅仅是完成作业这件小事；撒谎这种行为的问题更大。自此之后，他每天下午都会先写完作业，然后主动把作业放在桌子上再出去玩（嗯，基本上是每一天——有些时候“写作业”仍然会是一个让我头疼的问题）。

故事能吸引观众的注意力，以简单、新颖、易于理解的方式表达一个人的立场和观点。耶稣喜欢讲寓言故事正是这个原因。他是“讲故事大师”，他讲述的寓言故事中总会包含能让听众产生共鸣的智慧与真理，他通过这些故事直接与听众沟通。

一位律师（对，一位律师！）问耶稣如何才能得到永生，（非常了解听众的）耶稣让律师自己说出了答案：“要爱人如爱己①。”回答了这个问题之后，律师又追问了另一个问题（时代在变，律师喜欢做的事情永远不变）。那位律师非常自豪地表示自己对邻居一直非常好，但他想知道耶稣如何定义“邻居”。耶稣用一个寓言故事回答了律师的问题——在他讲过的所有故事当中最广为人知、最美好的一则：

一个人要从耶路撒冷到耶利哥城去，在路途中不幸遭遇了强盗抢劫，强盗剥去了他的衣服，把他打得半死，然后把他丢在了路边。事后，一个犹太教的祭司从这条路走过，远远看到这个被抢之人，就避开他，绕道从另一边走过去了。之后，一个利未人也从这里经过。当他看到了这个被抢劫的人时，也和之前的那位祭司一样，绕道走过去了。然后，一个撒马利亚人从这里经过，他看到了那个被抢劫又受了伤的人，动了慈悲之心，上前用油和

① 原文为 To love thy neighbor as thyself，意译为“爱人如爱己”，直译为“像爱自己一样，爱你的邻居”。

酒倒在那人的伤口上，把他的伤口包扎好，扶他骑上了自己的牲口，把他带到了小旅店，一直照料着他。第二天，撒马利亚人对旅馆主人说："这是两便士，你且照应着那个受伤的人，如果花费的钱财超过这些，我回来的时候一定来还你。"①

讲完故事之后，耶稣问律师，在这三个经过的人当中，哪一个才是被抢之人的"邻居"。律师回答说："是怜悯他的那个人。"耶稣总结道："那你就应该照他那样行事。"

我并不是想要在这本书中向你布道、传教，但我们可以通过这个寓言故事总结出一些能够让你"依此行事"的方法，让你也能写出能为自己助力的好故事。首先，耶稣并没有细化那位伤者的身份。因为他被强盗脱光了衣服，自始至终没有说话，所以我们对他的民族、社会地位、背景，统统一无所知，而这恰恰使听众可以更轻松地把自己代入伤者的身份当中。如果观众是犹太人，他就会自然而然地假设那位伤者也是犹太人；而你在2000多年后的现在听到这个故事，那你就会自然而然地把自己的生活代入其中。其次，耶稣的寓言故事通过比较、对比对待伤者的不同态度说明了为什么我们要"爱人如己"，而不只是告诉律师"你应该帮助身边所有需要帮助的人"。直接讲道理的方法或许也会奏效，但其效果却远不及一个故事更深远和持久。最后，耶稣把"应该怎么做"的决定权留给了律师（他的听众），让他根据他自己认为正确的方式做出选择。

---

① 《圣经·路加福音》第10章第25～37节。

讲 故 事

每当遇到证据线索比较隐晦曲折的棘手案件时，我就喜欢通过讲故事的方式向陪审团说明我会在庭审过程中传唤多名证人向他们出示不同证据。“有些时候，证据可以被轻松地组合在一起，我们都可以在第一时间理解律师为什么要出示这份证据，”我说，“但有些时候，就像在本案中，在我向你们出示某些证据时，你们可能无法一眼看出我为什么要讨论它以及它为什么能证明我的观点和主张——你们可能会好奇我的‘整体规划’到底是什么。不过，没关系，你们最终一定能看清方向。”

然后我会给陪审团讲述丹麦著名作家伊萨克·迪内森[①]写过的一个关于丹麦农夫的故事：

有一天下午，丹麦农夫离开了他的农舍出去散步，结果遭遇了一场突如其来的、猛烈的暴风雪。当他想要回家时，却发现自己在麦田里彻底迷路了。他尝试了很多方向——但根本就走不出去。他开始担心自己会不会被冻死在这里。一波三折之后，他终于模模糊糊地看到了自己房子的轮廓。他跌跌撞撞地走进房间，直接瘫倒在床上，十分庆幸自己还活着。第二天一早，他睡醒之后就爬上房顶去铲掉积雪。站在房顶上，他可以清楚地看到昨天让自己迷路的那片麦田。他发现自己踩出的那些看似凌乱的脚印

① 伊萨克·迪内森（Isak Dinnesen），丹麦著名女作家，代表作《走出非洲》。

组成了一只完美的“鹳”——生命的象征。

在庭审或日常生活中，有时我们也会因为身处“暴风雪”的中心而无法看清眼前的方向，但只要你心中有更大的整体规划，最终一切都会变得清晰起来。

讲过这个故事之后，我可以确定陪审员不会担心自己跟不上庭审质证的节奏，也不会因为无法理解我的推理逻辑而觉得自己愚不可及。当看到无法拼接组合、看似散乱的“拼图”时，他们会愿意相信——根据我刚才讲述的这个故事——这些看似散乱的“拼图”将会形成完整的证据链条。就算我带给他们的是“信息风暴”，他们也会相信在庭审结束时，这些信息能帮助他们连点成线，了解案件的整体情况。讲完这个故事之后，陪审员们脸上出现的那种理解和包容的神情和庭审结束时的那份胜诉裁决，都在告诉我——我讲的故事奏效了。

只要你的诉求确实建立在事实基础上而且符合逻辑，“讲故事”就可以帮助你充分证明自己的观点和主张。就像故事通常可以说服孩子们一样，讲故事对决策者——也就是“大人们”同样奏效。时机合适的情况下（特别是在处理职场矛盾或者提出个人诉求时），优秀的“辩手”会通过讲故事的方式加强自己提出的那些以事实为基础的诉求和主张。他们讲出来的故事应该：

- 能让陪审员与你产生共鸣，对你的处境感同身受。
- 与亟待解决的案件之间存在逻辑相关性。
- 不威胁听众。
- 让陪审员感觉你在阐述观点的过程中诚实而自信。

你并不需要在案件的开始阶段就义正词严地发表声明，当你出示了自己掌握的证据（直接询问）并且回应了“对方当事人”的质疑（交叉询问）之后，才是为案件赋予更强个人色彩的最佳时机。以一个故事完成论述是一种具有极强说服力、可以掌控全局的手段和方法。但最重要的是，在通过故事展开论述时，要确保你的故事可以发挥与其他证据类似的证明作用，同时你讲故事的方式能让陪审员对你提出的诉求产生共鸣。

凯伦在一家网页设计公司工作，而且几乎是公司元老。她是模范员工——聪明、富有创造力、善于交际，客户也非常喜欢她的设计——不过，每次公司有升职机会，凯伦都会被忽略。起初，她觉得自己对公司的忠诚一定会有回报，所以暂时不升职也没什么大不了。但当自己身边的同事接二连三地获得升职之后，凯伦决定至少要和老板沟通一下自己的想法和期待——老板能认可她对公司的贡献，并以升职作为对她的回报。

凯伦找到老板说明了自己的诉求和主张。她告诉老板自己有多么热爱这家公司和这份工作；对于公司给她的、非常可观的薪酬有多么感恩；她也看到了自己在公司的这段时间巨大成长。然后她说：“但我觉得自己越来越像那只青蛙，每天围着农场蹦蹦跳跳，然后忽然掉进了大半桶鲜奶里。你听过这个故事吗?”

“没有。”老板笑着说。

“啊，这个故事很有趣，”凯伦继续说，“青蛙反复尝试想要够到奶桶的边沿，但这个奶桶对它来说太陡了，它根本不可能跳出来。于是，它又尝试站在桶底使劲向上跳，但这个奶桶对它来说太深了。不过，青蛙却并没有因此放弃，它决定乐观地在牛奶里一直游泳。最终，它把牛奶搅成了黄油，然后就喜滋滋地站在一桶美味的黄油上跳了出来。”

凯伦的老板立刻理解了她的用意，因此凯伦并不需要对他发牢骚、威胁说自己要离职，或者抱怨别人比她先得到了更好的职位。她的故事很有说服力——第二个月她就获得了升职，现在她已经快坐上公司副总的位子了。

如果能和坦诚而感人的故事相结合，你提出的事实和证据将会变得更有吸引力。

布鲁斯在纽约州北部的一个小镇的主街上开了家餐厅。他的生意非常不错，但“停车难”却成了困扰他的难题——这条主街上的停车位本来就不多，而在他的餐厅开业之后，陆陆续续又有五家其他商铺也在这里开业了。所以，当主街上其中一栋房产准备挂牌出售时，布鲁斯马上找到了城市规划委员会，说明了自己的诉求：小镇政府应该买下这栋楼，并把它改建成市政停车场。

布鲁斯出示了他在证据开示环节收集到的证据。他告诉规划委员会的成员，现在主街上的空间只够设置30个停车位，其中很多车位还被六家商铺的员工以及政府的工作人员占用了，政府的来访者和这六家商铺的消费者就只能用那剩下的几个车位了。他递交了一份由全体主街商家签字的请愿书，请愿书上说明了他们对更多停车位的强烈需求。他解释了“经济乘数”背后的原理，告诉规划委员会为什么消费者在本地商铺当中花的每一分钱都能在流出小镇之前发生指数级增长。他援引了全美范围的很多研究数据，指出那些对城镇中心基础设施建设进行了投资的小镇都出现显著的经济复苏迹象，税收基数也出现了大幅增长。

听完这些，委员会的成员们似乎很感兴趣，但真正帮助布鲁斯取得胜利的还是他分享的一段亲身经历。“我的人生梦想就是拥有一家自己的餐厅。当我两年前来到这个小镇的时候，就意识到这里将会是我实现梦想的地方。小时候，我爷爷在一个南部小镇的主街上开了一家小杂货铺。他的生意很好。杂货铺旁边的那块地皮一直空着，所以杂货铺的很多顾客多年以来一直就把车停在那里。后来，在我爷爷不知情的情况下，这块地皮被抵税拍卖了，买下这块地皮的人锁上了栅栏，不允许大家再在那里停车了。之后的两年，爷爷一直努力维持生意，但因为找不到地方停车，那些老顾客也都逐渐流失了。最后，爷爷的杂货铺和小镇上的很多小生意一样，关门歇业了。我爷爷非常伤心。他的人生理想没能捱过这段艰难时期。现在，我的那些顾客建议我把餐厅搬到石溪镇去，因为那里的车位非常宽裕。他们其实经常会开车经过主街，但因为找不到车位，所以只好去石溪镇吃饭、购物。请不要让我们的小镇变成‘鬼城’。在这条主街上有六家非常不错的商铺。我们只是希望你们能帮助那些想要在这里消费的人找到一个停车的地方。”

不久之后，规划委员会投票决定买下那栋楼，布鲁斯的餐厅“得救”了。

如果能通过讲述有感染力的故事的方式展示出最有力的证据，你通常都能得偿所愿。

◎ 与亟待解决的案件之间的逻辑相关性

讲故事之所以能成为有效的说服手段，是因为它可以“诱骗”听众在不经意之间记住对你有利的案件细节。但请注意：故事的确可以蕴含“道理”，但这并不意味着这些“道理”能为你所用。无论你的故事有多么深刻的寓意，只要这个故事本身无法支持你的立场，或者无法证明你的论点，这种说服手段依然无济于事。

餐厅的服务员并不想听你讲《挤奶少女和她的奶罐》的故事①，因为他得时刻注意着帮你催菜，但假设你女儿正在和同学吹牛说自己只申请了一所大学，因为她非常确定自己一定会被录取，那这个故事或许就能发挥重要作用。你讲这个故事的立意在于她不应该“把所有鸡蛋全放在一个篮子里”，而是应该多申请几所大学。通过这个故事以及你收集的其他证据——这所大学的历年申请人数和录取比例、对她的成绩和能力予以肯定、为她介绍专业排名靠前的其他大学——你可以给她讲讲“挤奶少女帕蒂”的故事。

挤牛奶的小女孩帕蒂头顶着装满牛奶的大木桶往集市上走。她边走边计算着这些牛奶到底能卖多少钱，以及该怎么把这些钱花掉。

---

① 《挤奶少女和她的奶罐》（*The Milkmaid and her pail*），取自伊索寓言，讲述的是挤奶的小女孩非常喜欢幻想，却不小心把原本准备拿到集市上去卖的牛奶打翻了，最终一无所获的故事。

“我会去农夫布朗那里买几只母鸡，”她说，“这些鸡每天早上都会下蛋，这样我就可以把鸡蛋卖给牧师的老婆。然后我就可以用卖鸡蛋挣到的钱给自己买一条漂亮的新裙子和一双新鞋了；等我再来到集市上的时候，那些男孩都会注意到我！波莉·肖一定会非常嫉妒我，到时候我会盯着她，然后骄傲地甩甩头。”

就在她向后甩头的一瞬间，她头顶上的木桶摔在了地上，牛奶全都洒光了。她只好垂头丧气地回到家，告诉了妈妈刚才到底发生的事。

“唉，我的孩子，”她妈妈说，“鸡蛋还没孵，先别数鸡雏。”

我敢打赌，对你女儿来说，这个故事要远比任何长篇大论地批评教育、咆哮怒吼以及和她讨论“别人家的孩子是怎么做的”要有用得多。

◎ 不要威胁听众

如果你选择的故事能够支持你的观点，并且能以一种没有威胁性的方式表达出来，听众就会被带入到故事中去。如果你的故事让你听上去像是一个激动的吹牛大王，那听众往往会避之唯恐不及。我记得袋鼠船长①讲过一个《北风与太阳》的故事：

北风以风力强劲著称，而太阳却认为温暖的光拥有更大的力量。

“我们可以较量一下。”太阳说。这时在距离太阳很远的地面

---

① 袋鼠船长（Captain Kangaroo），美国儿童节目主持人。

上，有一个人沿着小路缓缓走来。他穿着一件厚实的大衣。

“我们可以来一场关于力量的比赛，”太阳说，“看看谁能把那个人的外套脱下来。”

“让他把外套脱下来，这对我来说易如反掌。”北风吹牛说。北风使劲吹了一口气，狂风大作，小鸟紧紧地抓住了树枝，地面上尘土飞扬，落叶漫天飞舞。北风吹得越用力，行人的外套就裹得越紧。

然后，太阳从云层后面钻出来了。阳光温暖了空气和霜冻的地面。地面上的行人解开了外套的扣子。阳光慢慢变得越来越强。很快，行人变得汗流浃背，他脱掉了外套，找了一个阴凉处坐了下来。

“你是怎么做到的？”风问太阳。

“非常简单，”太阳说，“我照亮了大地。这就是温暖的力量。”

温暖平和地讲故事，让听众对你描述的场景产生代入感、对故事中的人物产生认同感，并与这些人物分享某些具体的——而不是泛泛的——独特经历。只要听众能了解到你是“对事不对人”，她就能够抱着开放的心态去了解你的观点，并帮助你如愿以偿。

◎ 让陪审员感觉你在阐述观点的过程中诚实而自信

陪审员会留心判断你是否真诚地相信自己的主张。如果你能真诚以待，那么即便是最固执己见的对手也会发现自己内心原本存在的、强烈的抵触情绪在逐渐消散。真诚并带有可自控的激情的优秀诉讼律师——不是那种冷酷无情、咄咄逼人、只会毫无同情心地罗列客观证据、始终“拒人于千里之外”的律师，也不是那种你在好莱坞电影中常常看到的、像上了发条似的律师——使用的技巧，才能让你在阐明自己的立场时充满激情和热忱。

我曾经在一起案件中对一个偷渡团伙的13名犯罪嫌疑人提起公诉。在长达数年的犯罪活动中，通过他们入境美国的非法移民多达数千人。为了说明这些人有多么卑劣、这个犯罪团伙有多么残忍，我向陪审团详细讲述了其中一名受害者——金的故事。我提到了他的妻子——李秀，描述了这些“蛇头”如何闯入了他们的村庄，对美国的美好生活做出了哪些虚无缥缈的承诺；他们一家人如何勤劳地工作，将一整年的收入连同微薄的积蓄都交给了这些犯罪分子，帮助金入境美国，然后把他们都带过去“过好日子”。但他们的付出换来的却只是金在一条拥挤不堪的船上忍饥挨饿地被奴役。然后我说：“金今天不可能出庭作证了。他根本没撑到美国。和这个偷渡团伙的很多其他受害者一样，金在赴美途中死于严重脱水。所以，今天我希望在这里能为他伸张正义。”通过我的叙述，陪审团得以真实、深刻地感受到所有其他被害者的悲惨遭遇。

当你发自内心的真诚表达时，就会自然地放慢语速、降低音量，逐条阐明自己的观点，充分展示出你想解决问题的紧迫感——卸掉你的人格“面具”、摆脱交叉询问式的思维方式，甚至可以让对方潸然泪下。通过讲故事，你在陪审员眼中不再是咄咄逼人的对手，而是一个有血有肉的“人”。

好故事的配方

在法学院读书时我就意识到：其实所有法律都可以归结为“故事”。你的主张和诉求就包含在那些故事当中。当时发生了什么事情，或者原本应该发生什么事情？事情发生在谁身上，或者原本应该发生在谁身上？发生在何时？何地？

当我将手中的案件解构成“故事”时，就发现这些案件似乎也没那么令人心生畏惧了。

能帮助你表明立场和观点的“好故事”，你需要满足以下要素：

- 关注“人”，而不是“问题”。
- 一定要生动，而且要有场景。
- 有始有终，有起承转合。

◎ 关注“人”，而不是“问题”

陪审员都是人，都会不可避免地带着感情色彩去审视你的主张。“想要了解在其他人身上发生了什么事情”，这是我们人类的天性。虽然听上去有些病态，但请你回想一下上次开车经过交通事故现场时的情景。不管你当时有没有转头看向事故现场，我敢确定你的车速肯定会慢下来。因为其他司机也会好奇究竟发生了什么事情。这种现象被称为“扭头观望”，这种现象出现的原因就是我们都会对在其他人身上发生的事情感兴趣。

这就意味着在你“创作”故事时，应该聚焦于事件涉及的

“人”，并将故事个性化。你应该把故事当中的主人公设定为容易让听众产生共鸣的类型，然后在故事当中为她设置某些需要克服的障碍和困难。假设你现在要争取让你母亲入住私人疗养院，那在给院长讲故事的时候，你要讲的就应该是你母亲（或者你本人）的亲身经历，而不是有关老年医疗保险、商业保险、她的药费这种千篇一律的事实和数字——院长看到过的每一份病历都在讲述这些问题。但世界上只有一个你，你也只有一位母亲：

“我很担心我妈妈，”你可以这样说，“我还有两年才大学毕业，我的大学距离这里有2000英里。我时常会接到邻居打来的电话，说我妈妈有时会把自己反锁在家里，不给来看她的人开门；有时她会忘记穿上衣服就走出家去取信，现在她甚至不记得该怎么打电话了。我妈妈一直很要强。自从我爸爸去世后，为了让我和妹妹能接受良好的教育、拥有更好的生活环境，她一直坚持打两份工。我现在自顾不暇，只能先把她送到疗养院。我想要确定我妈妈会在这里受到妥善、细致的照顾……”

让故事“个性化”非常重要，因为陪审员会更倾向于帮助那些自己喜欢或者至少是同情的人。讲故事的目的就是要获得别人的关注。你故事中的主人公越讨喜、越能激发别人的同情心，陪审员就越有可能让你得偿所愿。这也是人类的天性。

◎ 一定要生动，而且要有场景

讲故事最有趣的一点就在于哪怕是完全相同的故事，每次讲出来的内容仍然会有细微的差别。我们会记住故事营造出的场景以及带给我们的感受，并把这些场景储存在大脑当中，而不会逐字逐句地记忆讲故事的人到底说了什么。这是你在给陪审员讲故事的时候必须牢记的事情。你需要通过语言营造出一个对你有利而且能让陪审团记住的场景，让他在决策的过程中仍然能够记得这个具体的场景。

一个擅于讲故事的人会在利用故事表明自己主张的事实和诉求的同时，又和她想要说服的对象建立某种联系。通过故事表达出来的观点更容易被接纳，故事中营造出的场景也要足够生动才能让听众产生代入感。通过让陪审员"身临其境"地重温事情发生的经过，或者站在你的角度构想合理的解决方案，那些充满戏剧冲突的故事才容易被记住，并且牢牢抓住陪审员的注意力。

克莱门特·克拉克·摩尔①本可以把故事写成这样：

我睡着了，我妻子也睡着了，孩子们也睡着了。突然，门外有些吵闹，我起床去看外面发生了什么。

可他写出来的却是这样的：

圣诞前的一夜，屋里静静一片，
万物都在安歇，连老鼠都睡了。
长袜在烟囱上，小心地高挂起，
等待圣诞老人，能快点儿来。
孩子们躺在被窝里，暖洋洋地多么舒服，
美梦中有小糖果在脑海中翩翩起舞；

---

① 克莱门特·克拉克·摩尔（Clement Clarke Moore），美国作家、东方与希腊文学教授。

他们的妈妈裹着头巾，我戴着睡帽，
放下所有心事，在冬夜里睡个长觉。
这时屋外的草坪传来一阵声响，
我从床上一跃而起，要去细细查看。
我冲到窗前，快得像一道闪电，
一把就拉开窗帘，又推开窗。①

我想要说明的是细节的重要性，并不是让你对着陪审员朗诵克莱门特·克拉克·摩尔这段经典的圣诞童话。你讲故事的目的之一是激发陪审员的兴趣，不让他们感到枯燥和厌倦。我在法庭上给陪审团讲故事时，会有意识地借用电影编剧的叙事方式——“引诱”电影观众全神贯注地看完整场“故事”。

我不会这样告诉陪审员：

奥莉维亚被午夜房间里的声响吓了一跳。一名歹徒闯进了她家。

我会这样描述：

大学毕业之后，奥莉维亚刚刚找到了一份在大酒店担任活动策划的工作。她独自租住在酒店旁一栋老旧的维多利亚式公寓楼里。3 月 23 日凌晨两点，在完成了一场大型晚会活动之后，奥莉维亚终于回到了家。她洗了一把脸就爬上了床。她刚合眼，噩梦就开始了。她听到门外传来了响动。起初，奥莉维亚以为是邻居

① 取自克莱门特·克拉克·摩尔的经典作品《圣诞前夜》（*The Night Before Christmas*）。

家的猫在翻门外的垃圾桶，但她马上意识到那些声音更像有人走过客厅地板时发出的“咯吱”声。有人溜进了她的家……

通过讲故事，而不是简单地说明案件事实，我抓住了陪审员的注意力。他们会想知道奥莉维亚后来怎么样了，更想知道自己该如何帮助她。当你在对陪审员阐述自己的立场和诉求时，也可以通过这种方式描绘出一个场景，以激发陪审员的好奇心，并让他产生代入感。

◎ 有始有终，有起承转合

你讲的故事应该有相互呼应的开始和结尾以及起承转合，这一点在讲5分钟之内就能讲完的短篇故事尤为重要。我的朋友史蒂文就喜欢在讲故事的时候漫无边际地闲扯。每次他给我讲故事的时候，我都会忍不住在想，“我是错过了这其中的某些情节吗?”因为缺乏故事结构，他的故事变得让人难以理解，所以史蒂文讲的故事根本不可能起到任何说服作用。在辩论时，如果某个故事不能帮助你阐明观点，那就不要讲——这种故事讲出来只会适得其反，让你看上去缺乏条理和逻辑。

你的故事必须简单易懂，能让听众毫不费力地理解你要阐述的观点，同时你还要理解的是：按时间顺序叙事并不等于讲故事。这种“流水账”非常无趣。(“闹钟响了。我把它关上了。然后回到床上继续睡觉。”）大多数具有很强说服力的故事会在开篇描绘出一个具体场景，介绍主要出场人物，并给出听众必须掌握的背景信息。

回到我们之前讲过的那个“好心的撒马利亚人”的故事。耶稣说："一个人从耶路撒冷到耶利哥城去，不幸在路途中遭遇强盗抢劫，强盗剥去了他的衣服，把他打得半死，然后把他丢在路边。"这几句话交代了把我们带入故事所需的"最低限度的必要信息"。故事开篇并没有描述这个人的长相、姓名，也没有介绍他有几个孩子，因为这些信息对听众理解这个故事无关紧要。事实上，就像我们之前说过的，这种细枝末节的无效信息可能反而会降低故事的说服力和感染力。

故事的中段应该用来制造戏剧冲突。故事的主人公通常会和自己的"对手"发生冲突——这个对手可能是其他人，比如他的妻子、国税局、劫匪或者他的老板，可能是某些困难（天灾、疾病或者他的车），也有可能是他自己。这种冲突会将整个故事引向高潮，并最终解决双方之间的矛盾。我们仍然以"好心的撒马利亚人"这个故事为例。"事后，一个犹太教的祭司从这条路走过，远远看到这个被抢劫的人，就避开他，绕道从另一边走过去了。之后，一个利未人也从这里经过。当他看到了这个被抢劫的人时，也和之前的那位祭司一样，绕道走过去了。"故事在这里设置了悬念或者出现了戏剧张力，当撒玛利亚人经过时，我们都知道其他人都没有"行正义之事"，所以才会格外感激撒玛利亚人的善心之举。

悬念可以逐步将情节带向高潮，然后故事就会进入"转折点"。想要实现某个目标的主人公会意识到"胜负在此一举"。故事的结尾应该发挥三个作用：呈现高潮、展示结果、揭晓结局。在日常生活中，你可以利用故事的结尾要求陪审员作出对你有利的裁决，承认你的诉求的合理性，并以此给你的故事留下一个皆大欢喜的结局。

难忘的故事

在讲故事的时候，我不会念演讲稿，我的秘诀是记住我在故事中描绘出来的场景。所有重要寓意和“关键词”都藏进了这些场景当中。你也可以利用“一张图胜过千言万语”的理论来讲故事。你可以把故事开篇和结尾的几句话背下来，然后按照顺序记住故事中段出现的不同场景。这样，你在讲故事的时候就会充满活力而不是死记硬背，还可以自由发挥。这种讲故事的方式会让你的故事更有说服力，因为你作为讲述者与听众之间没有任何隔阂。

在开始阐述你的主张之前，你安排好了双方沟通的环境、衣着得体，并做好了准备——但如果你仍然感觉非常紧张怎么办？我发现其实适度的紧张反而能起到帮助作用。这种紧张能让我保持清醒和警觉。尽管已拥有多年电视经验，但现在我走进演播厅时仍然会非常紧张。有一次，我把这种紧张的感觉告诉了制片人，他的回答是：“太棒了！不要失去这种感觉。它能让观众对你保持新鲜感。”我非常珍视他给我的这条建议，并且逐渐发现只要把注意力放在观众身上，我就可以忘记自己的紧张不安。现在，每当我在电视上谈及某些新闻事件或者通过讲述亲身经历表达我的立场和观点时，都会努力提醒自己：我讲故事的目的是帮助观众（或称之为“陪审员”）去更好地理解事情的经过，或者告诉他们我寻求的结果。

*　*　*

你应该付出十二分的努力去寻找或者构思一个具有强大说服力、能发人深省的故事以表明或者解释你的立场和观点。好故事一定会对陪审员起到积极影响。不论你的诉求和主张是什么，在那些客观事实、证据和证明顺序之外，一定还有一个好故事值得你去挖掘和讲述。

如果故事讲得很好，你和你的诉求最终一定会“从此幸福地生活在一起”。

运用诉讼律师的技巧应对生活中的挑战

案件摘要：第七步

讲好故事

在构思、整理故事并将其作为你发言的一部分时，可以参考以下准则：

- 你还记得哪些童年故事？你为什么能记住这些故事？
- 现在什么样的故事能感动你？
- 哪些故事能与你的诉求相匹配？
- 这个故事容易理解吗？
- 这个故事与你的主张之间存在相关性吗？
- 这个故事能适用于你掌握的案件事实吗？
- 这个故事能让对方产生同理心和认同感吗？

- 这个故事会不会让你看上去过于多愁善感或者自怨自艾？
- 这个故事中蕴含的道理是否不言自明，不需要过多引导？
- 这个故事能否让对方清晰地理解你的观点，并切实帮助你实现目标？

第8章

第八步　概括总结：结案陈词

你可以利用结案陈词把所有观点和证据打包变成一份精美的礼物，然后把它送给你的陪审员。

在教授法庭辩论这门课时，我会把结案陈词的内容作为学期第一课。为什么先教结案陈词？因为你必须要先明确自己的目的地，才能确定应该走哪条路。在结案陈词中，你需要重申自己的诉求和主张，并寻求一个满意的结局——在案件叙述过程中你一直想要抵达的目的地。如果你把自己的案件主张视为一份路线图，那结案陈词就是目的地，你会在这里实现自己的目标，而诉求就是起点。在这两点之间会有很多岔路。为了能顺利地从起点走到终点，你需要在每个路口都做出自信的选择，并且确信你的选择将帮助你赢得最后的胜利。

结案陈词对于你能否获得胜利将起到举足轻重的作用。在激烈的法庭辩论中，胜诉的基本上都是更善于进行结案陈词的一方。结案陈词的目的是帮助陪审员全面审视、理解你的诉求和证据，并让她“代表”你作出最终裁决。你需要将之前阐述的全部内容合成为一段有说服力、有感染力的演讲，并借由这段演讲带领陪审员参观这座你用事实和证据搭建起来的坚固堡垒。

最后的礼物

你可以利用结案陈词的机会，把最具有说服力的论点和论据打包成一份精美的礼物，把它送给你的陪审员。就像其他礼物一样，你希望收到礼物的人能喜欢你的礼物，也确实能用得上这份礼物。结案陈词的目的就是帮助陪审员记住你的关键证据，让他能对案件进行全面评估，并推动他作出对你有利的裁决。总结、提炼案件的核心问题并不容易——一遍又一遍地分析、解释、强调那些支持你的证据是人类的天性。如果能坚持做到以下五点，你的案件总结将会变得更为简明扼要，同时具有极强的说服力，这样的结案陈词将会为你的论述画上完美的句号：

1. 先来一记勾拳。
2. 总结对你最重要的证据。
3. 解决可能存在的薄弱环节。
4. 突出论述中能让对方产生同理心的要素。
5. 将你的诉求合理化并寻求有利判决。

◎ 先来一记勾拳

在做结案陈词时，年轻的诉讼律师经常会出现的错误就是以例行公事地对陪审员表示感谢作为自己的开场白：“感谢你们担任本案的陪审员并认真履行公民义务。”这时，陪审员们就要开始打呼噜了。如果你换一种方式作为开场白：“这是一起事关弱势群体/当行正义之事/应该对自己的行为承担法律责任的案件”，那我敢打赌，你说完第一句话，陪审员们就要开始走神了。毫无疑问，他们在案件审理过程中肯定已经听到你反复说过很多次类似的话了，因此他们会把这句话当作可以放松的信号：不论你接下来要说什么，他们都可以暂时放空；因为这些内容他们都已经听过无数遍了。

在结案陈词中，开场就以新颖、简短的方式给出有力的一击或许是更为有效的方法。这其中的关键词是“新颖”和“简短”；你需要注意的是陪审员注意力持续时间是有限的，她会希望尽快听到有意义的内容。

结案陈词应该开门见山——仔细斟酌你希望陪审员记住哪些内容。在西雅图做检察官时，我起诉过一名叫哈利·雅各布森的波音工程师。在听证会上，大陪审团①发现哈利是一个做事有条不紊、有些洁癖的人，他计划杀死自己的妻子卡拉，为此发明了一套能让汽车失灵的遥控装置。大陪审团发现哈利还从田纳西州雇用了一名职业杀手协助他实施杀人计划。在结案陈词中，我没有美化这些内容，而是利用职业杀手的证词以及陪审团之前可能留意过的某些词组，从一个新的视角重申了我的主张：

哈利·雅各布森是一个很爱干净的男人，他想要摆脱身边这个“5.4 英尺②的麻烦”。他想要采取的手段并不是离婚。现在我们都知道了，哈利秘密策划了一套方案甩掉这个“5.4 英尺的麻

---

① 大陪审团（grand jury），在刑事诉讼期间听取检方提交的证据，决定是否将被告移交正式庭审的陪审团，不负责认定被告是否有罪。因为其人数比通常的陪审团多，因此被称为“大陪审团”。

② 5.4 英尺约为 164 厘米。

烦”——他让妻子喝到微醺，然后让受雇于他的职业杀手利用他发明的遥控装置把他妻子的车“径直开进河里”。没错。哈利并不想弄脏自己的手，也不想和这个“5.4 英尺的麻烦”离婚，他想找人杀了她，再伪装成意外溺毙，以获得保险公司的赔偿款，然后从此幸福地生活下去。但你们，女士们、先生们，现在已经知道了事情的真相。你们绝对不能让哈利逍遥法外。

这种直截了当的方式在法庭外同样有效。那位想为孩子转班的母亲妮可，也在结案陈词中使用了相同的开场方式。她把自己的想法表达得十分清楚：

霍顿先生，我儿子非常渴望学习，也希望能找到一位老师引导他，让他能在学校通过系统的学习取得更好成绩。布拉德现在正处于“好学”和“厌学”的分水岭。我们应该确保他能做出正确的选择——您说是吗？

这两份结案陈词都没有机械性地重复之前的观点，而是生动地展现了自己的诉求和主张。这两份结案陈词都奏效了。哈利·雅各布森锒铛入狱，而布拉德进入了新的班级。

◎ 总结对你最重要的证据

到结案陈词阶段，大部分陪审员们已经对案件形成了一套自认为最接近事实真相的理解。就像我们在第四步中解释过的，调查显示陪审员通常会在开庭陈述阶段就得出结论。然后他们会运用自己的判断和人生经验对庭审中出现的所有证据进行过滤和筛选。因此，在这一阶段，你的陪审员很有可能已经做出了决定

——但仍有疑虑。

以符合陪审员人生经验的方式总结案件中的关键证据，你可以强调他的决定是正确的（假设他已经决定支持你的诉求），也可以让他打消心中的疑虑并“行正义之事”，和你站在同一个阵营当中（假设他仍然持观望态度）。

有时，你需要指出“眼见未必为实”。还记得电影《我的表兄维尼》里那位治安官吗？他出庭作证说，“被告对自己向店员开枪的事实供认不讳”。这位治安官的证词说被告不仅承认了“我朝店员开了枪”而且还说了两遍。然后，电影闪回到了“认罪”的场景：治安官先向（无辜的）被告展示了犯罪现场的照片，然后说：“这时，你朝店员开了枪。”在震惊中，被告说：“我朝店员开了枪?!”治安官重复：“对，你朝店员开了枪。”被告重复：“我朝店员开了枪?!”在法庭上，治安官把被告震惊之下的反问变成了肯定的答复——一段认罪供述。

你不需要在结案陈词中重复你通过证据开示、直接询问和交叉询问收集到的全部证据。这种做法只会让你的结案陈词变得非常冗长，而且就像我们之前强调过的，大部分陪审员此时已经做出判断。紧密围绕你的关键证据——只使用那些能够让你的结案陈词简明扼要的证据。

辩护律师米奇·谢尔曼曾经代理过一名被控持刀杀害毒贩的被告，因为这名毒贩向他怀孕的女友出售毒品。在结案陈词环节，米奇在开场时说：“你们都很清楚他们检方为什么会败诉。他们失败的原因就是这样。你们刚才都听到了史密斯警官的证词，他说警方原本应该检查凶器——那把刀——寻找凶手的指纹，但却决定不检查了。就像他们说警方在实际工作中看到这样的犯罪现场就会直接将其归类为‘轻罪谋杀’① ——无非是一名黑人杀死了另一名黑人毒贩而已——他们甚至懒得花上 20 分钟去进行指纹比对以确定那把刀上确实有被告的指纹，他们抓对了人。”（结果：被告被认定无罪。）

在结案陈词中，你不需要重述所有证据，而是应该通过援引合适的证据以及案件主旨，说明你为什么选择这种方式提出你的诉求。在规划结案陈词时，你可以选择合适的方式告诉陪审员，你认为她现在应该已经做出了正确的决定——如果严格按照这本书的第一步到第七步操作——支持你的诉求和主张。

你应该利用结案陈词的时间，以一种新颖的方式对你在阐述观点的过程中出示的各项重要证据进行总结。假设你和你丈夫因为他多次逾期支付账单发生了争执，而在争执过程中你出示了之前积攒的各种迟缴通知，那你的结案陈词就可以这样说：“在过去六个月，我们延迟付款的总额高达 340 美元，如果加上为此交纳的罚款，这个数字就要翻倍了。以后，要么你保证及时支付账单，要么我们现在就来重新分配家庭责任。”

在结案陈词中，只有当你能以一种简单清晰的方式梳理和组织案件信息时，陪审员才有可能“统观全局”。你在结案陈词环节当中最重要的任务就是为陪审员提供支持你的工具和方法。

---

① 轻罪谋杀（misdemeanor murder），指在被害人遭到谋杀的案件中，警方无法充分证明是犯罪嫌疑人所为。在此类案件中，犯罪嫌疑人通常会被直接释放，或者只受到轻罪判决。

◎ 解决可能存在的薄弱环节

那种案件走向100%对你有利的情况极为少见。薄弱环节、不同观点以及对你不利的证据势必会出现，而你需要以对自己最为有利的方式去解决这些负面因素。为此，你可以利用诉讼律师的技巧去回应陪审员的否定：直面弱点不仅能展示出你的自信，也能为陪审员留下“自我怀疑”的空间。

在一起酒驾案件中，被告比尔有过酒驾前科，他的辩护律师在结案陈词中说：“当比尔第一次来找我的时候，他很担心自己的酒驾前科会给这次诉讼带来负面影响。他很担心你们会因为他之前的不良记录而直接给他定罪。我告诉他不必担心，因为陪审员会了解到在上次被指控酒驾时，他没有逃避，而是承担了责任，对自己错误行为供认不讳。不过，在今天这起案件当中，他不能这么做，因为他不能为自己没做过的事情承担责任。被告必须捍卫自己的权利。”

由此，比尔之前的犯罪记录被夹到了一段故事当中，通过着重强调他有为自己的不良行为承担法律责任的记录，辩护律师强化了被告在本案中的立场。

在日常生活中，直接面对并解决陪审员在决策过程中遇到的障碍也是一种行之有效的方法。举例说明：

佩琪正准备申请私人助理的工作，不过她不久之前刚刚因为被怀疑小偷小摸而被前任老板开除了。在面试时，她在总结发言中直接说明了这件事。“你知道，我为X女士工作了三年，”她对眼前这位很有可能会成为自己下一任老板的人说，“她把自己所有的私人事务、财务管理甚至银行卡都交给了我。我非常珍惜她给我的信任。就像您之前看到的，因为工作出色，我收到过很多她写的表达感谢的字条和邮件。很遗憾，我和 X 女士之间的工作关系最终要以这种方式结束。但我想亲口告诉您，任何对于我有盗窃行为的指控都没有事实依据。实际上，在她发现项链不见了的第一时间，我就建议她赶紧报警，因为我想证明‘项链不见了’和我没有关系；不过，由于某些私人原因，她不想惊动警察。”

佩琪的结案陈词表明即便前任老板让她名誉受损，她也依然愿意遵守自己的道德准则，帮助这位女士保守秘密。虽然没有直接说出“我是一个诚实正直的人”，但佩琪已经用行动证明了“我是一个诚实正直的人”。

通过直面并推翻对手的质疑并直接解决自己论述过程中的薄弱环节，你其实是在暗示自己并不畏惧、也不会故意忽视那些对你看似不利的证据。你的坚定信念会带有极强的传染性——陪审员会开始消除对你的疑虑，并且发现他要非常努力才能找到一个让你不能得偿所愿的理由。

◎ 突出论述中能让对方产生同理心的要素

在结案陈词中，最具挑战性的环节就是“激励”陪审员，让他对你的主张和诉求给予充分的支持。“想要做出正确的选择”是人类的天性，陪审员和你的对手也概莫能外。让陪审员通过你的结案陈词意识到所谓“正确的选择”就是让你能得偿所愿，这是你在案件总结阶段最重要的任务。完成这项任务最简单的方法就是利用陪审员的“感同身受”和道德准则。

就像在第四步中讨论过的，我们所有人做出判断的依据都是从童年时期就开始形成的道德准则和价值观，以及成年之后积累的人生经验。因此，在陪审员的决策过程中，他们的不同经历也会发挥重要作用。在总结案件时，如果你的论述符合陪审员的世界观，那他们就会很自然地认为“你是对的”并对你的诉求予以支持。如果你的论述与他们的价值观发生了冲突，那你可能就要打一场“硬仗”了。

把（你在开庭陈述之前就确定好的）案件主旨代入结案陈词是引发陪审员共鸣的一种有效方式。利用陪审员“行正义之事”的想法，案件主旨可以让你的结案陈词以一种能够激发陪审员的同情心和保护欲的方式表述出来，让她相信只有帮助你才是符合她自身正义感的正确选择。

被家庭儿科医生转诊到眼科验光之后，我发现我女儿丹妮尔的眼睛出现了所谓的“弱视”，而且如果不进行“眼科辅导”，她的视力会越来越糟。当我向丹妮尔的老师解释她每周都要请半天假去做“眼科辅导”时，老师告知我，学校有非常严格的考勤制度，如果丹妮尔在本学期内请假超过三天，她就必须在期末考试时给丹妮尔的成绩降档。根据学校“严格的考勤制度”，“眼科辅导”不在病假范围之内。

为了帮女儿做出正确的选择，我决定去找校长提出“上诉”。在和校长沟通之前，我阅读了学生手册，收集整理了案件事实，并做好了调查研究。在向校长提出诉求时，我向他出示了这些证据，并在结案陈词中呼吁他能对我的处境“感同身受”：

“丹妮尔是一个很棒的学生，非常热爱这所学校，我相信我们都希望她能取得好成绩，也都希望学校能对她做出更好的安排。我在调查中发现很多患有弱视的孩子在长大之后都会出现学习障碍，我很担心如果我们现在不通过治疗帮助她矫正视力，将来可能会出现其他更严重的问题——这些问题可能会导致丹妮尔成绩下降，并最终导致她厌学。您可能知道，我也有自己的工作，所以这套治疗方案意味着每周我也要请半天假，但我非常愿意这样做。因为我知道这种医疗干预能让我的女儿终身受益。我们两个人想要达到的目标无非都是为丹妮尔做出正确的选择。现在我就把这件事的决定权交到您手上了。”我把决策的重任交给了校长，因为我知道他的良知将会承受最终结果的检验。通过激发他的同理心，我帮助校长理解并认同了我的主张，并最终争取到了难得的“破例”。

在论述的最后阶段，你需要把自己手中的权力交给陪审员，让她去做出那个意义重大的决定——也就是说，你要放弃对案件的掌控并启发陪审员认真思考你阐述的观点和提交的证据，让她能够通过做出对你有利的“判决”而感到心满意足和如释重负。

◎ 将你的诉求合理化并寻求有利判决

在结案陈词阶段，你要把陪审员放到“权力机关”的位置上，让他对你的主张和诉求做出判断。当你在请求陪审员“行正义之事”、作出对你有利的判决时，他应该感觉自己大权在握。在构思并给出有力的结案陈词时，你的这段总结发言应该是字斟句酌，不会让对方感觉走投无路，或者颜面尽失，而是让对方有充分的理由帮助你实现你的诉求。如果你足够敏锐，甚至可以让对手认为你想要的结果其实完完全全是他本人的主意，而不是你说服了他。

我的朋友玛蒂娜在推动她工作的软件公司CEO实施弹性工作制的过程中，就通过结案陈词成功地让CEO得出了她想要的结论。

五年前，我之所以会选择加入这家公司，就是因为我能想象出未来我们可以通过为员工提供弹性工作制来提高公司的行业竞争力。自我加入起，我们的生产能力在五年中出现了三次增长。尽管工作时长有所增长，但我们公司的经常性旷工比例仍然维持在了行业平均水平的一半。我认为，为了我们的员工——以及他们的家人——应该在全公司范围内推行弹性工作制。我认为在这个问题上我们一定会不谋而合。

在她的结案陈词中，玛蒂娜很有技巧地重申了她的主张，重新引述了最有力的证据，并对她寻求的结果做出了合理解释。她将CEO留在了一个看似可以自由决策的位置上。最终，玛蒂娜得偿所愿，而CEO成为了员工心中的英雄——一个愿意为他们着想的好老板。

在实现主张的这条路上，出示所有对你有利的证据（并以此说服陪审员你的主张是正确的），也只是走完了半程。只有当你能成功地推动陪审员采取实际行动，才是真正完成任务的时候。

为了得到福克斯新闻频道的工作机会，我从西雅图搬到了纽约。我决定在纽约租一个配有全套家具的房子，然后把我在西雅图的家租出去。在我和新租户签完租房协议之后，我飞回了西雅图去取回所有我需要的东西。我的那位邻居——他帮我张贴了招租广告、面试了租户，并把所有事情都安排妥当，来我家和我见面的时候手里拿着一摞“便利贴”。“你拿这些干什么？”我问。

“用这些便利贴区分哪些是你要运到纽约的东西，哪些是需要放进仓库的东西，”他说，“新租户决定用自己的家具。”

当我发现一个位置和面积都合适的仓库的月租高达200美元之后，我又重新阅读了当时的招租广告以及租房协议，发现它们的确都写明了“房子带有家具”。于是我决定去找新租户说明我的主张。我向对方解释了我已经在纽约租到了一个配有家具的房子，并指出租房协议上清楚地写明了“房子带有家具”。之后，我在结案陈词中表明我不可能搬走房子里的家具，并希望对方能遵守“房子带有家具”的约定。“我很开心你租了我的房子，”我最后说，“房子交给你，我也非常放心。不过，实话实说，我真的没办法把这些家具全都搬出去。所以我才会在租房协议和招租广告上特别写明‘房子带有家具’。如果你最终决定不租我的房子了，我也十分理解，我会马上把押金退给你。”

新租户认为我的做法还算公平，接受了“房子带有家具”的安排。最终，我们双方各让一步：我同意把家具放入车库和储藏室——这样我就可以不必在外租用仓库或者大费周章地把它们搬去其他地方了，而租户也拥有了更多的室内空间。

当你构思出一份并非单纯重复之前内容、并且能让你的诉求具有更强的说服力的结案陈词之后，可以考虑采取以下方法推动陪审员采取实际行动：

1. 把你和陪审员的诉求连接在一起，将你想让陪审员采取的行动合理化。

根据陪审员的利益和需求调整你想要得出的结论，通过这些结论证明你的诉求是合理的。（“……不过，实话实说，我真的没办法把我的这些家具全都搬出去。所以我才会在租房协议和招租广告上特别写明‘房子带有家具’。”）

2. 表明你很公平，并且在努力做出正确的选择。

想要支持那些“在努力做出正确选择的人”是我们人类的天性。（“如果你最终决定不租我的房子了，我也十分理解，我会马上把押金退给你。”）

3. 说明你需要陪审员采取哪些具体行动。

把你的诉求——你的案件主张直截了当、清晰明确地告诉陪审员。（“我希望我们能解决这个问题。我很开心你租了我的房子，房子交给你，我也非常放心。”）

不要给故事直接画上句号——留下“未完待续”。请陪审员给你的案件主旨或者那个贯穿始终的故事写上一个正式结局，然后以此结束。如果你措辞得当，陪审员会非常开心地给你一个大团圆的结局，然后写上“全剧终”。

◎ 彻底破坏结案陈词的三种方法

1. 道歉或者讨好。

没有任何人想要听到你为了占用了这么长时间而道歉——尤

其是在你已经占用了这些时间之后。这种道歉只会让陪审员对你怨气横生，别无他用。那种把陪审员当成煎饼拼命地在他身上倒糖浆的做法同样如此。没有什么比空洞的赞美和虚伪的感谢更容易被识破了。对着一个你希望他能做出有利于你的决定的人大发溢美之词是一件很危险的事，这种做法通常会让你事与愿违并且前功尽弃。

2. 说出与案件无关或者不合时宜的话。

进行结案陈词的时间是有限的，所以应该字斟句酌地选择自己要表达的内容。那个你想要说服的、有权提高你的赔付金额的保险核算人并不需要了解你的政治立场或者今天的天气。我曾经看到过一位检察官在做结案陈词中起身说：“女士们、先生们，我从来没有见过像被告这么爱撒谎的人。”法官打断他说：“检察官先生，你不能这么说。”检察官回答：“法官大人，我很抱歉。”然后，他转回头对着陪审团继续说：“但这是事实。”这种表现虽然很好笑，但非常不合时宜。最终，法官裁定对该案不予受理。

3. 废话连篇。

在陪审员的庭审培训中，我们听到最多的、来自陪审员的抱怨就是律师会一直重复自己说过的话，一直围绕着证据和事实喋喋不休，试图以此提醒陪审员注意每一个要点。这种做法并不会对你起到任何帮助作用。陪审员已经听懂了。

◎ 让结案陈词变得更好的三种方法

1. 反复练习。

在和陪审员沟通时，你其实是案件中最重要的证人。反复练习能够有效地帮助你理顺结案陈词中的难点并加强它们的说服力。做好充分准备，记住——好的演员绝不会不经过排练就登台表演，橄榄球运动员绝不会不经过练习和热身就上场比赛，你也绝对不希望有外科医生连尸体都没有碰过就来给你做手术。

2. 把关注点放在开场的第一句话上。

一开场就要给出强有力的开场白，这样才能抓住陪审员的注意力。你可以通过复述对方先前所言的方式开场，“以子之矛，攻子之盾”，然后你可以为他提供一些重要信息，以充分利用他对你的关注。

3. 真心实意。

深呼吸，看向陪审员，抓住最后的机会与对方建立和谐、融洽的关系。只有当你的结案陈词能够体现出你确实是发自内心地对自己的立场深信不疑的时候，陪审员才会愿意支持你的主张。放轻松，做自己，你的结案陈词才会更有说服力，达到超出预期的效果。

结案陈词是属于你的“高光时刻”——一个用以展现你为实现诉求而进行的充分准备、付出的各种努力以及殚精竭虑地思考的好机会，一个能让你将强烈情感注入真凭实据并突出强调案件主旨和故事寓意的好机会。在法庭上，根据庭审规则，即便是在结案陈词环节，律师也不能证明自己的个人观念；但在日常生活中，你不需要遵守这种规则。在结案陈词中，你可以骄傲地大声表达：“我认为你应该按照我的方式解决这件事，因为所有证据和道德权威都支持我的想法。”

等待判决

在请求陪审员作出最终裁决之后，你要做的就是等待。希望你的陪审员能很快做出决定，让你不要焦虑太久。这通常是我在法庭上最紧张的时刻——我会进入真空地带，根本无法思考。有一次，我利用陪审团的商议时间去采购生活用品，买完东西之后我就径直走出了超市，回到车上然后开车回到了法院——钱包被留在了超市的收银台上。

如果你面临的是诸如寻找新工作、要求晋升或者递交大学申请这类不太可能很快有定论的“案件”——你能做的就只有“等待”。在等待的过程中，你可以为自己出色地完成了“庭审辩论”而感到自豪。你充分地表达了自己的立场和观点、进行了令人满意的案件总结——当陪审员拆开你的“礼物”时，你会非常自信：他一定会拿一份胜诉判决作为回礼。

* * *

珍妮弗的事情如何了?

还记得珍妮弗吗？正是我的这位律师助理朋友收到的那份不公正的负面评语给了我写这本书的灵感。根据刚刚总结的“八步法”，珍妮弗和我对她的案件进行了准备。

带着收集到的所有证据，想好了自己要表达的内容，珍妮弗深呼吸了几次之后和米歇尔约好在会议室进行一次私密、不被人打扰的谈话。在开庭陈述时，她清晰、冷静地说明了米歇尔给出的这份负面评语让她很忧虑，因此她希望米歇尔能更正评语的内容。她向自己的主管出示了直接证据，并详细解释了每份证据的意义。

“评语只是考核流程的一部分而已。”米歇尔很快提出了反驳。

在交叉询问中，珍妮弗拿出了员工手册中有关谁有权对员工的工作表现做出评价的规定——并据此推翻了米歇尔的质疑并巧妙地躲过了她的“枪口”。珍妮弗从手中的证据出发，没有任何行差踏错，也没有临时增加任何有可能会淡化诉求的话题，比如询问米歇尔是否认为自己无法胜任这份工作。然后，珍妮弗发自肺腑地表达了自己会因为这份负面评语而感到难过，是因为太热爱这份工作了。“我只是想让我的律师开心。”她带着微笑说——暗示她并不想要对米歇尔的主管工作指手画脚，尽管她并没有大声地说出来。最后，珍妮弗在结案陈词中做了总结：

“米歇尔，我对这份工作得心应手，在这件事上我应该获得你的认可。我已经在这里工作10年了，考评记录一直都很出色。今年，律师们给我的评价仍然是‘出色’。如果你收到过任何对我的投诉——为了按时完成任务，我可能会对处理文件的夜班秘书措辞强硬——我是按照律师们的工作要求才这样做的。你也知道，在法律行业，截止日期就是截止日期。我的考评记录完全能说明我有多么热爱和在意这份工作。我只想拿出最好的工作表现。如果你或者其他人对我的工作有不满，我也希望能在这些

‘不满’落到纸面上之前先和你们进行沟通。希望我过去的努力能为我换得一个沟通的机会。所以，我希望你修改今年的年度考评评语，并且希望能重新建立我们之间的工作关系。你觉得呢？”

“看起来我们之间有些误会，”米歇尔给出了简单的回答，“我会把考核评语的内容稍作修改，然后重新提交给合伙人。”

为此，珍妮弗差点儿就要大声欢呼了。

◎ 不利判决：上诉

生活难免有不公平。有时，即便是最出彩的结案陈词，也无法说服陪审员让你得偿所愿。假设你失败了——陪审员给出了对你不利的裁决：通常来说，你还有机会提出“上诉”。你可以向更高级别的“权力机关”提出上诉，或者选择新的方式再次尝试说服“初审”的陪审员。在美国，级别最高的法院是“联邦最高法院”。在职场上，级别最高的法院可能是董事会（假设你要检举揭发某些高管的不当行为）。不过，如果对方是你的丈夫/妻子，那家中级别最高的“法院”也是你唯一可以选择的法院。

这让我想起了格里高利·派克在电影《杀死一只知更鸟》中饰演的阿提库斯·芬奇以及他的那段直击人心的结案陈词——无论是整体结构还是表达方式，甚至是言语之间流露出的强烈情感，都恰到好处、堪称完美。他请陪审员不要理所当然地认为“所有的白人都诚实正直，所有的黑人都撒谎成性”：

【先出一记勾拳】

阿拉巴马州拿不出任何医学证据证明本案被告汤姆·罗宾逊被指控的犯罪行为真实发生过。本案其实并不复杂，事实其实黑白分明。

【总结对你最重要的证据】

尤厄尔小姐做了一件在我们这个社会当中令人难以启齿的事：她是白人，却引诱了一个黑人。

【解决论述中的薄弱环节】

罗宾逊先生被控强奸，但一直以来都是尤厄尔小姐在向他示好。他试图违抗两个白人，结果就是他被以莫须有的罪名起诉了。

【突出论述中能让对方产生同理心的要素】

法庭不会比我面前的陪审员更健全，陪审团不会比它的成员更健全。

【让你的诉求合理化并寻求有利判决】

我相信陪审团会不偏不倚地重新审视你们看到的证据，然后让被告回到自己的家人身边去。

阿提库斯·芬奇给出了完美的结案陈词，但他败诉了。有时，哪怕你稳操胜券——从头到尾没有做错任何事——陪审团也可能会得出“错误”的结论。遗憾的是，种族、收入、性别以及其他既有偏见都有可能让你无法获得胜诉。这些讳莫如深的偏见永远不会消失。我们就是喜欢把人分成三六九等，然后区别对待。我必须诚实地说，有时候，因为我们无法掌控的环境因素，应然之事就是不会必然发生。

在这件事情上，最新的实例恐怕就是2000年的美国总统大选了。由于佛罗里达州投票程序的缺陷以及计票分歧，此次总统大选的结果在不同的法院经过了多轮初审和重审之后，最终被上诉至最高法院。通过一份极具历史意义的5:4判决（以一票之差形成的微弱多数），美国最高法院裁定乔治·布什成为新任美国总统①。虽然很多人对这份判决结果非常不满，但是主流政坛最终还是不情不愿地接受了这样的结果。

在日常生活中，你的案件同样如此。如果你对最终结果不满，通常可以采取行动提出上诉。如果在上诉之后，你对结果仍不满意，那就需要考虑是“不情不愿”地接受目前的结果——还是转变思路，寻找其他解决方式。

在本书的第二部分，在应对生活的挑战时，八步法其实还有很多不同的使用方法。最重要的是你能够以敏锐的观察、开放的心态和对胜利的渴望面对生活中的每次挑战、每个难题。无论是在生活中还是法庭上，“胜败乃兵家常事”。只有以正确的心态积极地面对失败，才能获得最终的胜利。

我的建议是奋勇向前——提起上诉。锲而不舍和固执己见之间有着天壤之别：前者是强烈地“想去做”，而后者是强烈地

---

① 2000年的美国总统选举是美国历史上选举结果最为接近的十次之一，各方争议在最高法院介入下才有了最终定论。民主党和共和党的主要争议焦点是佛罗里达州的选举结果，而双方在这个州的得票数异常接近。为此，双方首先起诉至佛罗里达州最高法院，法院判决戈尔胜诉后，布什上诉至联邦最高法院。联邦最高法院最初先将案件发回重审，在该法院再次判决戈尔胜诉之后，联邦最高法院直接审理了这起案件。9位联邦大法官最终以5:4的局面形成微弱多数，推翻了佛罗里达州最高法院的第二次判决，宣布布什入主白宫。

“不想做”。无论面对偶尔一次的诉求还是长久的人生，你都应该做到锲而不舍、不屈不挠。

斧头虽小，但经过多次砍劈

终能将最坚硬的橡树砍倒。

——威廉·莎士比亚

运用诉讼律师的技巧应对生活中的挑战

案件摘要：第八步

结案陈词

1. 先来一记勾拳。

a. 在你的论述过程中，哪个场景让人印象最为深刻？

b. 哪些内容能够抓住陪审员的注意力？

2. 总结对你最重要的证据。

a. 用什么方法可以对你的证据进行精练概括？

b. 没有证据需要你重述？

c. 你能说明为什么这些证据最为重要吗？

d. 你希望陪审员记住什么样的“案件全貌”？

3. 解决可能存在的薄弱环节。

a. 你的论述中是否有薄弱环节？

b. 你能否对这些薄弱环节加以改造，让它们为你所用？

c. 有没有可能将这些薄弱环节夹在重要的有利证据之间，

以减少负面影响？

4. 突出能让对方产生同理心的要素。

a. 在你的论证过程中，哪些内容是不存在任何争议、“绝对正确”的？

b. 你应该如何通过自己的表达让陪审员了解“行正义之事”的重要性？

c. 有没有一个篇幅短小的故事能帮你说明案件主旨？

5. 将你的诉求合理化并寻求有利判决。

a. 你想要什么样的结果？

b. 有没有哪些因素可能会阻止陪审员帮助你得偿所愿？

c. 坚定而真诚地请陪审员作出对你有利的裁决。

不要做的事

· 道歉或者讨好。

· 说出与案件无关或者不合时宜的话。

· 废话连篇。

要做到的事

· 反复练习。

· 把关注点放在第一句话上。

· 真心实意。

提起上诉的十个步骤

1. 有没有其他人能充任你的陪审员？

2. 如果没有，那你还能再去找之前的那位陪审员吗？

3. 陪审员为什么会作出对你不利的裁决？

4. 你的论述中的哪些部分没有奏效?

5. 你的论述中的哪些部分奏效了?

6. 你犯了哪些错误?

7. 你是否遗漏了八步法中的某些步骤?

8. 你是否遗漏了重要证据?

9. 你准备什么时候提起上诉?

10. 这次你会采取哪些不同的做法?

下 篇

战胜生活中的挑战

引　言

你越信任自己心中的那位“辩手”，就会越快掌握那些可以帮你描绘出更美好的人生的重要技能。现在，你知道应该如何找到和某些特定听众——“法官”或者“陪审员”——进行沟通的最佳方式；如何收集你需要的证据，并确定如何有效地利用它们而不是弄巧成拙；如何选择合适的时间和场合提出自己的诉求；如何采用有说服力的表达方式说出真相；如何理智地说出自己的肺腑之言（当然，你可以随时翻看这本书第一部分中讲解的第一步到第八步的具体做法——如果你没记住的话！）。

“好的，我已经知道八步法是什么了，”你或许会说，“但我想知道它怎么才能真正地在我的生活中发挥作用？”

你看过《球场雄心》这部电影吗？在这部电影当中，来自印第安纳小镇的一支名不见经传的高中篮球队捧起了州冠军的奖杯。在决赛前夕，由金·哈克曼[①]饰演的球队教练诺曼·戴尔带着球队的那些男生参观了他们的决赛场地。巨大的场馆让所有队员都不知所措，因为它看上去和乡间的小体育馆之间有天壤之

① 金·哈克曼（Gene Hackman），美国演员、小说作家，曾因主演《法国贩毒网》获得奥斯卡最佳男主角。

别。于是，戴尔教练让球员去测量从篮筐后的边线到罚球线的距离。

“15 英尺。”他大声宣布。

接着，戴尔教练又让球队中最矮的队员骑在最高队员的肩膀上，测量篮筐距离地面的高度。“10 英尺，教练。”

教练看向全体队员，然后微微一笑。“和我们学校的小体育馆一样。”他说。

这是这部电影的“决定性时刻”。小镇篮球队的全体球员在州冠军赛上唯一要牢记的就是这块场地和他们熟悉的那个小球场没有任何区别。不论你是在家乡的小体育馆还是在有阶梯座位、有电子记分牌、灯火通明的一流场馆，篮球比赛的“玩法”都是一样的。八步法也同样如此——无论你是在最高法院，还是面对公司的人事经理，它都能发挥同样重要的作用。无论是在职场还是在家庭中争取平等权利，无论双方谈判是为了新职位还是为了买新车，八步法都能经受住实战的检验。最重要的是，如果你能把八步法当成生活中的一部分，那它就能够帮助你建立强大的自信心、保持积极的生活态度，并让你掌握在生活或者职场中为自己辩护时所必需的技巧——并让你拥有顶级律师代理重大案件时的那种决心、勇气和热忱。

如果你的生活状态和我差不多，那你或许也会不时感到沮丧、崩溃或者无助，但如果你能利用八步法积极面对并解决你面对的挑战和难题，那你在生活中取得的成功或许并不会逊色于法庭上的佩里·梅森。这些技巧是一套经过验证的“可以取得成功”的公式。它们在美国上百年来发生过的数百万起诉讼案件中发挥了极其重要的作用。我们为什么不把八步法也用到日常生活中呢？

我把八步法介绍给了不少采访对象和同事，并亲眼见证了这些技能为他们的生活带来了各种积极的变化。我发现，你越熟悉八步法的使用方法，就越有可能在各种常规和特殊的情况下条件反射式地使用它。无论是在职场还是在家庭中，无论你面对的是自己的亲朋好友还是某些“实权派人物”，八步法都应该成为你个人能力的组成部分。无论挑战是什么，八步法都能帮助你逢战必胜。

· **职场**。

为得到理想的工作机会、赢得晋升的空间、为老板和客户开发项目、进行卓有成效的销售展示、处理与同事之间复杂的人际关系做好充分准备，并有效地提出自己的观点和主张。

· **消费谈判**。

不再对着客服或者销售人员大发雷霆，而是整理好你掌握的证据，然后理性又有力地向电话公司或者向在你不知情的情况下擅自给你更换了变速器的机修工提出你的诉求和主张。

· **商业谈判**。

在进行涉及“人生大事”的交易活动中，比如购房、买车，能事先制定好清晰的规划，在购房、建立商业合作关系中，甚至是聘用律师进行各种交易谈判中，也能充分、有效地利用八步法。

· **为人父母**。

如果你能抛弃“我说的就是对的”这种条件反射式的说教方

式，按照逻辑给孩子摆事实、讲道理，冷静地阐述你的观点、对孩子进行有效又巧妙的交叉询问，分享能让孩子产生共鸣的小故事，那你无疑会成为更好的父母——无论是你要进行的“作业谈判”，还是要处理孩子沾染了毒品的难题。

· **与亲朋好友的关系。**

当最亲密的人际关系出现问题时，我们通常会采取被动反应，会出现讲“情”不讲“理”、感性大于理性的问题。你在这本书中学到的新技能将会帮助你在感恩节聚会时处理好与公婆的关系，直面朋友的问题行为，并心平气和地和你的丈夫/妻子做好下次假期的旅行规划。

现在，我们一起来看一些实例……

第 9 章

制胜职场

> **自己有能力挣到的，就不要乞求别人施舍。**
>
> **——塞万提斯·萨维德拉**

对很多人而言，职场就像战场，我们在日常生活中遭遇到的、最激烈的人际冲突大多都发生在职场。“八步法”是解决这种冲突的最佳方式，因为我们在职场中发生的矛盾和在法庭上的诉讼有很多类似之处——只不过你要面临一项额外挑战：如何维持与老板、同事、客户之间积极、稳定的工作关系。因此，胜诉在职场上通常意味着双方“达成共识”。

职场辩论之所以极具挑战性或许不仅仅因为我们的生计维系于此——我们的社会角色与之密不可分。事实上，每当我们结交新朋友时，“你是做什么工作的”往往会成为双方关注的焦点。学会在职场上为自己辩护是一项基本生存技能——这对于我们的情感、经济甚至身体而言都非常重要。因为我们大多数人都不想做“独狼”，也不愿意以牺牲与主管或者同事的关系为代价获得惨痛的胜利，所以“职场”的确是会令人感到焦虑的竞技场，而我们需要充满自信并保持自洽。

制胜职场，只需八步

作为组织中的一员，你面对的其实是一个由不同性格的人组成的混合体。人的性格可以很复杂，因此当你遇到问题时，仔细理顺、组织对你有利的事实，并充分考虑陪审员的性格就变得至关重要。只有准备周全，你的观点才能更有说服力，你才能更为自信。

自信地表达也会减少或者消除情绪化的反应。你肯定不希望陪审员对你的诉求给出负面的回应或者完全无动于衷。从别人身上得到灵感和想法这种做法会让你获益良多。他们可以为你出谋划策，包括想到一些你可能没有考虑到的问题，也可以在你正式提出诉求之前充当模拟陪审员。因为每个人所属的组织性质不同、需要沟通的人不同，有时你的陪审员可能是组织架构中层级更高的人，这时如果你能“拉拢”直接上级做同盟，也许会取得更好的效果。

在职场上，你不可能有机会像做游戏的孩子们那样大呼小叫地要求“重来”。所以，在职场上，如果你要着手解决的问题非常重要，就应该做好详细周密的计划：

· **知道自己想要什么。**明确目标和诉求，这样你就不会为了获得某些“短期收益”（暂时而非长期的解决方案）、维系某些私人关系（你不喜欢同事、想要获得褒奖或者取悦老板的想法）而背离初衷，也不会反过来被对方说服，误认为你的目标并不像你想的那么重要。然后，寻找合适的方法把你的诉求“装”进贯穿案件始终的主旨中。假设你的观点是公司应该利用线上宣传手段，你的主旨就可以是“高曝光率等于高销售额”；假设你的诉求是加薪，那主旨就可以是“这是我应得的”。

· **选择你的陪审员**。谨慎考虑最合适的陪审员人选以及你应该如何与他沟通。在职场中，大多数人不会先冷静地思考谁最适合对自己的诉求作出裁决。与其想当然地直接去找老板、同事，或者找直接上级，不如先对谁有权限——而且有意愿——帮助你实现主张和诉求进行评估。

· **做好证据开示**。收集证据，为你想要争取到的职位和机会做好准备。“了解全部事实”这种状态本身就蕴含着巨大的力量。因此进行仔细、彻底的证据开示在职场上尤为重要——你想要的职位可能轻而易举地就会被某位善妒的同事“截胡”，你的想法可能会直接被盛气凌人的老板直接驳回。

· **对包含传闻、主观倾向、动机和偏见性证据提出质疑**。无论你面对的是老板的猜疑，还是同事的诋毁，只要你确定事实真相并非如此，就应该自信地对各种空口无凭的指责提出质疑。

· **发自内心地讲述你的故事**。即便是在职场，满怀热忱地阐述你的想法和立场同样会奏效——只要你讲的故事与工作和眼下要解决的问题密切相关，而且你能够保持专业态度与对方沟通。

· **能促进公司实现目标的个人目标**。你需要学会将个人目标以一种能够“帮助公司实现更大的目标”的方式阐述出来。一旦你能充分证明你寻求的胜诉结果有利于公司的长远发展，你的说服力也将会获得极大提升。

八步法能帮助你得到并“保住”理想的工作；在与公司就起

薪、加薪、工作地点调动而产生的搬家费甚至离职谈判中占据主动；实现弹性工作制并获得在家工作的权利；自信地对工作考评中的负面评语提出异议；妥善地解决与老板、同事之间的私人矛盾，并维护良好的工作关系。在职场中，八步法不仅适用于双方“剑拔弩张”的情形，对发表各种演讲、构思口头或书面报告，以及推销某些产品和服务也同样适用。

在本章中，你会看到八步法在职场中发挥重要作用的不同场景，并从真实案例中学会如何“学以致用”。

工资谈判

工资是职场中最容易让人情绪激动的话题之一，因为人们通常都会把自我价值、作为员工的价值和自己的薪酬水平之间画上等号。据劳工谈判代表卡里尔·马奥尼观察，绝大多数人在接受新职位时对自己的起薪都是满意的，但这种满足的心态会因为工作内容多于预期、工资却原地踏步而逐渐消失。她的建议是定期对员工的工资以及公司整体的薪酬制度进行复核评估，以维持薪酬水平的行业竞争力。对于“老员工”，他们对公司表现出的忠诚也应该得到相应的回报。八步法可以帮助你在与直接主管谈及工资问题时保持冷静和理性。

◎ 克里斯蒂尔——前台

在刚到这家生产企业担任前台和行政助理时，克里斯蒂尔非常渴望给大家留下一个好印象。她斗志昂扬、雄心勃勃，期待在未来也能拥有属于自己的公司，但她也知道自己要学的东西还有很多。她非常愿意全身心地投入工作，每天都会工作很长时间以完成当天的工作，每个周末都会到公司加班。公司里的人从没见过工作这么拼命的人。

几个月后，有一位在公司工作超过30年的女士在经过克里斯蒂尔的办公桌时说："你知道吗，"她压低声音，"如果你每周的工作时长超过40个小时，就有权要求公司支付加班费。"

"我吗？"克里斯蒂尔问，"可是，从来没有人和我提起过这件事啊。"

"我知道"，女士悄声说，"这么多年以来，他们一直在违反联邦劳动法。我早就提醒过他们，但他们认为我说得不对。我让他们自己去查查看，不过我猜他们压根儿就没查。或许，他们根本就不想知道法律是怎么规定的。你付出了这么多，他们应该支付加班费的。"

晚上开车回家的路上，克里斯蒂尔仔细思考了这位女士的话。她不想成为给公司制造麻烦的人，但法律就是法律。她一回到公寓，就打开了自己的电脑。她用了几个不同的搜索引擎，然后发现那位女士是对的——根据《公平劳动标准法案》，如果一周工作时间累计超过40个小时，就有权要求公司支付加班费。

然而，她并没有草率地直接向公司讨要加班费，而是开始详细记录自己的工作时间、主管的褒奖以及她取得的各项工作成果。这一年的年末，在收到了不错的正式考核评语之后，克里斯蒂尔主动约见了人力资源部的负责人。"这一整年我都一直在加班，"她温和地说，"所以，我希望能拿到合理的加班费。"

人力资源总监微笑着摇了摇头。“我们没有加班制度。”他说。

“其实，”克里斯蒂尔边说边平静地把一份她提前从政府网站上下载并打印出来的联邦劳动法递了过去，然后说：“你看，法律规定的是如果公司员工一周工作时间超过40个小时，那公司应该为超出部分支付加班费，除非他身为公司高管或者有其他豁免事由。”她又递给总监一篇从商业杂志上找到的、专门阐述这项规定应该如何在中小企业中落地执行的文章。人力资源总监通读了克里斯蒂尔提前标注出的重点章节。

“去年一年，我的加班时间累计为413个小时，”她说，“我把所有加班的内容都记在这里了。”克里斯蒂尔把她的详细记录递了过去，这份记录的内容包括她每天进入和离开办公室的时间，以及每个周末她的加班时间。然后，克里斯蒂尔进入了此次“辩论”的关键时刻。

“能在这样一家公司工作一直是我的梦想。”克里斯蒂尔说，“我在大学学的是市场营销，但毕业之后我没有找到理想的工作。我做过餐厅的服务员，也在其他公司做过打杂的临时工。当你决定录用我时，我简直兴奋极了——这是我第一次有机会亲身感受成功的企业到底是如何运转的。这家公司已经有五十年的历史了，也有很多忠心耿耿的员工。我们的公司在业内以物美价廉著称，我很高兴能成为公司的一员。我想在此特别强调的是，对于工作需要加班这件事，我毫无怨言。”

人力资源总监点点头。“我得先和管理层的其他人谈谈，然后再给你答复。”他说。

“谢谢，”她说，“谢谢你愿意花时间考虑我的诉求。”

她的要求给公司敲醒了警钟，因为多年以来公司管理层确实一直错误地认为他们不需要支付加班费。当然，公司的主管们也从来没想要弄清楚这件事——因为在克里斯蒂尔之前并没有员工“逼着”他们去做这件事。过了一周，克里斯蒂尔收到了一张金额高达几千美元的支票——她的加班费。

克里斯蒂尔获得胜诉的方式并不是指责公司无视法律，也不是威胁要向主管部门举报公司的违法行为。她以一种能让对方接受的、具有说服力的方式讲述了自己的故事，并简单、直接地提交了证据。她知道公司和人力资源总监都以“诚实守信、做事公正”自居，所以她在自己的故事中迎合了他们的这种自我认知、利用了他们的正义感。

克里斯蒂尔让公司得以在不“得罪”其他员工的情况下向她支付加班费。此事之后，人力资源总监给公司的全体员工发了一封电子邮件，说明根据联邦劳动法规定，凡是一周工作超过40个小时的员工就有权获得加班费。和其他许多公司一样，邮件中同时宣布了一项公司政策：只有获得直接主管批准，你才能加班。

* * *

有时，特别是在一些大型企业或者组织当中，加薪可能会是被遗漏或者忽略的问题。要知道，组织都是由人组成的，而凡是充分认识到这件事的组织或者企业，其负责人都会特别重视可能会出现的“平等问题”。你需要记住的是，不要害怕要求直接主管和公司对你的工作和薪酬水平进行评估和审核。工资和福利待遇应该被定期审核，以确保公司给出的职位和起薪不仅对刚入职的人具有足够的竞争力，同时还能对忠心耿耿的“老员工”给予相应的回报。

◎ 斯蒂芬妮——护士

斯蒂芬妮是一名拥有八年从业经验的护士，而且一直在同一家医院工作。她所在的这个科室的护士工作非常繁重，她经常忙到没时间吃午饭。有一天，趁着难得的午休，斯蒂芬妮站在走廊里和一名同样拥有8年从业经验但刚加入她所在的这家医院的护士闲聊。她从来不会“刺探”别人的工资是多少，但在闲聊当中，她发现这名新来的护士的工资比她高。

斯蒂芬妮立即找到了自己的主管，很生气地质问对方为什么她的工资会比新来的护士低。主管告诉她应该去人力资源部门找人问问。这时，斯蒂芬妮冷静了下来，她并没有像对待自己的主管那样，在毫无准备的情况下带着强烈的主观情绪去人力资源部讨要答案，她决定先想清楚自己到底想要什么并收集有利证据。尽管对自己作为老员工却拿着比“外人”低的工资非常气愤，但她意识到这其实是一条会转移焦点的“红鲱鱼”。她的诉求与别人无关，只和她有关。她忠心耿耿地在这家医院工作了八年，而且非常清楚在这里护士属于稀缺资源。事实上，包括她工作的这家医院在内，附近大部分医院都不得不依靠临时代班护士和自有护士加班来解决人数不足的问题。即便如此，这些措施有时仍然无法满足医院对护士人数的需求。

斯蒂芬妮给周围的其他几家医院打了电话，发现如果她“跳槽”到这些医院不仅能有更高的薪酬待遇，还有可能获得高达5000 美元的“入职奖金”。其中有一家医院邀请她参加医院的开放日，甚至还安排她与医院院长及其他高管共进晚餐。在掌握了以上这些信息之后，斯蒂芬妮自信地决定直接找一位有权“拍板”并想要帮助她解决问题的人——新来的人力资源经理谈谈。这位经理听完了斯蒂芬妮提出的诉求，看过了她冷静地提交的各种证据。当谈到她可以通过跳槽获得的涨薪幅度和奖金数额时，斯蒂芬妮明确表达了她并不想离开现在这家医院；她认为“老东家”的理念更符合她想要为病人服务的人生理想。她讲述了自己从学生时期起就在这里实习的往事，她说一直以来她都很敬重自己的主管，也和很多同事建立了深厚的友谊。

人力资源经理感谢了斯蒂芬妮对医院的忠诚，然后说自己需要几天时间才能向她做出答复。这位经理先核查了所有拥有八年工作经验的护士的工资数额，发现斯蒂芬妮和另外几位护士的工资的确低于正常值。随后，医院对所有护士的薪资进行了一次正式核查，又发现了大量的薪酬不平等的问题。斯蒂芬妮胜诉了——薪酬不平等的问题彻底解决了。斯蒂芬妮的工资涨了，其他护士的工资也涨了，大家都对她充满感激。

员工应该了解公司的薪酬体系，并且清楚地知道自己处于什么位置和什么级别。作为一名员工，你不应该软弱到不敢“刨根问底”，特别是当问题涉及工资这种极为重要的事情时。错误时有发生，如果你自己不及时去解决，就可能会蒙受巨大的经济损失。

*　*　*

除薪酬之外，员工满意度调查经常会暴露出一些其他职场问题，包括找工作、缺乏挑战性、办公空间和职业发展。在这些问题上，八步法也可以帮助你赢得胜利。

失去工作，找到工作

在经过一轮又一轮的并购、改造、缩编、重组之后，如今，公司的稳定性大不如前，随时会面临并购、内部改革、人员精简或者重组。不论公司面临的具体情况是什么或者想要如何通过花里胡哨的术语掩盖事实，缩减开支通常会带来的直接后果就是裁员。由此，很多优秀的员工（当然也有糟糕的）会发现自己突然失业了，而那些留在公司的员工则会发现自己要在缺乏支持和人手不足的情况下承担相同甚至更多的工作。

如果你“被裁员”了，那在面试新工作时，你该如何向未来的新老板解释你“被裁员”的原因，如何说服对方相信你能为新公司创造价值？这就是艾米面对的情况。利用八步法，她不仅从之前的公司拿到了一笔优厚的遣散费，还找到了一份很理想的新工作。

◎ 艾米——金融机构高管

艾米是一位40多岁娇小迷人的女性。作为两个孩子的妈妈，艾米通过多年努力终于坐上了一家大型银行的高级主管的位子，但在一次银行并购重组之后，她被告知自己所在的岗位被裁撤了。艾米没有陷入负面情绪当中，而是在办理离职的过程中充分利用了八步法。她的诉求是为自己争取一份条件最为优厚的离职协议。她把自己想要的都写了下来——从临时办公室外加一名秘书到推荐信——她通过谈判实现了自己的诉求。充分的事前准备让她在面对困境时信心十足，在与主管她所在部门的银行副总沟通之后，她提出的所有要求都被满足了。

她的下一目标是找新的工作，她认为和“猎头”合作是她找到理想高薪工作的最佳路径。在和这些猎头见面之前，她设定了明确的目标和诉求：她要说服猎头认可她是行业中的佼佼者——而不是赶紧帮她找到一份具体工作。有别于其他求职者，她想把自己打造成“更好的”候选人，让猎头对她留下深刻的印象并在出现理想的职位时，立刻想到她。

艾米认为，在和猎头的沟通中她最有可能会面临的“红鲱鱼”，是对“老东家”把她裁掉的怨气。她知道这种状态不会对她的诉求产生任何积极的帮助作用。她决定绝不把自己的职业前途交给一个喜欢夸夸其谈的猎头，因为一个总喜欢谈论自己的猎头——他是如何入行的、他是从哪所学校毕业的——他就不可能把关注点放在候选人身上。通过收集证据，她发现出色的猎头根本不会也不想浪费时间谈论自己，他们会把注意力完全放在客户需求上：在这起案件中，就是艾米和她的求职诉求。

在准备与猎头会面的过程中，她梳理了自己的职业经历以及应该如何向未来的公司证明她是行业中最优秀的候选人——她的确是这个行业内的佼佼者，她还对猎头（或者新公司）可能提出的各种质疑和问题进行了预估并想好了应对之策。比如，她认为对方可能会问她是否特别注重细节。“我正在为此努力。”她知道一定会被问到的另外一个问题就是她为什么被裁员了。“因为之前的那家银行想要留下工作风格更为犀利和强硬的人——比如那些会脱口而出‘这真是一个愚蠢的想法’的男性同事。在银行管理层眼中，我有时对下属太过宽容了，不符合他们对于管理模式的要求和期待。”

她还仔细构思了一些她想向对方提出的问题，并决定：如果在沟通中她不能肯定对方想要的是什么，她就会直接问：“您可以具体谈谈您需要了解哪些信息吗?”利用八步法，她整理了所有对自己不利的证据，包括多年以来在银行的工作中她收到的有关她本人以及她的工作的负面评价，并提前做好了应对准备。(“我所在部门的业绩是全银行最好的，工作效率是全银行最高的。”)

艾米很自豪地发现这些充分细致的准备工作成功地帮助她回应了其中一位猎头对她提出的反对意见，他说艾米在人力资源管理方面缺乏经验，所以她提出的薪酬太高了。“在之前经营自己的公司时，通过日积月累的实际工作，我也积累了不少这方面的经验。我要负责制定公司的薪酬体系，所以很清楚如何从管理和人力资源的角度评估公司的收益和亏损。我不仅具备丰富的人力资源管理经验，也非常了解一名优秀的‘带头人’需要具备哪些品质。”猎头对她的回答印象非常深刻，并决定帮助她寻找理想的工作计划。

艾米没有陷入因失业而带来的那种螺旋式下降的负面情绪当

中，她说八步法让她可以静下心来思考自己到底想要什么，并说服别人为什么应该对她的诉求予以支持和认可。八步法让她能够有条不紊地完成事前准备，并在说服对方的过程中保持理性、充满力量。在我写这本书的过程中，已经有两家与之前她供职的银行体量相当的金融机构向她伸出了橄榄枝。

缺乏挑战

和失业完全相反的另一个问题是你的工作无法带来满足感、只有“死水微澜”。很多人会在这种僵化、无聊、缺乏挑战性的工作中过完自己的全部职业生涯。我们都希望挖掘自己的潜能，在面对挑战时迎难而上，或者去做一些我们真正感兴趣的工作，特别是当我们相信自己的努力能够创造真正的价值的时候。

◎ 科莱特——精品店销售人员

我是在我最喜欢去的那家礼品店认识科莱特的。刚入职的前六个月中，科莱特每天都会充满热情地出现在店里。不忙的时候，她会花些时间整理仓库、调整商品陈列的位置，并更细致地了解店里的产品。她成了店里的礼品专家，知道店里每一件商品的质地和产地，会想出这些礼品的新用途，甚至能找到新的、报价更低的供货商。

忙乱的圣诞季之后，科莱特觉得自己的工作开始变得无趣了。她会经常呆坐在店里等待顾客上门。有一天，当她把店里的商品陈列又重新摆放了一遍之后，我到店里迅速挑好了一件礼物，然后我们聊起了最近的生活。我说我最近在写一本书。“哇，”她说，“听上去非常有趣啊。我也想要找一些有趣的事情来做。”

“为什么？”我问她，“现在这份工作你做起来得心应手啊。”

“没错，”她说，“但我好像对这份工作提不起兴趣了。我每天能摆多少次肥皂？”

“如果可以随心所欲地选择，”我问，“你最想做什么？”

“嗯！”她的眼睛一亮，然后说，“我会利用自己的电脑操作技能去设计网站。”

“那这就是你的案件主张了。”我说。

“我的什么？”

“你的目标。”接下来的几周当中，我和科莱特一直通过电子邮件交流。我向她详细地解释了八步法的使用技巧，然后她有了一个很棒的想法。她的这个主意能把她对礼品店和网站设计的热爱紧密地结合在一起。经过一番周密准备，她找到礼品店店主露易丝，阐述了自己的想法。

“我对线上购物做了大量研究，我认为如果礼品店能开展线上销售业务，我们的销售量会出现指数级增长。”科莱特还用好几张图表说明了一家与礼品店业务相似的小店开设网站之后的销量上涨情况。

“这似乎是个不错的主意，”露易丝说，“但我恐怕负担不起。在这种经济形势下，我们能勉强做到收支平衡就不错了。”

因为早就料到店主可能会有这种顾虑，科莱特提前准备好了应对之策。“我可以继续在店里工作，在店里不忙的时候设计网页、给网站编程。至于酬劳，我想要从网站带来的销售中拿一定比例的提成。这样，你在网站起步阶段就不用花太多钱，而我会继续留在店里工作，并帮助你提高销售额。”

露易丝还有些犹豫，科莱特把自己之前准备好的问题提了出来，以帮助露易丝得出她想要实现的结论。

问：最近店里的销售额是不是遇到了“瓶颈”？

答：是。

问：你是不是一直想要增加店里商品种类？

答：是。

问：你是不是还要加大广告投入？

答：是的，事实上是我已经提高了在广告投入上的预算。这件事你也是知道的。

问：礼品店周边有明显的人口增长吗？

答：增幅很小，我觉得我们可能马上就要到达市场饱和状态了。

问：那你怎样才能让更多的顾客了解你的商品呢？

答：我不知道。

问：你上次上网是什么时候？

答：今天早上。

问：你上网做了什么呢？

答：我在易趣网上给我老公买了一套高尔夫球杆……

这时，露易丝的脸上露出了微笑。“那好，我们要怎么开始做网站呢？”

科莱特拿出了几张她提前准备好的样稿。“首先，我们需要确定主页的设计和内容……”

现在，这家礼品店的网站已经正式上线运营并且开始为露易丝和科莱特创造收益了——这充分说明八步法可以被用来改变“职业倦怠期”。

空　间

一位讲授工商管理硕士项目的教授曾经对他的学生们说，几年之后，他们或许完全不会记得他今天在课上讲过的这些具体内容了，但他可以肯定，他们所有人都不会忘记他说过的这句话：“你们进入了公司管理层之后，就会发现自己要面对的最大难题是如何分配办公室和停车位，以及是否要给员工餐厅的咖啡涨价。这些问题都有可能引发强烈的情绪反应。”

◎ 斯图亚特·布朗——员工关系经理

斯图亚特·布朗在一家拥有强大工会组织的企业担任员工关系经理。他的工作非常重要，因为他需要同时听取来自公司管理层和工会的诉求，并提出解决方案。有时，他需要在自己的办公室组织小型会议，但如果开会的人超过三个，他的办公室就会变得拥挤不堪。斯图亚特的办公室原本是员工餐厅储藏室的一部分，所以他的隔壁就是员工餐厅。他的办公室是长方形的，靠墙放了一张小办公桌。椅子和背后的墙之间只留了一个刚好能让他把椅子稍稍后撤、把腿从桌子下抽出来的空间。他的办公桌前放了两把小椅子，并且靠得很近。身高超过5.8英尺[①]的人会发现自己的腿无处可放。因此，身材比较高大的人会选择站着开会。

斯图亚特似乎每天都在寻找空的会议室，或者试着说服那些提前预定了会议室但拥有合理面积的办公室的人用自己的办公室开会，然后把会议室让给他。从对面的办公楼搬到这里的前两年，他基本上还能找到合适的会议室，但随着公司发展以及员工人数增多，寻找合适的会议室变得越来越困难了。很多会议室还被改造成了办公室。

有时，斯图亚特会觉得自己为了会议室“折腰”是一件很丢脸的事情。然而，当员工和工会代表不得不挤在他那个小办公室里的时候，他会感到格外窘迫。斯图亚特一直为自己的职业素养感到自豪，他可以认真听取员工的投诉意见并在短时间内解决问题。当找不到合适的会议室时，他就只能依靠大家的善意了，但这并不一定靠得住。当双方剑拔弩张时，能释放给彼此的善意也会有限。刚刚被训斥过的、处于愤怒中的员工和自己的直接主管在开会时不停地碰到对方的膝盖，这绝不是一件令人感到舒服的事情。当出现矛盾的双方并排而坐的时候，也很难建立目光交流，特别是他们之间有时还要勉强再挤进另一把椅子。更不必说当有人靠墙站着开会的时候，斯图亚特想要记笔记就变得很困难，因为站着的人可以轻易地透过他的肩膀看到他写什么。因为没有安装通风系统，所以在开会的过程中大家经常会大汗淋漓。

---

① 5.8英尺约为176厘米。

有一次，斯图亚特在去员工餐厅吃午餐的路上碰到了也要去吃饭的公共设施负责人瑞克。瑞克负责公司所有公共设施和改建项目，所以斯图亚特赶紧抓住机会邀请瑞克参观自己的办公室，了解他的困难。瑞克一边听斯图亚特诉苦，一边迅速扫视了一下他的办公室，然后在急三火四地离开之前告诉斯图亚特自己会“帮他想想办法”。

几周过去了，瑞克完全没有联系斯图亚特。从有些高管和工程师对自己新办公室的炫耀中，斯图亚特知道公司的办公室改造计划取得了进展。他知道瑞克拥有严重的“取悦型人格”——无法拒绝别人提出的要求，总是会明示或者暗示地给出肯定的答复，但又不去落实。瑞克特别自大。他喜欢在别人面前树立“老好人”形象，表现得善于倾听并且关心他人，但他的处事和管理方式却是引发矛盾的一大根源。这些矛盾要么是在大家的沮丧中不了了之，要么就会因为事项重大而由董事长或其他高管出面解决。然后，瑞克会把所有的功劳收入自己囊中。

斯图亚特的需求真实而迫切，但他并不是能获得瑞克格外关照的公司高管。斯图亚特并不清楚自己要采取哪些措施才能得到瑞克的回复，所以他把自己的困境告诉了他的直接主管、负责公司人事及其他几个部门的高管嘉琳。在瑞克那里，嘉琳也和斯图亚特一样有过令人抓狂的遭遇，她建议由她和斯图亚特共同向瑞克提出真正有说服力的诉求，以引起他的重视并提升他在公司的形象。

嘉琳和斯图亚特整理出了过去四年公司员工人数增长情况以及员工投诉数量的增幅。他们还计算了一年前公司的会议室数量以及过去一年会议室数量的下降情况。他们找出了一份建筑图纸用以说明斯图亚特办公室的面积以及相对位置。在规划案件的过程中，他们都认为应该把斯图亚特的办公室留在员工餐厅旁边，以方便普通员工和各级主管利用休息时间找他了解福利待遇、公司政策这些重要信息，或者找坐在他办公室门外的助理领取医药费报销表以及其他员工关系材料。（之前，员工需要穿过一条马路才能来到斯图亚特的办公室。）

在评估各种可行方案时，显而易见的最佳方案是占用现有办公室后面的餐厅仓库，或者在走廊的另一边重新装修一个新的办公室——第二个方案还能让斯图亚特拥有一间带窗户的、更大的办公室，也不会侵占任何人的现有空间。嘉琳多年以前就从工会的代理律师那里学到了一件重要的事：要想了解投诉产生的真实原因，最好的方法就是到投诉发生的现场去看看。于是，她计划和斯图亚特邀请瑞克亲身感受一下斯图亚特的办公室有多么局促，但后来又担心这样会让他或者其他来找斯图亚特的人太过难堪。于是，他们决定用一张照片替代“当面对质”。他们从人力资源部找了几位志愿者假装在斯图亚特的办公室开会，这样就不需要额外征求其他部门的理解和同意了。

斯图亚特和嘉琳与瑞克约好了沟通时间，并一起向他阐述了斯图亚特的主张。对于眼前这个他必须要面对和解决的问题，瑞克非常恼火，他认为自己的时间应该被用来为一些更重要的人服务，但当他听完他们的描述并看过照片之后，斯图亚特办公室的问题似乎引起了他的重视。“你看，”他说，“三年前我把现在这个地方分给人力资源部时，你们非常开心。现在我给你们一种解决方法：如果想要更大的办公室，就搬回马路对面去。”

嘉琳和斯图加特预料到了瑞克会这样回应，所以他们立即以人力资源部搬到主楼之后他们收到的、由公司员工做出的全部积极评价进行了反击。“他们再也不需要占用有限的午餐时间或者在天气恶劣的情况下穿过马路来找我们了，”嘉琳解释，“事实上，斯图亚特和我正准备向公司提出采购自助终端机的申请，这样员工就可以更直接地了解自己享受的福利以及其他重要信息了。我们就可以腾出时间为每天直接走进我们办公室寻求帮助的那50~100名员工提供更好的服务了，但这也带来了另外一个问题：我们的办公空间不够。”

“主管们早就向我抱怨过，说他们很不喜欢在我的办公室里用‘促膝长谈’的方式解决问题，”斯图亚特补充说，“他们甚至还说，他们认为公司提供这种环境用来解决员工关系的问题，就是管理层不关心、不尊重员工的直接反映。这是员工和管理层都需要的、用来表达分歧并解决矛盾的地方，而维持友好的上下级关系对公司而言至关重要。上周，有一位主管告诉我，公司花了不少钱改造了所有高管的办公室，这么一对比，公司在员工关系空间上花的钱简直少得可笑。新办公室并不只让我个人受益，那些随时需要我的服务的普通员工和管理层也会受益于此。因此，我认为这个重要的空间应该像高管办公室一样宽敞、舒适。”

这段话成功地说服了瑞克，因为他平时最喜欢“鼓吹”高效管理和员工嘉许的重要性。他邀请嘉琳和斯图亚特一起去找建筑工程师探讨改造方案。因为员工餐厅的仓库已经搬到了其他位置，这部分空余出来的地方可以扩建为斯图亚特办公室。事实上，这块地方不仅能满足办公室的空间需求，还能容纳那几台令人期待的自助终端机。当然，扩建工程完工之后，瑞克非常高兴地接受了嘉琳和斯图亚特的邀请，出席了他们在新办公室组织的开放日活动，并对公司员工发表了演讲，详细描述了“他竭尽全力为他们争取到这个顶级人力资源服务中心的全经过”。

未 来

员工有时会质疑自己工作的价值，特别是身处在经济低迷、股市大跌、地区政治不稳定的社会环境当中时。我们希望拥有收入保障和职业安全感，希望能确信自己能够送孩子上大学然后顺心遂意地退休。我们都希望在未来的职业生涯中获得更多机会。

◎ 苏珊——财务助理

苏珊在一家金融服务公司工作。她每天早上第一个到达办公室，在过去三年当中她从没请过一天假，她会在每天下班之前努力地“零差错”完成全部工作。苏珊的电脑操作能力和沟通能力都非常优秀。很多客户都会指定由她负责自己的业务，那些最难相处的客户也都会交给她处理。在以往的工作考评中，苏珊的直接主管威尔森先生也对她的杰出工作表现给予了高度认可。

苏珊希望在公司内有所提升，在收入和职位上都“更上一层楼”。想要实现这个目标，她就必须要有正式的学位。可惜的是，她发现自己在这个问题上简直是进退维谷。学位学习的那些必修课和她的工作计划都有着严重的时间冲突，而她现在的收入又无法负担周围私立大学的夜校课程。她需要得到更高的工资才能为自己赢得一个更美好的前途。

她决定依靠自己的优势、工作评语和客户发来的那些表扬信阐述并证明自己的立场。虽然她想过把同事对她的评价以及她和其他同事工作表现的比较也作为证据之一，但最终还是放弃了这个想法。这些“离题万里”的信息可能会让威尔森先生处于被动的守势，并因为她故意指出同事在工作上的不足而对她感到不满。于是，她决定把重心放在那些与自己的诉求直接相关的客观事实上。不过，她还是向威尔森先生说明了自己的处境：一位有两个青春期女儿的单亲妈妈，每个周六还有一份兼职工作贴补家用。

在公司为她承担部分学费的前提下，苏珊一直在努力完成自己的学位学习；多年以来，她一直依靠稳定的奖金缴齐剩余的学费。但公司去年的财务表现不佳，给员工的工资涨幅非常小。苏珊的诉求是她不想离开公司，希望未来进入公司的管理层，但与此同时，她应该得到更大幅度的涨薪。

威尔森先生对苏珊给予了很多帮助，也很欣赏她的工作能力，但却不得不拒绝了苏珊的加薪要求，因为她的工作职责并没有实质变化，而公司的财政资源也很有限。“威尔森先生，”在被拒绝之后，苏珊问，“那您愿意陪我去人力资源部再谈谈这件事吗？”威尔森先生同意了，但人力资源部维持了威尔森先生的“裁决”——公司财政紧张而且苏珊的工作本身也没有任何变化。不过，人力资源总监在听过苏珊诉求后说，她是一名公司珍视而且不想失去的员工，所以他们可以考虑为苏珊提供弹性工作制，这样苏珊不仅可以有足够的时间完成工作，还能尽快完成学位学习，然后“学以致用”。

苏珊非常开心，最近她终于拿到了毕业证书，并凭借这个学位在公司获得了晋升，为未来的职业生涯奠定了坚实基础。

你有权这样做

有时你会感到无能为力，因为“对方当事人”——你的同事、老板、投资人、董事会——看似掌握着全部权力，但拥有为自己辩护的技巧仍能让你在解决各种职场难题时先发制人。在克林顿总统弹劾案中，我为众议院司法委员会中的民主党少数派提供法律意见。我们这一方不掌握任何真正的权力。共和党占多数，只凭借这一点，他们就掌握了整个案件的主导权。当时，共和党提议将肯尼斯·斯塔尔递交的、所有与报告有关的证据都公之于众，而民主党则强烈反对。我的“当事人”希望能抹去那些可能会对第一夫人和切尔西[①]造成不必要的伤害的内容，以及那些非必要的、会侵犯个人隐私的信息——比如莫妮卡·莱温斯基的信用卡号,以及那些可能会危害国家安全的证据，比如，白宫内部某些用于召开国家安全会议的办公室的照片或者示意图。

共和党这些“陪审员”真的很难被说服。而我的目标和主张是——说服他们认可对证据进行有条件地删减也符合他们的最大利益。我需要预估共和党会提出哪些反对意见，以及应该如何向

① 切尔西·克林顿，美国前总统比尔·克林顿的独生女儿。

他们证明完全公开斯塔尔报告的全部内容从长远来看其实也会对他们造成伤害。我指出，美国人民的确很渴望能看到这些证据，但一旦他们看过并理解了这些证据之后，就会对其中一部分内容的相关性提出质疑，尤其是那些事关美国国家安全又与弹劾本身无关的证据。我告诉共和党，到那时美国人民肯定会意识到——因为民主党会确保让大家都知道——是共和党坚持要全文公开这些信息的。

在不掌握任何谈判主导权的情况下，我成功说服了共和党，让他们认为我的主张符合他们的最大利益，而我的当事人也获得了理想的结果。那之后的几天，我们一直忙着在报告正式对外公布前，对将要公布的内容进行精心删减。

* * *

无论你的直接主管看上去多么强势、难以接近和固执己见，八步法都能帮助你成功地在职场等级森严的组织架构内追求自己真正想要的工作机会和人生经历。

现在，赶紧回去工作，这样才能制胜职场！

生活中的挑战

案件摘要：制胜职场

分步实施

第一步　什么东西会让你的工作更顺利？哪些是你需要但现在尚未拥有的？你的目标是什么？

第二步　谁能帮助你实现这个目标？找到这个人的最佳时机是什么时候？

第三步　有哪些“证据”能帮助你实现自己的目标？（示例：推荐信、工作年限、好评记录、销售业绩、获奖情况、新闻剪报。）

第四步　你准备如何开场？开场的第一句话准备说什么？

第五步　你要向陪审员提出哪些问题以提高你的说服力？

第六步　你应该如何避免变得过于情绪化、随意指责他人或者贬低别人、抬高自己？

第七步　你能否找到一段合适的故事来加强你的说服力、解释你的诉求为什么对你本人或公司至关重要，或者阐明你的某些观点？

第八步　结尾时，你应该如何进行结案陈词；以及你应该如何请求陪审员让你得偿所愿？

第 10 章

制胜商业及消费谈判

> **一定要提前谈好条件。**
>
> **——埃里克·帕特里奇①**

律师的技能可以帮助你成功应对各种商业和消费谈判：当你代表公司与客户开展谈判时，为你提供全局策略和必要支持，将责任条款成功纳入双方协议。譬如，为公司租到合适的新办公室；以公道的价格为家人添置新车；成功退掉标明“一经售出，恕不退还”的商品；和未经你同意就擅自更换汽车零配件的汽修工对质；享受最优惠的话费套餐；对不认真问诊的医生或者拒绝对你进行赔付的医疗保险公司提出质疑。

但在为你展示应该如何将八步法应用于这些场景之前，我认为你有必要先学习一些基本的合同法知识。了解常见合同中应该具备哪些基本内容，这会让你能更加得心应手地处理实际生活中的各种问题——无论你是要从易趣网上买一个和奶奶传给你的盘子能配成套的茶壶，还是想向搬家公司索要正式的书面合同。

---

① 埃里克·帕特里奇（Eric Partridge），著名英语词源学家、俚语专家。

合同中的关键条款

大部分矛盾产生的原因都在于矛盾双方对某个具体事件的预期不同。“我以为你要……”“你当时为什么不……”就是两种我们最常听到的、一方当事人预期没有得到满足时的抱怨。你肯定不希望这种类似的表述成为你和其他人沟通的一部分——无论是你要说出这些话还是要对此做出回应。当你理解了绝大多数矛盾都源于“未能满足期待”，就可以未雨绸缪，通过在面对复杂情况时，设定对方当事人的期待值，在问题出现之前预先设计出有效的解决方案。

- **要约与承诺**。不论你是要从邻居那里购买二手冰箱，还是要在易趣网上卖出一幅毕加索的画作，买卖双方对在这笔交易中卖方能提供什么、买方能得到什么达成“合意”都至关重要。更理想的做法是把买卖双方的要约和承诺都以书面的形式体现出来。
- **履行义务**。如果你想请别人为你提供某种服务或者帮助你生产、制作实体产品，那你们交易中应包含哪些产品或者服务，这些产品或者服务需要达到什么样的标准？如果你是产品或者服务的提供者，你愿意履行哪些义务？这些问题几乎是所有商业谈判的关键和核心。
- **数量**。如果交易安排中涉及可以量化的商品或者服务，那具体的数量是多少？你应该如何确认商品或者服务已经达到了双方约定的数量？

· **支付义务**。买房应该支付多少钱，何时支付？如果付款方延迟支付某笔款项或者认为收款方尚未充分履行合同义务，下一步该怎么办？如果你们双方约定的是按比例分期，或者交易涉及销售提成、版权费用或者其他类似“风险代理”的支付方式①，你应该如何确定对方支付的费用是否合理？交易双方是否有权查阅对方的公司账务？

· **时间**。卖方应该在什么时间提供商品或者服务？延迟交付是否会产生违约金？双方合同约定的消费/商业交易期限是多长时间？期限届满时，双方是否需要进行确认？

· **声明与保证**。交易双方分别做出了哪些需要承担法律责任的声明和保证？如果因对方违反了某项声明或者保障而导致你被第三方起诉，交易对方是否应该为你因此而蒙受的损失和支付的律师费作出补偿（支付全部费用）？你是否需要保证向交易对方作出这类补偿？

· **法律责任**。在本次交易中，哪些行为会构成“违约”？如果你提供、或者你收到的商品/服务出现了延迟交付、存在缺陷，或者造成了他人的人身伤害或者财产损失，应该如何解决？

· **合同终止**。你可以在什么情况下终止交易？对方可以在什么情况下终止交易？如果因违约行为而终止交易，双方必须遵守哪些要求？是否需要向对方发出书面通知？各方当事人是否有纠正违约行为的机会？

---

① 风险代理（contingency），指律师在代表当事人获得胜诉后才能收取律师费的收费方式。实际收费金额以当事人获得的赔偿款或者免予支付的赔偿金为基础，按一定比例计算。

· **争议解决**。如果你和对方出现纠纷，并且双方无法通过友好协商解决，你能否直接向法院起诉？还是应该提交仲裁？抑或可以选择调解或者专家裁判这些替代性纠纷解决机制？

◎ 现实生活中的合同

假设你打算雇油漆工帮你重新粉刷房屋，我们可以对照法律合同的基本要素，看看你和“油漆工先生”之间的交易安排是否涵盖了所有关键内容。

· **要约与承诺**。“你同意帮我粉刷房屋，我接受了你的报价，并愿意为此向你支付 3000 美元的酬劳。”把以上内容落在纸面上，你们双方会在之后的交易中受到更完善的保护。

· **履行义务**。“在粉刷房屋时，你必须选用宣伟 · 威廉姆斯牌油漆——外墙用‘葛底斯堡灰’，踢脚线用半光泽的‘中国白’。你的建议是只刷单层油漆就可以了，但如果你发现单层油漆的遮盖力度不够（无法完全遮盖现在的蓝色墙面），那就要再刷第二遍油漆。”在交易开始前，把对方必须履行的义务规定得越具体，你们之间出现矛盾的可能性就越低。

· **数量**。“你预估这次粉刷大约需要 20 加仑油漆，这些油漆的费用包含在 3000 美元的酬劳当中。如果在粉刷过程中出现油漆不够的情况，那购买额外油漆的费用应由我们双方均摊。如果在粉刷房屋外墙的过程中，发现有木板破损或者虫害痕迹，我会负责联系维修工人，维修费用由我单独承担。”在你们的交易当中，所谓的“房屋”是否包含狗舍、加盖建筑，还是仅指主体建筑？是否包括踢脚线？

· **支付义务**。“我承诺在工程开始前先通过个人支票的方式向你支付1500美元的预付款；工程结束后，支付另外1500美元。”你必须明确支付方式，以避免在实际付款时油漆工抱怨：“你应该给我现金”；或者你异想天开地表示：“我会向你支付等价期权。”

· **时间**。“如天气允许，你承诺会在15个工作日内完成房屋粉刷工作。工程将于5月5日星期一开始，并于15个工作日结束；如在粉刷过程中出现下雨或其他恶劣天气，工期应向后顺延一天或相应天数。如需对房屋外墙进行必要维修，工期也将相应顺延。”如果出现拖延工期的情况，你是否有权扣除对方的部分酬劳？

· **声明与陈述**。“你将会亲自完成所有粉刷工作，不需要外包或者雇用其他工人协助你工作。”仔细想想你希望让对方做出哪些承诺或者保证。或许你想让油漆工按照之前他为琼斯先生粉刷房屋的标准完成你家的粉刷工作？另外，在粉刷房屋的过程中，他能否接下其他工程？

· **法律责任**。“如果你未能履行合同义务，将会被视为违约，应当退还之前我支付的全部预付款。顶峰保险公司会为你提供保险，如在粉刷过程中出现财产损失或者人身伤害，保险公司会进行相应赔付。”如果油漆工先生或者你未能遵守合同条款，还会产生哪些后果？

· **交易终止**。“如果我们中的任何一方想提前终止合同，那在双方共同对以上条款进行书面修改并签字确认前，合同规定的所有义务条款仍然有效。”如果油漆工先生决定中止粉刷工作，应该由谁承担为完成剩余粉刷工作而雇用其他工人的费用?

·**争议解决**。“我们一致同意，如果发生争议而我们无法通过友好协商解决，就要把纠纷交给双方共同选定的调解人乔·史密斯确认和解方案。”那么，在发生争议和调解期间，你能否雇用其他人先完成粉刷工作?

合同可以有效防止纠纷产生。如果你们能在油漆工先生拿起油漆刷之前仔细斟酌、讨论并严格遵守各项合同条款，双方之间的合作将会更为顺利，因为大家都非常清楚对方的想法和期待。

与此类似，如果你能在实际生活中、在对其他人做出承诺之前确定以上这些基本合同内容——无论是信用卡公司还是房地产中介——就会发现很多事情会变得格外顺利和成功。利用八步法和基本的合同法、商法武装自己，你能更自信地为自己辩护，实现“逢战必胜”的目标。

假设你供职于一家专门出售意大利和比利时进口古董的小型家族企业，现在需要由你为公司寻找最合适的电信运营商。你对八步法的使用过程可以是这样的:

第一步，明确自己想要什么：你的诉求。在联系三家候选运营商之前——假设这三家公司是AT&T①、斯普林特②和MCI③——你需要先确定公司的实际需求，并以此确定自己最终

① 美国电话电报公司（AT&T），美国最大的固网电话服务供应商、第一大移动通信服务供应商。

② 斯普林特（Sprint），一家在美国、波多黎各、美属维尔京群岛运营有线通信与无线通信的控股公司。

③ MCI公司，美国第二大长途电话运营商。

想要实现的目标。你可以确定自己选择运营商的标准如下：找到一家能够及时响应、容易沟通、服务可靠的电信运营商（哪怕这家公司的服务稍贵一些都可以），而不是一家愿意给你打折，但看上去似乎缺乏诚信、拐弯抹角的公司——这种公司可能会强迫你签订长期协议，最终你反而会花更多的钱。

第二步，选择并评估陪审员：陪审员遴选。在和三家候选公司沟通时，你需要确定和你沟通的人经验丰富而且有权对你提出的要求和你的"案件主张"做出有实际意义的答复。也就是说，如果你告诉 AT&T 的销售代表，你的公司需要经常拨打国际长途，并询问他针对这种情况推荐哪种套餐，而他回答："嗯，我可以把我们的国际长途的收费标准发给您，不过我们其实只有一种套餐。"你就应该立刻要求和他的上级主管或者专门负责国际长途业务的销售代表沟通。与此类似，如果你告诉 MCI 的销售代表你想要"与运营商建立长期合作关系，由运营商设置专人负责直接、优先与你的公司沟通"，而销售代表却说自己没有直线电话，然后让你"稍等 5 分钟"，那你可能就要考虑选择其他运营商，或者要求和一位既能负责又愿意沟通的销售代表通话。

第三步，组织证据：证据开示。与电话推销公司不同，在给这三家候选运营商打电话之前，你应该提前对他们各自的收费标准、服务项目、标准合同条款以及如果你对服务不满意而终止合作的后果进行"证据开示"。你可以通过三家公司的现有客户和行业协会了解这三家竞争对手的服务质量；也可以通过向与你所在公司的体量相当、需求类似的其他企业了解他们被服务的实际体验以及他们签订的服务协议有哪些具体条款。你可以向三家运营商索取标准合同，仔细研究其中的条款，与同事或者你信任的同行探讨应该删减、修改哪些内容，以及在双方谈判过程中应该规避哪些“红鲱鱼”。

第四步，自信地辩护：证明你的观点。假设你了解到，大部分标准合同的关键条款（费率、计费方式、逾期支付的罚款、合同期限、合同终止事由和维修服务）都规定“运营商有权每季度修改通话费率——而且不需要提前通知你！”那么，当你在阐述诉求时，就可以这样说：“我已经看过你们发来的合同了，也看过你们的竞争对手为我们提供的标准合同了。因此，我需要确定在我们最终签字的合同中，你们能对我和我的公司做出承诺，如果你们要修改通话费率，必须提前向我发出书面通知，而我们有权以此为由终止与你们的合作关系。另外，我还需要在合同中约定：如果你们未来降低了通话费率，我们有权在适用范围内享受更优惠的新费率。在开始具体谈判之前，我想先确定你们能否考虑做出这些承诺……”细致的证据开示工作和明确的谈判目标会让你充满自信，能够有条不紊、冷静地说明自己的需求。

第五步，提出反诉：交叉询问。如果电话对面的销售代表说，“嗯，我们通常不会满足这些特殊要求”，那就到了你要好好利用交叉询问技巧的时候了。你可以说：“但据我所知，林奇菲尔德古董进口公司上周刚刚和你们签订了服务协议，你们承诺他们将会始终享受你们能提供的最低费率。同时，你们会按季度通过电子邮件告知他们费率是否发生了变化。也就是说，你们完全可以为我们这样的小型进口企业提供这类服务，难道不是吗？”或者，你也可以说：“你之前不是说过你们的价格比任何其他运营商都更有竞争力吗？那你们就不应该只在签订合同的时候履行自己的承诺，而是应该在与我们合作的过程中始终如一地做到自己承诺的事，你同意吗？”

第六步，坚持自己的主张：避免七种致命的花言巧语。通过证据开示（根据你的尽职调查），你可能会发现绝大多数运营商都对国内长途话费设置了统一的收费标准，价格为 6~8 美分/分钟。通过深入研究，你发现有一家运营商把价格定在 5 美分/分钟，不过这家公司的服务质量很不稳定，而且可能快要破产了。假设斯普林特的销售代表告诉你：“对贵公司的所有国内长途通话，我们可以给出的收费标准是 8 美分/分钟，”你可能很想这样说，“哦，拜托！其他运营商都只收 5 美分！”这种错误的推断很有可能会产生“反作用”——销售代表会立刻洞穿你的真实意图。你完全可以这样说，“为什么？虽然 8 美分这个价格听上去也算合理，但我也了解过其他运营商的收费标准，按照我的理解，至少有几家运营商可以给到 6 美分/分钟。你们最近有可能把价格调低吗？因为你们的服务记录非常好，我还是想优先考虑和你们合作。”如果你能有效利用手中掌握的真实信息，而不是凭借错误的推断阐述自己的观点——或者威胁恐吓销售代表，才有可能给双方谈判留下更多空间。

第七步，用心讲述：让我给你讲一个故事。即便是在严肃枯燥的商业交锋中，讲故事也仍然是非常有效的沟通策略。你可以这样告诉对面那位气势汹汹的销售代表，“我可以给你解释一下为什么你们的维修政策对我们公司至关重要。我们这些销售欧洲古董的公司要和那些在美国有库存的商家直接竞争，也就是说，我们需要依赖互联网上的照片为客户展示那些他们考虑购入的东西。有一次，我有一位客人想要入手一个英格兰的老式挂钟，但那天我们店里的网络坏了一整天，导致根本没有办法向这位客人展示任何实物照片。那天我们当然是什么也没卖出去——还丢掉了一位潜在顾客。我不希望同样的事情再次发生。”在阐述完那些“硬邦邦”的客观事实之后，通过一个这样的故事，你能让对方设身处地地了解你的诉求并尊重你的想法。

第八步，概括总结：结案陈词。通过第一步到第七步，你会惊讶地发现自己居然可以如此简洁有力地做出总结：“你看，我们希望能享受到你们最为优惠的费率报价，而且不仅仅是现在，而是在我们合作的过程中自始至终地享有最优惠的费率。一旦发现我们多付了钱，就应该有权终止双方的合作。另外，我们需要有客服全天接听电话、帮助我们迅速有效地解决问题，让我们不会因为网络和电话故障而丢掉任何业务机会。如果贵公司能做到以上这些，我们想详细地了解一下你们的服务以及你们能给我们提供的最优方案。”在结案陈词中，除了重申诉求和主张之外，你还要重新梳理那些对你有利的关键证据（“我们会‘货比三家’，斯普林特之前就承诺过可以满足我们的这些要求。”）；提醒决策者不要忘了那个能让你们产生共鸣的故事（“我真的很想卖出更多英国老式挂钟!”）；清晰、明确地说出自己想要的结果（“除网络服务外，我们希望最终确定的通话费率是跨州长途不高于7美分/分钟，美国与欧洲之间国际长途不高于14美分/分钟；我们希望获得在必要时单方终止合同的权利；并能在书面合同中写明‘任何网络故障问题都应在报修当天解决’。”）。

八步法的作用

在消费谈判中，你需要通过明知故问的方式控制自己的证人。在提出问题之前，你应该明确地知道证人会如何回答这个问题，并且尽可能地为证人设计封闭式的“选择题”而不是开放式问题。如果你能通过证据开示精准地掌握全部相关信息，就会非常肯定哪位证人可以提供哪些信息——然后你可以从这些证人的证词中提取出对你有利的因素。

◎ 租车

我的朋友乔住在纽约，最近他从富田租车[①]预租了一辆车，并在电话中确认了租金价格。但当他深夜抵达芝加哥奥黑尔机场取车时，租车的费用却比之前在电话中价格要高得多。

返回曼哈顿之后，为了证明自己的主张，乔完整地记录了事情的经过，包括谁、何时、何地、发生了什么。他特别留意了当时在电话中为他提供了最初报价的那位销售代表以及芝加哥机场客服的名字。他先打电话问出了这两位员工在富田租车的工作年限。当他再次打电话与全美客户关系经理讨论这件事时，那位经理告诉他：“很抱歉，之前通过电话和您沟通的那位销售代表刚上岗，她可能不知道我们已经不对芝加哥机场的订单提供折扣了。”

---

① 富田租车（Thrifty Car Rental），美国三大租车公司之一。

乔抓住机会，马上反问："你说的是怀特女士吗？"

"是的。"经理说。

"怀特女士已经在富田租车工作七年多了，不是吗？"

"嗯，她确实已经在公司工作了一段时间了，现在我想起来了。"经理带着明显的尴尬语气承认了乔说的事实。乔还没问完自己为交叉询问准备好的问题，这位客户关系经理就主动提出为乔全额退款并附赠一张周末租车免单券。

◎ 飞行常客

德温想在结婚十周年纪念日给妻子莫妮卡一个惊喜。他做好了计划，在纪念日前三个月就在当年蜜月旅行时住过的圣卢西亚酒店订好了房间。因为知道必须尽量节省开销，德温想用自己出差积累的飞行里程兑换两张机票，但在和态度恶劣的航空公司电话订票客服帕蒂初步沟通之后，德温意识到这位客服根本就不想帮助他。

"也就是说，"他问，"我的理解是整个三月都没有一张能用里程兑换的前往圣卢西亚的机票？"

"对，先生，"帕蒂说，"因为能用里程兑换的机票数量有限，而且从实际飞行日期起算，前十一个月我们就开始接受里程兑换了。"

德温找错了陪审员。于是，他没有继续和帕蒂争论或者要求她的主管接电话，而只是说，"哦，那谢谢了。"然后就挂断了电话。他需要做好准备工作。在收集好证据之后，他又给航空公司打了一次电话，专门选择了晚上而不是下午的时间。

“嗨，”他很愉快地对接听电话的订票客服丽兹说，“我需要你的帮助。”

“我会尽力的，先生。”

“我想用里程为我和我太太兑换两张三月飞往圣卢西亚岛的机票，”他一开始就说明了自己的诉求，“你应该可以看到我的账户，我经常出差，所以积累了很多里程。”

“是的，的确不少，”丽兹说，“事实上，您积累的里程足够往返圣卢西亚好多次了！”

“不过，我今天上午打电话的时候被告知三月所有能用里程兑换的去往圣卢西亚的机票都已经被订光了……整个三月都没有票了。”

丽兹查了查德温计划出行的日期，3 月 4 日以及此前和此后的两周，然后和帕蒂得出了相同的结论：没有可以用里程兑换的机票了。“这太令人失望了，”德温说，然后讲述了自己的故事，“这次旅行是为了我们结婚十周年的纪念日，为了能给我太太制造惊喜，我花光了存款，在我们当年蜜月旅行时住过的那家酒店订好了房间。我觉得我无法负担两张往返机票的费用了。”

“结婚十周年纪念日？”丽兹问道，“如果是这样，那不能使用这些里程兑换机票就太遗憾了。看起来没有机票的似乎是从圣胡安出发的转机航班。所有人都想搭乘下午一点半的飞机从圣胡安飞往圣卢西亚。”

“我在你们的网站上查过了，这班飞机至少有一半以上的座位还没卖出去，”德温使用了他之前收集的证据。“航空公司会在什么时间放出这些座位呢？”

“先生，”丽兹问，“您介意给我一分钟时间吗，我看看其他航班上有没有座位?”

当丽兹再次接通电话时，她帮德温找到了一个解决方案。“嗯，”她说，“从圣胡安出发的还有一架早班机，刚才我的系统中没有显示这个航班是因为如果要想搭乘这班飞机，你们就必须提前一天飞到圣胡安。如果我是你的话，与其花1600美元买两张机票，倒不如提前飞到圣胡安，去圣胡安老城逛逛，在漂亮的酒店住一晚，然后搭乘早班机离开。这可以让你们提前减压，为真正的重温蜜月之旅做好准备。我们今天还有优惠活动，兑换机票时您还能节省5000英里，或许您可以用这些里程在圣胡安选择一家我们的合作酒店兑换一晚住宿。”

德温“胜诉”了，因为他知道自己想要什么；及时发觉第一位“陪审员”并不打算帮助他；收集了对自己有利的证据；阐明了自己的诉求；讲了一段能够引起共鸣的故事；没有发火、没有指责客服、没有过于情绪化；并且明确要求陪审员作出对他有利的“裁决”。他说这趟十周年纪念日之旅比蜜月之旅还要精彩。

◎ 汽车经销商

除了房子，汽车可能是你买过的最贵的商品了。可惜，如果你买车的时候“搞砸了”，就会发现这件事甚至比看牙还要痛苦。

我的朋友安和格雷格就从上次的买车经历中吸取了教训。那天，他们走进一家大众加州经销商的门店，然后大声说：“我们要买一辆新车。我们很喜欢外面展厅的那辆白色高尔夫。那辆车多少钱?”听到价格之后，他们马上说：“好的，我们买了。”“如果这辆旧车交给你们处理，能折算多少钱?”尽管他们很喜欢自己的新车，但却并不喜欢这次买车的经历，尤其是当他们发现隔壁邻居以低于他们2000美元的价格从同一家经销商那里买到了同一款车之后。在这次买车的过程中，他们没有使用八步法。不过，当他们再次购入新车——一辆本田元素[①]时，他们熟练地运用了这些技巧。

在去找经销商前，安在网上仔细阅读了这款车性能的介绍。通过edmunds. com和automotive. com[②]两家网站，她在附近找到了四家愿意通过竞价售车的经销商，并通过电子邮件拿到了正式报价。格雷格从carreview. com、epinions. com和forbes. com这些网站上找到了对这款汽车的详细测评。掌握了这些信息之后，他们预约了试驾。

为了拿到正式报价，安已经向经销商提供了自己的姓名和个人信息，因此他们决定由格雷格负责与提供试驾的经销商沟通。在第一家车行时（距离他们最近的一家），他们在试驾前耐心地听完了销售对这款车的详细介绍。在收集证据的过程中，格雷格发现通过和这些汽车销售沟通，可以更进一步了解一家经销商——你买了车并把它从停车场开走之后，经销商的工作人员会如何对待你。他还根据网上的建议，走到了售后服务部，问了问那些顾客是如何找到这家经销商的。

在试驾时，安和格雷格悄悄讨论了他们的诉求。他们决定自

① 本田元素（Honda Element），本田公司专门为美国市场设计的一款SUV。

② edmunds. com和automotive. com，针对美国市场的汽车销售与资讯服务的网站。

己的主张不是“我们要买这辆车”而是“这辆车确实不错。我们想以最优惠的价格买到它”。

回到销售部，他们发现经销商的报价比他们之前通过网络拿到的最低报价高出了3000美元。

“好，”格雷格说，“谢谢你让我们试驾，我们再到周围看看。”

汽车销售叫住了他们。“我们这里的价格是全州最低的了。”他大言不惭地说。

格雷格开始了他准备好的交叉询问。

格雷格：哦，是吗？比汉迪兄弟还低吗？

销售：是的。

格雷格：比吉姆·约翰逊本田还低？

销售：那肯定。

格雷格：你能保证你的报价比他们都低吗？

销售：当然。

格雷格：那如果不是呢？

销售：如果他们的报价比我低，我就给你250美元现金。

格雷格拿出了书面报价，包括他现在所在的这家经销商门店的报价，他在网上得到的报价比这位销售刚刚给出“最低优惠价格”要低1900美元。销售扫了一眼全部报价，然后说：“请稍等，我得去和经理沟通一下。”他回来的时候，很得意地说：“我们可以给到这个价格。”

格雷格马上追问：“那你们提供无息贷款吗？”

“不，”汽车销售说，“我们的最低利率是3.9%。”

“那好吧，”格雷格说，“现在，我能拿回那250美元了吗？约翰逊和你们的报价一样，但是他们能提供无息贷款。”

“请稍等，”汽车销售说，然后又去“找经理沟通”了。

他再次回来的时候，为格雷格带来了“胜诉裁决”。安和格雷格大获全胜，凭借充分的事前准备、详细而完善的“庭审”规划以及冷静、自信、有条理地沟通，他们以全州最低的价格买到了理想的新车。

好好说话

没人想要把喜欢咆哮的狗当作自己的宠物。在消费及商业谈判中，以非对抗式的方式阐明自己主张——一种被我称为“温柔杀手”的方式——将会有利于你实现自己的诉求。耐心和善意才能让你走得更远。

有一次，我的朋友瑞克被航空公司从乘客名单中“踢掉了”，他决定让自己成为为数不多的、在发现自己“被踢”之后不在登机口大声咆哮的乘客。他静下心来梳理了事实，并明确了自己的诉求。当轮到他时，他很和善地对窗口服务人员说：“我是医生，今晚我必须赶到医院的急诊室值夜班。你能帮帮我吗？”瑞克顺利地登上了下一班飞机——而且被升到了头等舱。

你需要时刻提醒自己，对面和你沟通的也不过就是一个普通的“人”。每个人都有自己的喜怒哀乐，所以你应该学会换位思考，想想如果你处在对方的位置会作何反应。

实践出真知

你可以在消费和商业谈判中“试驾”自己的八步法技巧，结果可能会让你喜出望外。通过实际使用这些技巧，你会发现有效的辩护并不需要“欺凌打压”对方——而是尽可能地用积极的方法获得自己想要的结果。通过清晰地表达自己的诉求、简明扼要地阐明你的想法、直接提出证据、冷静应对“对方当事人”的异议，最重要的是给予对方充分尊重而不是威胁恐吓，你将会“大步流星”地接近自己的目标。

要想在消费谈判中获得胜诉，就必须做好充分准备，不打无准备之仗。事实上，在为自己争取权益时，最大的错误就是准备不足。在没有准备的情况下，要求商家全额退款或者说服电话公司取消对你的隐性收费，就像手无寸铁地走入战场。面对对方的抵赖或者反驳，你有什么应对之策？你可以被动防守，却无法主动进攻。人在被动防守的过程中，就会容易变得情绪化、过于激动。无数事实告诉我们：人在心烦意乱的时候根本没有说服别人的能力。

底线中的底线：不使用八步法，你肯定无法为自己争取到最理想的结果。

生活中的挑战

摘要：制胜商业及消费谈判

一些可以参考的开场白

- “在这件事情上取得积极结果对我来说非常重要，因为……”
- “你在处理这件事情上有决策权吗？”
- “根据我在这份医疗保险合同中看到的内容……”
- “先生，这不是重点。关于你说的这个问题我刚才已经澄清了。现在的问题是……”
- “谢谢，我一直在听自助语音服务系统的菜单——终于能和真人沟通了……”
- “那我给你讲一个小故事，这样你就能知道我为什么要……”
- “我觉得自己非常失败，你能帮助我吗？”
- “我和很多其他用户沟通过了，显然他们刚从你这里得到了更优惠的价格。你能为我也……”

男士们，请注意：

请直接翻到第十二章！

第十一章是专为女士们准备的秘密武器！

第 11 章
女性的声音

你们休想！我就待在这里，哪儿都不去。想让我离开这里，那你们恐怕要把警察、消防队和国民警卫队都找来才行！

——莎莉·菲尔德，电影《诺玛蕾》女主角①

其实，《平等权利修宪法案》从未被正式通过，这意味着：女士们，我们要像艾瑞莎·富兰克林在歌中唱的那样，不得不“为自己而战”了。

还记得艾琳·布劳科维奇吗？就是那位离过两次婚、带着三个孩子，一无所有却凭借一己之力与太平洋煤气电力公司相抗衡，最终拿到3.33亿美元巨额赔偿的律师助理——这也是美国有史以来直接起诉案件中获赔金额最高的案件。在收集证据的过程中，她需要复印水务委员会某些水质记录，当她离开办公室去完成这个任务时，她的老板问：“你凭什么认为自己可以就这样径直走进去然后找出我们需要的那些资料？”

---

① 《诺玛蕾》（*Norma Rae*），一部美国电影，主要讲述了饱受资本家剥削的女工诺玛在总工会派来的组织者的帮助和影响下，最终在工厂成立了第一个工会的故事。

她马上回答，“它们叫作胸部，埃德。”

的确，性别特征一直就是女性实现目标的可靠手段之一。我们会忽闪着睫毛、露出“事业线”、嘟起红唇、扭动臀部。为什么我们会这样做？是因为其实男性才是弱势群体，而且他们真的无法抗拒来自女性的巨大诱惑？还是因为我们自己一直在不自觉地使用性别特征作为重要武器？

埃莉诺·罗斯福①曾经通过她在报纸上开设的专栏《我的生活》分享自己的女性观点。自1936年至1962年，每周六天，她都会通过文章表达自己对社会和政治议题的观点、对现实和历史事件的感受、她作为公众人物的生活以及她的私人生活。在1939年的一篇文章中，她谈到了“女人的小聪明”这个话题。当时，她收到了一篇给某男性杂志的投稿，S. N. 史蒂文斯博士在这篇文章中说：“女性通常会喜欢凭直觉而不是凭实际经验行事。换言之，在审时度势的过程中，女性更喜欢依靠直觉和灵感，而不是梳理客观事实。我还从没见过有任何女性会在困境中选择不利用自己的女性优势。”

在针对这段话的第二部分进行讨论时，罗斯福夫人也同意：有些女性的确会利用自己的女性魅力“诱捕”男性，但都不会在职场上走太远，因为她们会逐渐把利用女性魅力当成自己真正的工作。罗斯福夫人认为女性的确应该训练自己遇事先梳理事实、评估各方因素的行事方式，再加上天生的直觉，女性自然会拥有

① 埃莉诺·罗斯福（Eleanor Roosevelt），美国总统富兰克林·罗斯福的夫人。

明显超过男性的巨大优势。她还补充说："女性可能会在紧要关头利用'女性的小聪明'去解决问题，但这并不能说明她在利用'身为女性'这个事实。她可能只是在完成本职工作，而她的工作内容可能就恰恰就是管理男性，同时还不能让他们意识到自己正在被女性管理。"

除了"女人的小聪明"之外，我们还有哪些能力？我们有敏锐的直觉，有强大的同情心，有非常不错的沟通能力。但当我们需要为自己而战时，周围的社会期望和根深蒂固的环境经常会让我们不得不同时踩下刹车和油门。社会告诉我们必须要坚定但不能激进，要知世故而不世故，要有女性的温柔但不能过于软弱；要言谈得体但不能过于温和。

我们在家庭、职场、在作为消费者时的地位已经获得了巨大提升，但仍然要面对某些专门针对女性的独特挑战——从不被重视到因为直抒胸臆而被人厌恶，不胜枚举。作为检察官，我每天都要和那些大男子主义的联邦探员共事，他们中的很多人并不喜欢向女性汇报工作或者成为女性的下属。我曾经遇到一名非常暴躁，并且一直在抗拒我的权威的男性联邦探员。我利用了自己的幽默感让他放下了成见：我告诉这名探员，我既不会做饭也不会缝纫，但我能在法庭上拿出最出色的表现完成自己的工作。在我们合作的案件胜诉之后，这位探员给我送了一枚金色的徽章，上面写着："不会做饭。不会缝纫。绝对擅长诉讼"。

性别会被不可避免地视为"你"的一部分。每当我走进法庭的时候，都能清晰地感受到别人的目光，我承认有时我也会利用自己的性别优势。我曾经在诉讼中碰到了一位脾气不好又很爱抱怨的法官，他会严厉地训斥所有律师，包括我在内。我知道他女儿怀孕了，幸运的是，我当时也已经怀孕四个多月了。因此，在后面几天的庭审中，我首次启用了我的那些孕妇装。当我第一次穿着像帐篷一样宽大的孕妇装出现法庭上时，那位法官居然会在休庭期间询问我的身体状况，并建议我到他的办公室稍作休息。

找到你的声音

就像我在本书前言中提到的，在面对生活中的挑战时，我们通常会采取四种不同的处理方式；现在既然男士们不在场，那我们可以借此机会重新审视这四种方式，以探究我们到底应该如何利用八步法找到“温柔而坚定”的女性力量。

◎ 解决生活难题的四种方式

1. 对问题视而不见，希望它们自动消失。作为女性，我们经常会对自己遇到的各种难题视而不见，选择花更多精力去照顾别人。孩子需要我们。丈夫需要我们。年迈的父母需要我们。家长委员会需要我们。工作需要我们。家庭需要我们。面对这些需求，我们怎么会有时间解决自己的危机呢？

2. 把问题推给别人。一旦遇到真正的危机，我们会期望自己的丈夫、同事、父母、朋友变成身披闪亮铠甲的勇猛骑士来拯救陷入困境的可怜少女。我们都是路易斯·莱恩①，需要属于各自

---

① 路易斯·莱恩（Lois Lane），超人的女友。

的超人。我们会指望别人前来搭救，把我们拉出深渊，然后肯定地说："没事的，一切都会过去的。"

3. 不理智地解决问题。我们会变得极为情绪化；我们会喊；我们会哭；我们会口是心非地说一些自己根本不想说的话。这样能解决问题吗？基本不能。就算最后我们通过这种情绪化的表达方式解决了问题，也已经用实际行动表明了"我很软弱"。

4. 直面问题。八步法为我们提供了一种既能安抚对方、又让自己感到放松的方式表达观点，让我们能够站在女性特有的角度、运用某些具体策略解决问题，同时又能够更为自信地进行自我表达，不断提高辩护技巧，向外传递正能量。使用八步法，使我们能够经过认真思考、有逻辑地解决生活中的难题，凭借充分准备，赢得理想的结果——对于我们自己以及那些我们关心的人都更为有利的结果。

我可以想象，你可能会经常用前三种方式解决自己遇到的各种问题。和你差不多，我以前也很喜欢运用这些所谓的"技巧"，但很少成功。（即便取得了短暂的胜利可能也要付出巨大的长期代价。）但当我能正视问题并把那些我作为律师学到的庭审技巧运用到实际生活中，去解决生活难题时，我发现自己可以和在法庭上一样成功。

接下来，我们通过实例看看究竟应该如何运用八步法克服周遭不利的环境，真正为自己发声。

◎ 不那么可爱的爱称

身为女性，我们不可能一发现有男性的目光落在我们身体上的某些部位，就立刻跳起来高声尖叫。（若真如此，我们恐怕会整天不停地尖叫！）但在有些情况下，我们必须采取某些适当措施，因为保持沉默或者“不作为”的代价太大了。

在一起公诉案件当中，我的搭档是像慈父一样的优秀诉讼律师肯，他在法庭上的表现非常出色，但对于某些细节问题似乎不怎么敏感。预审程序第一天的清早，肯不停地称法庭书记员（一位女性）“亲爱的”“宝贝”，对我的称呼是“甜心”“糖果”。很快，我发现法庭书记员对肯的称呼有些恼火，而且我不用多想都知道肯的这些称呼会激怒陪审团中的女性——对我们的案件将会极为不利。

为此，我确定了自己的主张：在不伤害友谊的情况下，温和地对我的搭档进行批评教育，并获得胜诉。我完全不认为肯是想要刻意贬低或者伤害女性。事实上，我非常肯定他根本没有意识到这种称谓会冒犯女性。因此，在我们为接下来的庭审做准备时，我也顺便收集了证据，把他称呼我以及办公室其他女性为“美丽的姑娘”的次数记下来，并将连续多天的记录形成了一份正式的书面报告。

我深思熟虑地选择了一个和他沟通的时间——我们每天上午都会出去喝咖啡，这样我们就会离开办公室，而肯在这段时间也会精力充沛而且十分放松。我也预估了他可能会出现的反应，猜想他可能会说“但我根本没有恶意”或者“这只是我表达友好的一种方式而已”。

就在我们边喝咖啡边讨论案情时，我很平和地问他：“肯，我能和你说件事吗？”

“当然，”他说，“怎么了？”

“我和你提起这件事是因为这对这起案件有好处。”

“太好了。”

“我发现你会经常以你认为友好的方式称呼女性，但在我们听来这种称呼很刺耳，好像你有一种莫名的优越感。被称为‘甜心’或者‘亲爱的’会让有些女性感到尴尬。”我拿出事先准备好的“证据”——那份书面报告——但并没有直接递给他，而是简单地给他念了念那些他使用过的此类称谓以及他使用这些称谓的场合。“我并不觉得尴尬，那是因为我们是朋友，但我担心的是你的这种称呼方式可能会让那些女性陪审员作出对我们不利的判断。”

“但这只是我表达善意的方式。”他说。

他的回答完全在我意料之中，所以我准备了一段很有说服力的结案陈词。“我知道，肯，”我边说边报以安慰的微笑，“但想想你的两个女儿。你真的希望有比她们的年龄大很多的男性称她们‘亲爱的’或者‘宝贝’吗？即便这位男性只是在表达善意？”

肯立刻戒掉了这个坏毛病。那是我最后一次听到他称不是自己妻子的女人为“亲爱的”。几个月后的一天，肯到我的办公室，说他想对我说声感谢，因为是我让他意识到自己的某些无心之失可能会伤害别人，同时也很感激我没有采取“报复式”的沟通方法伤害或者威胁他作出改变。他认为自己的法庭表现似乎也有进步，而这应该归功于那些女性陪审员对他更有好感了。

◎ 同工同酬

女权主义团体认为所有男性可以做的工作，女性也同样可以胜任。在某种程度上，我对此表示认同。我认为女性有权从事任何工作，只不过也必须要承认有些工作我们就是做不了。比如，消防部门曾经对“是否应该为了让更多女性可以加入消防队而降低对消防员身体素质的要求”这个问题开展过一场旷日持久的讨论。但一名体重200磅①、被困在剧烈燃烧的大楼中的男性并不会因为赶来救援的是女性消防员就能瞬间减重。他仍然会是一名体重200磅、在火场中等待救援的男性。

不过，我确实认为我们应该更为积极地争取真正意义上的“同工同酬”。我也的确曾经在遭遇“同工不同酬”的不公正待遇时，利用八步法对我任教的大学提出质疑。

作为华盛顿州立大学法学院的教授，我当时还在学院兼任庭审辩护项目的负责人，这是法学院学生参与人数最多的项目之一。在担任该项目负责人之后不久，我就发现自己的工资比另一个小项目的负责人还要低5000美元，而另外这个项目的负责人刚好是男教授。这种不公正的待遇彻底激怒了我，但我必须先冷静下来想想该怎么做。

在这件事情上，我认为自己的案件主张不仅应该聚焦于收入不平等问题——一位经验更少、负责的项目更小的男性比我的工资还要高，还应该提及很多法学院的女同学把我视为她们学习的

① 200磅约等于90公斤。

榜样，因此心平气和地接受与自己工作内容完全相同的男同事的工资比我高出5000美元这件事会让我良心不安。事实上，当时我都想直接辞职了。

我又做了一些深入的调查研究，发现这种薪酬差距确实存在(我最初掌握的只是一些传闻证据)。我收集的证据包括我实际的工资数额、我与学院当中其他项目负责人之间的经验比较（我的经验更丰富）以及工作量的比较（我的项目学生人数更多）。我梳理了手中的全部证据，从开庭陈述到结案陈词反复练习了“演讲”内容。然后，我先找到了法学院院长——本案中的陪审员——我认为他是一个秉公办事而且不愿被卷入院系内部斗争的人。

他认真倾听了我的诉求和主张，当我提到这件事的实质是“同工同酬”时，他微微点了点头；在听到我说继续从事这份无法实现自我价值的工作会让我良心不安时，也适时地表现出了吃惊的神情。听完我的结案陈词之后，他说其实教授的工资全都由学校的教务长决定，不容他人置喙。于是，我决定上诉。“您愿意和我一起去找教务长吗?”我问。他表示愿意。

在教务长那里，我再次阐述了自己的主张，展示了我收集到的有关薪酬差距以及与其他项目负责人之间的经验比较，还出示了能说明不同项目注册学生人数的花名册。最后，我以自己的经历进行了总结，以此说明我在做律师的时候学到的——也是我在法学院想要教给学生们的——追求公平的重要性。我不能冠冕堂皇地去教育学生——特别是那些有志成为女律师的学生——如果我自己都不能为自己寻求正义的话。听过我的结案陈词之后，教务长同意给我加薪5000美元，让我能够在工资上和其他同事“平起平坐”。

◎ 关于身体

生活中那些看似微不足道的事情往往是我们进行自我表达的好机会，并能为我们的生活带来巨大的积极影响。事实上，有些时候，那些最需要你为之辩护的东西恰恰是你在日常生活中习以为常的小事。记得《豌豆公主》的故事吗？公主会因为20层床垫下面的一粒小小的豌豆而感到不适、彻夜难眠。如果某些事情让你感到十分困扰，你就应该明确自己的立场并直接表达出自己的想法。当然，在这个过程中，你需要保持冷静而不要过于情绪化。

希瑟是一位二十多岁的年轻女性。不久之前，她母亲罹患脑癌过世了。母亲的长期病痛和去世让希瑟陷入了巨大的悲痛中，而由于沉重的精神压力和身体问题，希瑟每天都会头疼。她决定去找自己的医生说说自己的这些症状，希望他能开些处方药帮助她缓解疼痛。

和很多女性一样，希瑟很不喜欢每次去看病的时候都要跟着护士穿过医院大厅，然后按照她的要求站上体重秤。她不喜欢这种做法，甚至有些痛恨它，因为在她看来这件事的唯一目的就是残忍地提醒她去面对一些她根本不想面对的事情——她的体型，以及每次面对自己的体重时都会出现的“自我厌恶”。她还发现医院的体重秤根本不准，每次都会给她多称重10磅，这让希瑟更加痛苦。

多年以来，希瑟对这种看病之前要先称体重的做法一直很有意见，但每次来看病时，她还是会不自觉地按照护士的要求老老实实地站上体重秤。每次穿着一次性病号服站在那里看护士记下自己的体重时，希瑟都感觉自己像“一头等待拍卖的猪”。但就像大部分人一样，希瑟根本没想过自己在这件事上能有选择的权力。她从来没有质疑过“称完体重才能看病”这种做法的合理性，所以才会“屈从于”护士的要求。

不过，母亲的去世让她得以从一个新的角度审视自己生活中发生的很多事情。在这次看病前，她觉得自己真的受够了。当她按照预约时间来到医院，而护士像往常一样要求她去称重时，她几乎紧张到要放弃自己的计划，走上体重秤了。不过，一想到自己的“主张”，希瑟又变得勇敢起来。

“你知道吗?”希瑟边说边在体重秤前站住，然后坚定地看着护士的眼睛，“我不想站上去。”

“我需要知道你的体重，”护士回答，“我要做记录。”

希瑟微笑着表明了自己的主张：“你今天并不需要记录我的体重。”

“我要知道你的体重，这样你的病历信息才是完整的，”护士指着手里写着希瑟名字的表格说，“看，我需要在这个空白处填上你的体重。”

护士的反应完全在希瑟的意料之中，她为此做好了准备。“真的有必要吗?”她微笑地看着护士，“我到医院的原因和我的体重没有任何关系，而且我并不想被称体重。如果这个地方一直空着会有什么后果呢?”

护士开始笑了起来。“你知道吗，”她说，“你说得对，真的没必要给你称体重，你今天完全可以不称体重。至于后果，这个地方会一直空到你下次来的时候，仅此而已。”

希瑟和护士相视而笑。当她们再次走过就诊大厅时，护士说：“我很好奇为什么其他女患者从来没有这样做过。”

希瑟顺利地完成了接下来的就诊流程——回答医生的提问、让医生检查瞳孔、测心率，还做了其他检查以确定引起她头疼的病因。医生判断希瑟的头疼是由于压力过大引发的，并不是脑癌的症状。在医生给她写抗抑郁类的药物处方时，她拒绝了医生的建议。“你知道吗，”她告诉医生，“我现在感觉轻松多了。”护士听到她这么说，低头笑了。“只要你不认为我得了脑癌，我想我会没事的。”

◎ 维护和平

有些时候，阐述观点不会以向对方“摆事实、讲道理”然后说明你的诉求和想法这种方式表现出来。只要能采取冷静、开放、直接的沟通方式，就能缓解因为谎言、误解和误会引发的危机。在大多数情况下，如果你被骗了或者有人对你撒谎，这些谎言的根源可能都在于对方（“说谎者”）的内心对你或者对他自己缺乏安全感。

海蒂有一个大她几岁的哥哥贾斯汀，他们兄妹的关系非常亲近。贾斯汀最近刚和之前的女友分手了，分手之前他的女友几乎已经要成为他们家的一员了。与前女友分手后不久，贾斯汀立刻就开始和丽萨正式约会了。可惜，丽萨非常难相处，完全不愿意认识贾斯汀的家人。事实上，她似乎还想让贾斯汀完全断绝与家人的往来。

她会对贾斯汀说谎，编造自己与贾斯汀家庭成员的互动情况，说每次她给贾斯汀家打电话找贾斯汀时，他的家人都是恶声恶气。贾斯汀当然感觉自己应该保护新女友，于是就对家人横加指责。丽萨三番五次地告诉贾斯汀，说他的家人经常在背后议论自己，而且对她非常冷漠。

贾斯汀暴跳如雷地跑去质问海蒂和其他家庭成员。面对贾斯汀的指责，海蒂觉得非常委屈，并且进行了激烈的自我辩护，因为她自认对丽萨一直很友善，所以很讨厌面对这种莫须有的指责。

海蒂被丽萨撒谎的举动激怒了，而且她也非常想弄清楚她到底为什么要这么做。海蒂意识到丽萨的本意是要激怒贾斯汀的家人，让他们和贾斯汀的关系出现裂痕。

海蒂还意识到，在目前这种情况下无论是防守反击、怒火中烧还是视而不见，都会给她本人、贾斯汀和他们的家庭带来不利影响——因为这几种做法都只会让矛盾继续存在，并最终导致贾斯汀和家人渐行渐远。为此，她做出了一个艰难的决定。海蒂要求和贾斯汀以及他的女友丽萨坐下来一起好好谈谈丽萨指控的那些“不友好的举动”。贾斯汀的第一反应是海蒂单独和丽萨谈谈就可以了，但海蒂非常清楚，单独沟通根本不可能取得她想要的结果。因为丽萨一定会把她们的谈话内容按照对她有利的方式转述给贾斯汀。她会向贾斯汀控诉，说海蒂在谈话的过程中“很刻薄”“很不友好”。此外，单独沟通也无法实现海蒂的真正目标——她的主张——解决因为丽萨的错误指责而引发的家庭矛盾。海蒂希望双方沟通时贾斯汀也能在场。最后，所有人都坐了下来。

对海蒂而言这是一场极为艰难的谈话，因为她真的对丽萨说谎的行为感到非常愤怒，也对贾斯汀居然会相信这些谎言、连“疑罪从无”的机会都不留给自己的这种做法感到非常伤心。

谈话开始时，海蒂和贾斯汀坐在客厅的沙发上，而丽萨坐在贾斯汀的大腿上，这使海蒂有些犹豫不决。海蒂对丽萨说，她听说自己的某些行为让丽萨感到很不开心，让丽萨觉得自己在家里很多余。她为此向丽萨道歉——她说自己根本无意让丽萨感觉不受欢迎，她为自己之前引起丽萨的误解感到抱歉。海蒂发现这种开场方式似乎让他们之间存在的那种紧张的氛围缓和了不少，最初的隔阂似乎也逐渐消散了。让海蒂先道歉并非易事，因为她真心认为那些对自己的指控并不真实——不过她非常清楚，自己先道歉对双方建立开放的沟通渠道大有帮助。然后，海蒂让丽萨告诉她到底怎么做才能让丽萨觉得开心，并感觉在这里很受欢迎。丽萨具体描述了海蒂的哪些做法会让她感觉受到了排挤，海蒂则通过频频点头的方式做出尽可能积极的回应。

听贾斯汀和丽萨说完之后，海蒂说她是真心希望他们能在家里感到开心和放松。她说如果他们有任何不满或者困扰——就像他们现在说到的这些问题，可以马上直接和她沟通。她明确表达了自己的想法：希望大家可以诚实地以冷静、成熟的方式直接沟通。

这次谈话的效果非常显著。无论贾斯汀和丽萨出于什么原因心存敌意和疑虑，他们逐渐开始以一种更理性、更直接、更成熟的方式和贾斯汀的家人开展沟通了。另外，丽萨似乎也不再捏造自己与贾斯汀的家人之间的对话内容和互动情况了，而是愿意多花时间与他们真诚相处。

关于“陪审员”，海蒂发现了某些值得注意的重要事项。有时，在解决问题的过程中你需要第三人在场，即便最终进行实质性沟通的只有两个人。这有助于减少对话双方可能出现的、对沟通内容的理解差异，避免问题陷入“他说－她说”的僵局。艰难地进行开放和真诚的对话可以有效缓和因流言蜚语、道听途说或者各执己见而变得格外紧张的沟通氛围。

◎ 女性之间

女人会格外为难女人。身为女性，如果我们发现自己的处境还不够艰难，就会自己动手制造困难。作为检察官，在起诉约会强奸案时，我绝对不会选择女性陪审员，因为她们更有可能轻率地得出“都是她自找的”这种结论。出于某种原因，那些在“男性世界”中功成名就的女性通常都不会为那些刚刚崭露头角的年轻女性提供帮助（这种情况被称为“玛格丽特·撒切尔症候群”，因为这位英国前任首相就要求自己的最高级别顾问必须是男性）。《今日美国》近期的调查结果显示，全球 500 强中只有 6 位女性首席执行官，在为这 6 位首席执行官工作的、薪酬最高的 24 位高管中，只有 3 位女性。也就是说，女性掌权似乎并不能保证她会帮助其他女性走上事业巅峰——事实上，我们看到的实际情况恰恰与此相反。

当我还在做公司法业务时，我所在的团队有一位女合伙人，以为难其他女律师著称。我当时的主要工作之一就是给合伙人写案例检索报告。我的报告一直广受好评，直到我为这位女合伙人写了一份这样的报告。她把我交上去的报告撕掉了。我重写了一遍交了上去。后来，我至少重写了5遍她才勉强地说“还算凑合”。之前，另外，合伙人会带上初级律师去会见客户，一起和客户开会制定诉讼策略、完成案件准备工作，这是法律行业的“行规”。这种做法可以让小律师们也和客户“混熟”，这样如果客户在案件进行过程中遇到一些小问题就可以直接联系律师而不必每次都联系合伙人了。可是，这位女合伙人每次都把我拒之门外——甚至在和客户沟通的过程中真的把我锁在会议室外面。为此，我还做过一个“小试验”：我写了一份案情摘要，然后让一位男同事以他的名义交上去。结果，这位女合伙人对这份“他”写的报告大加赞扬，一字未改就交给客户了。

有时，我们会和女性朋友维持一种“单方面的”友谊。

安妮·玛丽是教育学专业的大四学生。马上就要拿到毕业证了，她却一直在学业和生活中遇到各种麻烦。她努力地保持积极乐观，尽管现实生活中她在经济上捉襟见肘，和男友的恋情岌岌可危，生活条件极为寒酸。尽管如此，安妮·玛丽依然非常关心她的朋友艾米丽。她们的友谊已经维持了很多年，而且越来越亲密。这段友谊的最大问题在于艾米丽只擅长从这段友情中“索取”却不怎么懂得“付出”。

她们的友情和所有交流基本上都以艾米丽为中心：艾米丽遇

到的挫折，艾米丽碰到的困难，艾米丽的抑郁症。安妮·玛丽并不介意花时间和艾米丽讨论她的事情，而且也知道在询问自己的近况之前，艾米丽可以不停地把自己的事情翻来覆去地说上几个星期。安妮·玛丽能欣然接受这种相处方式是因为她知道艾米丽正在和抑郁症作斗争，但好像永远也无法摆脱它的阴影，她觉得在这种情况下向艾米丽表达自己对这段友情的不满似乎并不妥当。她认为艾米丽的情感需求比自己更为迫切。所以，多年以来，安妮·玛丽一直尽力维持着这种“单向友情”。

直到有一天，事情好像突然发生了变化。那天，艾米丽来找她的时候，安妮·玛丽正坐在满是狗毛、凌乱不堪的客厅里，这是她在学校附近和其他四个女生合租的房子。安妮·玛丽刚刚经历了非常糟糕的一天——昨天晚上她为了写论文熬到深夜，所以睡眠严重不足。因为睡眠不足带来的疲劳和暴躁，她还和男友发生了争执。她想要赶紧洗个澡好好休息一下。回到家却发现自己的女性室友们正在为了晚上出门约会梳洗打扮，把家里的两个洗手间都“霸占”了，对于艾米丽的突然到访，安妮·玛丽本来应该很高兴，但一想到还要和艾米丽聊天她就感觉格外烦躁。

艾米丽边坐下边问安妮·玛丽，“你今天过得怎么样?”不过安妮·玛丽还没来得及回答，艾米丽就自顾自地说起了自己的那些事：关于她最近的遭遇，关于她有多压抑，关于她的各种感受。安妮·玛丽突然不想再忍受艾米丽的这种做法了。于是，她打断了艾米丽说：“艾米丽，其实我有件事一直想找机会和你谈谈，但我现在没有时间。要不明天咱们一起去吃早餐?”虽然艾米丽非常想马上知道安妮·玛丽要说些什么，但安妮·玛丽还是坚持说可以等到早餐的时候再谈。

第二天清早，她们一起在附近的小餐馆吃早餐。艾米丽非常急切地想要知道安妮·玛丽要说些什么。“我必须得和你说些实话，”安妮·玛丽开始发言，“我希望在我说完之前你别打断我，也希望你能明白我所说的完全是出于对你的关心。”

“好的。”艾米丽说完就变得异常安静。

“我觉得自己总是在听你谈论自己的抑郁症，听得太久了以致这对我来说已经成为负担。你的问题超出了我的解决能力，而且我认为你这已经是慢性抑郁了。从我们认识开始，你就一直在抑郁的情绪当中，你给自己的生活制造了很多麻烦和难题。我真的认为你应该去寻求其他人的帮助了。除了我，你或许应该去看看心理医生，他们可能会认为抗抑郁类药物对你会有帮助。”

“这似乎不是你应该操心的事情。”艾米丽说。

“艾米丽，抑郁症已经限制了你的正常生活——甚至已经到了让你无法维持和谐的人际关系的地步，包括我们之间的友谊；因为你永远在自顾自地焦虑和暴躁，根本不可能去关心别人的感受，也不关心别人的生活。”安妮·玛丽出示了她的“证据”——向艾米丽复述了发生在她们之间的、无数次由艾米丽主导的交谈，以及一些发生在自己身上但艾米丽一无所知的重大事件。

艾米丽怒火中烧。“你根本没有权利让我去看心理医生，没有权利规定我该吃什么药，我觉得你这么说简直太自私了！”

艾米丽的反应完全在安妮·玛丽的意料之中，所以在这种情况下她仍然能冷静地“晓之以理”，而不是“动之以情”。她继续执行着自己计划：“艾米丽，我非常关心你，”她说，“我觉得你是一个很特别的人，这是我们成为朋友的原因。但正因为我们是朋友，所以我才必须和你说实话，我已经无法按照现在这种方式维持和你的友谊了。”

艾米丽扔掉餐巾，一阵风似地离开了餐馆。安妮·玛丽认为自己的做法完全正确。她无法接受这段友谊继续以这种方式存在下去，当然如果能不伤害艾米丽是最好的，她已经忍耐到了极限。如果一定要二选一，她宁愿选择放弃这段友谊，也不愿意再这样继续下去了。她也希望自己的生活中能有那种真正关心她的朋友。

几个月后，艾米丽找到了安妮·玛丽。自从那天在小餐馆不欢而散之后，她们再也没有见过面也没说过话。“我来找你是想对你表示感谢，”艾米丽说，“上次我们沟通过之后，我非常生气，但最终我发现你是对的。”她告诉安妮·玛丽，在那之后她去看了精神科医生，经过一个月的评估，医生给她开了抗抑郁的药物，并要求她进行持续的精神治疗。经过治疗，艾米丽觉得她对自己、对生活、对未来的感觉都好多了。“从来没有一个人对我说过那些真心话，我真的非常感谢你。你对我们这段友谊的评价也是准确的。因此，我希望你能再给我一次机会。”

安妮·玛丽和艾米丽重拾友谊，但安妮·玛丽认为即便她们在小餐馆的对话彻底结束了这段友情，她也并不觉得遗憾。她认为对她来说，拥有强有力的女性声音代表你足够关心自己、足够珍视你拥有的直觉，远离那些在生活中会让你感到受伤或者不满的人和事，即便这可能意味着你要舍弃某些重要的东西。

成为优秀的“辩手”意味着你必须能够诚实面对自己的诉

求，对自己足够关心，让你有勇气直接说出自己的那些诉求——即便你面对的人可能无法接受你的全部想法。

◎ 女性对男性

在20年的婚姻生活中，琼感觉家中的主导权一直掌握在她丈夫罗斯手中。琼不会为自己争取任何权利，而且还逐渐扮演起了“绥靖者”的角色，这和她的工作——给强势的企业家做秘书非常相似。她25岁就和罗斯结婚了，但直到她母亲去世，琼才意识到在这段婚姻中她从来没有正视过自己的真实需求。事实上，这段婚姻生活的主旋律已经变成了确保罗斯开心，而现在琼又眼睁睁地看着罗斯开始对两个儿子的生活横加干涉。

母亲的去世让琼觉醒了。“我发现自己根本不开心，孩子们也不开心，事实上罗斯也不开心——虽然他从来都不承认——因此我得出了结论：余下的这后半生我不会再让自己这么不开心下去了。”

然后，她就开始着手准备自己的主张和诉求了。她认为没有必要为了不离婚而把双方绑在并不幸福的婚姻生活里。其实，罗斯已经有过两次婚外情了，但琼都选择了原谅，因此她现在也并不打算“找后账”。她原计划先和儿子们沟通，但又觉得这样做是在拿孩子当挡箭牌，对孩子们、对罗斯都不公平。她必须直接面对罗斯，直接和他沟通。

在收集好证据之后——那些她一直以来想要说出来、但又因为罗斯的“霸主地位”而不得不保持沉默的想法——她决定邀请罗斯外出共进晚餐，然后把这些话告诉他。她觉得在餐厅这种公共场合，他们两人谁都不会大声咆哮，并希望这能帮助他们在沟通中保持冷静。那天晚上，琼鼓足了勇气准备完成谈话，但她发现罗斯回家时就已经带着怒气了。他想知道琼为什么会在他没有批准的情况下擅自同意小儿子本的朋友在家中留宿。

“我不知道我还需要你的批准。”在罗斯愤怒地咆哮时，琼冷静地说。

“这是我的房子！”他怒吼着，“在这栋房子里发生的每一件事都需要经过我的同意！”

“我以为这是我们的房子。”琼说。她决定找一个气氛不这么紧张的时间点再向丈夫摊牌：“这 20 年来，难道不是我们两个人都在工作，然后共同承担家里的各种花销吗？”

“对，因为如果只靠你的收入生活，我们可能早就搬到贫民窟去了！”说完这句话，罗斯一把抓起钥匙走出了家门，还恶狠狠地摔上了门。

当他倒车离开车库的时候，琼觉得很高兴，因为她不希望罗斯看到自己掉眼泪。

第二天晚上，儿子们各自在学校参加课外活动。罗斯刚走进家门，琼就马上问他愿不愿意和她到外面共进晚餐：“有几件事情我们需要谈谈了。”

晚餐的过程中，琼平静地告诉罗斯她认为他们婚姻已经走到了一种对他们两个人都不好的状态。她阐述了自己的想法：在这段婚姻中，她感觉自己一直处于“从属地位”，她厌倦了罗斯的掌控欲，同时认为自己是一名坚强、值得被尊重的独立女性。“没有我，你什么都不是，”她丈夫说，“你最好记住这句话。”

“这是过去这20年来你一直想让我相信的事情，”琼说，“可悲的是我竟然真的相信了——我相信自己一无是处。但我并非‘一无是处’。我的工作很出色……”

“你只是一个秘书！”罗斯打断了琼。

“我的工作很出色，”她重复了一遍，“哪怕只是一个秘书。我的老板在我的辅助下进入了公司高层，我的福利待遇也翻了好几番。我是两个儿子的好妈妈。我经常给几个非常棒的公益组织做志愿者。我很了不起，也值得被尊重。不过，有两件事我觉得非常遗憾：一是直到母亲去世我才想明白这些事；二是你永远也想不明白这些事。罗斯，我觉得你是一个不错的男人，也为这个家付出了很多，我不会否认这些。但我认为现在是时候结束这段已经毫无意义的婚姻了。”

“儿子们会非常难过的。”他说，完全在琼的意料之中。

“罗斯，其实我也反复考虑过这个问题，我觉得这反而有利于孩子们的成长。我不认为让他们看到自己的妈妈一直被爸爸贬低和嘲笑是一个健康的家庭环境，这可能会对他们未来的恋爱或者婚姻关系产生巨大的负面影响。我觉得他们也并不愿意看到自己的生活逐渐被你操控。”

“操控他们的生活？”罗斯提高了嗓门，但马上意识到自己是在公共场合，“我没有操控他们的生活。你能给我举出实例来吗？”

“好吧。你一直坚持让科迪和你一起去钓鱼，但你根本没发现其实他非常讨厌钓鱼。本在准备参加学校科学月展览的作品时，你不让本选择他喜欢的项目，而是要求他必须做你认为合适的东西。”

“够了。好，我同意分居。你会后悔的。”

第二天，罗斯就搬回自己母亲家了。在分居的六个月当中，和罗斯当初的判断完全相反的是，琼和儿子们都在生活中取得了重大进步。孩子们的学习成绩提高了，和朋友们也建立更牢固的友谊，因为罗斯以前根本不允许他们交朋友。琼幸福得像花一样，她每天开心地起床去上班，下班后会非常期待见到两个儿子。虽然她还在办理正式的离婚手续——和罗斯保持“友好关系”，这样他才会愿意共同递交离婚申请书——她没有在孩子面前说罗斯的“坏话”，同时又坚定地执行着自己的决定。她还发现：即便没有罗斯，她仍然是一个了不起的人。

◎ 男性对女性

无论我认为自己有多坚强，仍然要承认女性在体格上确实比大部分男性要弱小，这是我们必须要面对的客观规律。我给男性打恐吓电话的“杀伤力”远低于男性给我打恐吓电话。如果真的发生了这种情况，那我们必须寻求帮助、让别人代替我们表明观点。

有一次，我在准备对一起强奸案提起公诉。该案被告刚刚出狱不久就再次骚扰了自己之前的受害者，受害者找到联邦检察官办公室，我们发现被告曾经通过信件和跨州电话的方式威胁这名受害者，我们决定对该被告提起联邦诉讼。

一天晚上，我独自在办公室加班到深夜，桌子上的电话突然响了。当我接起电话时，电话对面的男人说：“我要杀了你。不过在你死之前，我会先把你绑起来、强奸你，像之前对待南希一样，只不过最后我会杀了你。我一定会很享受这件事的。”

挂上电话的时候，我感觉自己的心脏狂跳不止。我听到过那个声音，打电话的就是我正要起诉的那名强奸犯。当时他已经完成了初次出庭和传讯，但被成功保释。我没有惊慌失措，而是马上开始打字，我逐字逐句地记下了他说的全部内容、我接到电话的时间以及当时我在做什么。（记录事发经过非常重要，因为它不仅能帮助你回忆起事件当中的各种细节，还能加强你提供的“事发经过”的可信度。）

我当时完全可以歇斯底里，或者做出更糟的反应：恐惧会让我不断弱化威胁的严重程度，我或许都不会上报受到威胁这件事。我可以肯定两件事：我不能再担任该案的检察官了；我需要其他人帮助我表明立场。当然，我仍然使用了八步法，明确了自己的案件主张：阻止这名强奸犯继续伤害更多人，把他送回监狱。于是，我开始“盘算”应该找谁求助。在联邦检察官办公室中，我应该向谁求助呢？

我选择了马克，因为我很尊重他在法庭上的专业能力，他妻子安娜也是检察官，他们和我一样有两个年幼的孩子。我相信他能理解我有多么害怕，也知道我有多想要完成自己的本职工作。我认为如果我去找其他女性检察官求助，她们极有可能也会遭遇恐吓。马克立刻同意接手案件，联邦调查局的探员十五分钟就赶到了我的办公室，主持开展了对被告当晚行踪的调查，并调取了他的通话记录。两天之后，我再次收到了一封用从报纸上剪下来的字母拼贴而成的恐吓信。马克追查了邮戳地址，并把信送到了犯罪实验室提取指纹。

我非常清楚在证人席面对一个想让你从地球上消失的人有多么困难。在接下来的几周当中，我一直处于一种慌乱状态，我甚至感到了愤怒：我的生活被这个人彻底打乱了。马克和我梳理了辩护律师可能会在交叉询问时向我抛出的问题。

“维尔女士，你怎么知道你在电话中听到的就是我当事人的声音呢?”辩护律师提出了一个在我们意料之中而且经过精心准备的问题。

“因为我之前听到过他是怎么威胁其他人的。”我说。因为对方抛给我的是开放式问题而不是“是非题”，所以我得以通过自己的回答破坏对方的企图。

我们预料对方律师会试图让我变得情绪化，抓住我的证词当中前后矛盾的地方，或者让我说出其他对公诉方不利的内容。他会激怒我；不停地对我提出各种充满主观情绪色彩的问题；他会试图让我对事发经过夸大其词。但我一直保持冷静，并在交叉询问中引用了我在接到恐吓电话之后第一时间留下的那份记录。

马克则讲述了我是如何把自己的孩子托付给保姆照顾，然后独自为这起强奸案工作到深夜的，以及我为什么要这么做：因为我知道这名强奸犯是危险分子，所以才急切地想要保护受害者，让她免遭更多伤害。

我不能为自己做结案陈词，但马克在结案陈词中帮我表达了我的立场和诉求。“维尔女士的工作是联邦检察官。诚如您所知，法官大人，我们从事这份工作的目的是让正义得到伸张。维尔女士是在完成自己的本职工作。她按照法律规定，通过认真工作，找出了案件真相；但坐在这里的被告，史密斯先生，并不希望她掌握这些案件事实。他威胁维尔女士，要对她实施性侵并杀害她。我们绝不能让像史密斯先生这样的人动摇或者毁掉维尔女士想要维护法律和正义的决心，维尔女士也不应该因为恪尽职守而生活在恐惧之中。”

联邦政府充分完成了自己的证明责任。那名被告在审判前承认了自己的犯罪行为，并被送回了监狱——他真正的“家”。我能赢得胜利并不是因为对困难视而不见或者做出情绪化的回应，而是因为知道在这种状况下必须寻求别人的帮助才能胜诉。

你的诉求是什么？

在和其他女性讨论八步法时，我发现，作为女性，我们经常会在面对生活中的复杂矛盾时陷入自己的主观情绪之中。如果要“吵架”，我们就会将其升级为“嗓门比赛”。特别是当冲突的一方是男性时，一旦对方的嗓门提高，我们就会下意识地变得懦弱直到被对方弄哭为止。当然，身为女性，我们的确经常利用眼泪去化解矛盾——寄希望于我们表现出来的脆弱能让对方消气、不再咆哮，甚至直接平息争执。

在成长过程中我们的确学会了利用眼泪完成“逆袭”，但“眼泪”有时也会剥夺我们的权力并将这些权力移交给那些和我们发生争执的人。我并不是说绝对不可以哭，情绪会让我们变得有同情心、能够关心和帮助他人。不过，利用八步法，我们可以将情绪和直觉变成一股无坚不摧的力量。如果使用得当，个人感受，特别是那种通过叙事自然流露出来的感受，将会极有说服力，还能帮助我们保持清醒、坚定立场、掌握主动权。我们仍然可以依靠这种力量扭转乾坤。

在几年前举办的一场高级别论坛活动中，我和几位联邦法院的法官、著名大律师组成了讨论小组。在这些著名大律师当中，就有那位喜欢直言不讳，整天戴着牛仔帽、穿着流苏夹克的怀俄明大律师格里·斯彭森。格里是这次论坛的主讲人之一。他在演讲结束前说了这样一段话："我参与过各种各样的诉讼案件，遇到过很多非常不错的对手，也打赢过很多诉讼。我很荣幸今天能和这些德高望重的法学家坐在一起讨论问题。女士们、先生们，但我特别想和你们分享的是，在我现在看到的这些法学权威中，我最害怕——真的害怕和谁当庭对垒。不，不是满头银发的联邦法官，也不是这些拥有多年执业经验、能写出非常精彩的案情摘要、西装笔挺的大律师。其实，答案是这位身材娇小的女士，"他指向我，"我绝对不希望在法庭上和她站在对立面。知道为什么吗？因为她真诚、坦率、不会故作姿态。陪审团会相信她说的每一句话。"他认真地说。

女士们，我们的确拥有敏锐的直觉、有"女性的小聪明"，不过就像埃莉诺·罗斯福提醒的那样，如果我们能把这些与对事实的审查、对环境因素的评估结合起来，就会拥有男性难以望其项背的优势——无论我们的对手是法庭上的格里·斯彭森，还是办公室中特别大男子主义的老板。

你想要怎样的生活？

不论你对这个问题的回答是什么，本书所讲的技巧都能帮你找到自己真实的声音。你的对手是将你视为竞争对手、幼稚的小女生，复仇女神还是红颜祸水？无论陪审员对女性群体抱有什么看法或者对你的具体印象如何，你都可以对自己阐述观点的方式作出相应调整——从衣着打扮到你描述事实、进行交叉询问、反击对方的观点的方式，再到你应该如何讲述自己的故事。

男性或许更强壮，但我们更聪明而且更长寿！虽然《平等权利修宪法案》从未获准通过——阿拉巴马、亚利桑那、阿肯色、佛罗里达、佐治亚、伊利诺伊、路易斯安那、密西西比、密苏里、内华达、北卡罗来纳、奥克拉荷马、南卡罗来纳、犹他、弗吉尼亚，我为你们感到羞愧——但女性已经占据了绝对多数。2000 年美国人口普查的数据显示，美国女性人数为 143, 368, 343 人，而男性人数为 138, 053, 563 人。女士们，在美国总人口中有 50. 9% 为女性。我们要掌握大局了！

实际运用八步法，找到自己的声音，勇敢地表达，然后逢战必胜。

生活中的挑战

摘要：女性的声音

女人之间秘密：我的独家辩论技巧

- 像律师常做的那样，对着镜子或者朋友反复练习你的论述内容。这种方法可以帮你仔细打磨论点和论据，从你信任的人那里得到真实的反馈。这个过程被称为“模拟辩论”。
- 给你自己画一幅“辩手自画像”，确定你展示观点的方式，你想呈现出一种怎样的形象？
- 对于那些最重要的“辩论”主题，你要把自己的开庭陈述和结案陈词都背下来。
- 尽量压低声音，这有助于你在辩论的过程中保持对自己身体的控制。
- 手势尽量不要过多。这些动作会分散对方的注意力并削弱你的力量。
- 立场坚定，不受干扰。
- 记住：你可以直接说出自己的情绪(“我很失望”“我很生气”)但不要直接表现出来，这可以帮助你在重压之下控制自己的情绪。
- 你正在表述的内容是有趣的、非常重要的、有意义的——对此你应该深信不疑。

第 12 章

说服你爱的人

> **“爱，就要学会理解对方，要比她自己还要了解她，尊重她理解你的方式。爱无疑是极为困难和痛苦的，但也是唯一永存的美好事物。”**
>
> **——戴维·赫伯特·劳伦斯①**

32 岁的乔什的成长环境极为恶劣。即便他成年之后，仍然无法彻底摆脱由此带来的各种负面影响。他由母亲布兰达——漫不经心地——抚养长大。布兰达是一位单亲妈妈，为人父母和穷困潦倒让她原本就很脆弱的心理防线反复遭受重创。从很小的时候开始，乔什就要经常独自起床，独自上学，布兰达不会给他提供任何帮助。乔什的哥哥，也受到了母亲同样的忽视，有严重的情绪问题；他经常殴打乔什，有几次甚至把乔什打到需要住院。在这样的条件下，乔什凭借自己的努力考上了大学，并成为了一名非常成功的高级电脑设备销售顾问。“我希望能用同样的、直接、

---

① 戴维·赫伯特·劳伦斯（D. H. Lawrence），20 世纪英国小说家、评论家、诗人、画家，代表作包括《儿子与情人》、《虹》、《恋爱中的女人》及《查泰莱夫人的情人》。

负责的态度和方式与家人相处，就像在工作中一样。”

在结婚并与家人保持距离之后，母亲越发严重的情绪问题仍然会不时困扰乔什。布兰达会连续很多天保持不睡觉，然后在床上躺上几周。她根本无法工作，甚至连生活都不能自理。在妻子的帮助下，乔什意识到布兰达可能患有双向情感障碍，而且已经患病多年。乔什想要做些什么。“我最不想做的就是直接把她推到悬崖边，或者对她不闻不问，”乔什说，“到底该如何告诉你爱的人，她可能患有精神疾病?”过去，每当乔什委婉建议母亲去看心理医生，布兰达都会愤怒地断然拒绝。在经历了一次较为严重的发病之后，乔什决心一定要说服母亲去看病。

在确定自己的诉求和主张时（第一步），乔什明确了自己的想法：他只是想带母亲去看精神科医生，并不会要求她回忆或者反思自己这些年来的所作所为，也不会因为母亲愤怒的指责而改变主意。因为他太了解布兰达（他的“陪审团”）了，所以他非常清楚自己要选择一个公开场合直接和她面对面地沟通，这种方式有助于她控制自己的情绪（第二步）。他梳理了自己掌握的各种证据，排除了那些可能会对他的主张产生负面影响的内容——他不会细数布兰达之前做出的种种出格的行为。他会把证据的关注点放在“布兰达说自己有多么不开心”“她的生活到底有多么痛苦”这两件事情上。至于对布兰达的交叉询问，乔什也为温和的反击做好了准备（第三步）。

乔什和母亲约好在他家旁边的小餐馆共进午餐。虽然非常紧张，但当主菜上桌时，他仍然鼓起勇气开始向母亲阐述自己的想法，并出示他准备的各种证据。他告诉布兰达自己很关心她的健康状况，也非常担心她过得不开心（第四步）。

“你觉得我生病了，”布兰达说，“我没有。我很好。我正在和你共进午餐，不是吗?”

“妈妈，上周四你还给我打过电话，在电话里断断续续哭了一个小时。”他冷静地描述了一个事实。

“我只是很担心钱的事情，你也太神经质了——这是你的问题。”

面对母亲的“指控”（第五步），乔什非常平和地说他认为布兰达只是有些内分泌失调。这不是她的错，但她真的需要——而且应该——得到医生的帮助。

布兰达断然拒绝，但乔什对她的反驳充耳不闻，完全没有受到“蛊惑”（第六步），也没有“借题发挥”对母亲的精神健康状况大放厥词，那只会破坏他的终极目标：让母亲得到治疗。他出示了一份物证——一份关于双向情感障碍及相关治疗方案的小手册。他把小手册推向坐在桌子另一边的母亲，并简单介绍了手册的主要内容。“妈妈，拜托，我只需要你看看这上面列出来的症状。它们描述的是不是就是你的真实感受和行为方式?”

这是一种高风险策略——他知道答案是什么，但并不确定他母亲会不会诚实地面对它。布兰达瞪着他，然后拿起手册开始阅读。

乔什眼看着母亲脸上的表情渐渐从厌恶变为将信将疑。他告诉布兰达，自己会陪她去看病——乔什知道她最担心什么，所以他还告诉母亲自己会支付全部费用。布兰达看上去仍然有些犹豫。“我根本不认识精神科医生。”

“我知道一位不错的医生。”乔什说。他知道如果想要真正实现自己的目标，就必须让布兰达自己做出最终决定。

“如果你找的医生只会嘲笑我呢?”

“他非常友善，而且德高望重。”乔什说。

当布兰达以惊人的专注力仔细倾听完乔什的叙述后，为再次证明自己的观点，他动情地讲了一段母子故事（第七步）。“妈妈，你一直都那么勇敢。多年以来，作为单亲母亲，为了让我们一家人生活在一起，你一直全力以赴。我知道对你来说抚养两个孩子有多么困难，既要照顾我们的生活，又要努力工作——有时候累到早晨起床都非常困难。看到你不得不勇敢地撑起这个家，我真的很难过。”然后就是结案陈词（第八步）。他重申了母亲的行为表明她确实需要医生的帮助，她将会得到帮助，他会陪她共渡难关。他把自己的主张和对母亲的关心合二为一而且前后呼应。“你应该过上更好的生活，”他说，“我相信你有足够的勇气去看医生并获得有效治疗。”

乔什和母亲都几乎要哭出来了。最后，布兰达同意由她自己打电话给医生预约就诊：“只去这一次，我就想听听医生会说些什么。”结果，在与双相情感障碍斗争了大半生之后，55 岁的布兰达终于在生活中找到了平衡感和安全感。她现在有了一份稳定的兼职工作，白天还会去学校上课。乔什也终于得到了一位精神和情绪都非常稳定的妈妈，这是他从没体会过的经历。

使用八步法

与乔什的经历类似，我们要面对的最复杂也最具挑战性的说服工作就是去说服我们最爱的人。在说服家人、爱人、朋友理解我们的诉求和观点的过程中，你可能经常感觉自己好像被关进了一个用生活经历、需求、情感以及某些根深蒂固的思维方式共同搭建的监牢当中。正是那些先入为主又有些矛盾的想法和态度，构成了我们和至亲之间的情感基础。通过改变思维方式和行为模式，八步法可以让说服至亲至爱这件事变得更为容易。八步法可以让我们先发制人，而不是消极抵抗；让我们能围绕事实阐述观点，而不是失控地表达自己的想法和情绪；为我们提供可以分步实施的详细规划，让我们在不触碰彼此底线的前提下，实现既定目标。

即便和至亲至爱的人发生争执，我们仍要和他们继续一起生活并维持亲密关系。因此，我们要对“胜诉”做出扩大解释，才有让它变得更宽泛、更有意义。从至亲至爱那里“赢得胜诉”通常要求我们对他人的立场和观点保持开放的心态。我们要表达自己的感受和诉求，还要仔细倾听并换位思考。

在处理家庭关系和友谊的过程中，八步法将帮助你获得双赢，让你能顺利地与爱人讨论下次旅行的目的地，改善婚姻关系；或者能鼓起勇气和两面三刀的“哥们儿”对质，以决定是要重拾这段友谊还是彻底告别它；或者妥善解决兄弟姐妹之间的“争宠”问题。现在，我们来看看说服至亲应该采取的具体步骤。

◎ 第一步：案件主张

在尝试说服至亲、好友的过程中，设定长期诉求和短期诉求非常重要。你可以通过先实现某些具体目标（说服你丈夫不要边吃晚餐边看报纸），进而实现更大的终极目标（获得更有效的沟通以及更有意义的家庭时间）。你需要确定自己提出的主张合理、明智，这样“红鲱鱼”才不会分散你对既定目标的注意力。过于纠缠证据上的细枝末节以及由此产生的负面情绪可能会导致对方彻底辜负你的好心和善意。

莫娜是一名电影编剧，也是三个孩子的母亲。直到她因为丈夫杰夫完全不做家务而大为光火时，她才真正意识到“目标”的重要性。“我固执地想要和他讨论清楚应该由谁铺床叠被、由谁监督孩子写作业这些细节，却彻底忽略了真正想要说服他去做的事情——更积极地参与家庭教育，在我和他之间建立更平等、更和谐的两性关系。我之前说的那些根本就是‘治标不治本’。”

如果我们出于愤怒、伤心或者失望而口不择言、鲁莽行事，就有可能会把“得分”与实现既定的目标混为一谈。我们必须把目光锁定在真正的奖品上。当莫娜发现自己的错误之后，她先明确了自己的案件主张，并在每次和杰夫讨论问题前反复提醒自己不要忘记真正的目标。最终结果是杰夫理解了莫娜的想法，并正在向她给出的目标努力，而没有停在原地“防守反击”。

◎ 第二步：了解你的听众

我们不能选择家人，却也想要长久地维系与爱人和朋友的亲密关系，也就是说，我们无法更换陪审员。不过，正是基于对他们的了解，我们可以制定出符合他们的喜好和性格的专属方案。同样基于对他们的了解，我们可以选择最适合说服他们的时间和地点阐述自己的观点，以提高成功率。

“我发现如果想要和我太太讨论某些重要议题，最好选在我们一起做家务的时候，”我的朋友理查德说，“通常情况下，我们俩在花园锄草的时候聊得最投机。”

“我同意，”他妻子艾琳说，“如果他想在杯盘狼藉的厨房里说服我改变某个决定，得到的答案只会是‘不可能’。”

在说服至亲和至爱时，你应该非常清楚他们何时心情最好，那么就选择这种时间阐述你的主张。任何其他时间开口都是在自讨苦吃。

◎ 第三步：组织证据

在说服至亲和至爱时，正因为我们之间的情感纽带非常重要也非常紧密，所以“依据事实”阐述观点就变得尤为重要。如果你妹妹有“借东西不还”的习惯，那当她再次开口向你借东西的时候，与其回答“不，因为你借东西从来不还”，并用这种“伤感情”的方式拒绝她，你不如罗列证据：“当然可以，我可以把斯汀的专辑借给你。不过，上次你借走的诺拉·琼斯和梅茜·格蕾的专辑听完了吗，还有那条白色短裙可以还给我了吗？”

在处理人际关系时，了解全部事实不仅能带来自信和力量，也比强烈的情绪化和错误的指责更为有效。花些时间提前做好功课，从长远看其实能为你节省不少时间。

近几个月，埃迪一直在抱怨妻子朱迪的花销似乎越来越失控了。“你简直是在把我们的钱往外扔！”他本可以在任意一次和妻子无休止的争吵中大声说出这句话，但他并没有这样做。利用八步法，埃迪明确了自己的主张：把家庭花销控制在合理范围之内。他找出了去年同时期的缴税记录，他发现的事实令人极为震惊："在收入基本上不变的前提下，我们的花销竟然增长了 30%。我把这些记录和对比数据给朱迪看时，她也吓呆了。我觉得自己过去几个月一直在对牛弹琴，但当她看到白纸黑字的数字——那些书面证据之后，所有不理智的消费行为几乎就立刻停止了。我们的生活终于重回正轨。"

在面对至亲、至爱时，证据能帮助你实现心灵（或者是财务）上的解脱。

◎ 第四步：论述观点

对论述方式的选择对你能否大获全胜非常重要，尤其是当你要说服的是你非常熟悉的人时。这些非常了解你的人能察觉到你的每一丝犹豫、每一次眉头微蹙和"虚张声势"。在面对你爱的人时，你需要确保自己做好了充分的准备。充分的准备能帮你放松下来。如果你能放松下来，你的陪审员也会放松下来。

你要确保自己清楚地说明了自己想要什么。

我的朋友玛琳笑着说，在她和丈夫最近的一次争执中，她可怜的丈夫为了逗她开心使尽了浑身解数：主动帮她买回了阿司匹林，主动打电话请了保姆过来照顾孩子，主动倒了垃圾，甚至主动表明自己其实很喜欢她妈妈……不过，所有这些努力都没能平息玛琳的怒气。她横眉立目地夺门而出，叫自己的丈夫"大呆瓜"，她用各种方法表达了自己的不满，就是没有直接说出自己的真实诉求——“我没有告诉他，我根本就不想去参加他老板的晚宴。”其实，只要我们对自己最亲近的人说出真实的想法，通常都能得偿所愿。

◎ 第五步：交叉询问

你要记住，在这场辩论结束之后你仍然要和“对方当事人”一起生活，所以有一件事情无论怎么强调都不过分：你不需要在交叉询问中激怒对方。事实上，最有效的交叉询问都是和对方保持战略上的“友好”。通过提出诱导性问题、控制自己的情绪、把握证明节奏，哪怕你面对的是至亲、至爱，也仍然可以温和而坚定地、甚至是在他们毫无察觉的情况下，对他们提出质疑。

妻子：弗莱德今天晚上也会来吗？

丈夫：是的。

妻子：他现在还是会去巴尼斯百货①买全套西装吗？

丈夫：是的。

妻子：你觉得我穿这条裙子参加今天晚上的活动怎么样？

丈夫：可以啊。亲爱的，你穿什么都好看。

妻子：那我的鞋呢？

丈夫：你的鞋也不错。哇！事实上，你这身搭配看起来棒极了。你觉得我需不需要把牛仔裤和运动鞋换下来，也穿得正式一些？

妻子：你要是愿意，我可以帮你搭配一下。

---

① 巴尼斯百货（Barneys New York），美国奢侈品连锁百货公司。

注意，在这段对话当中，没有人受到伤害。和自己主动决定换上正式服装的丈夫一起参加聚会远比让他不情不愿地穿着你挑选的衣服要有意思得多。

你怀揣一个合理的长期主张，会让你以更为开放的心态去面对至亲、至爱的人的回应——你会认为他们暂时的反对意见并不会对你的整体计划产生太大的负面影响。

◎ 第六步：避免花言巧语的错误

我们特别了解自己的家人和好友，正因如此，他们复杂的动机和各自不同的性格就会很容易分散我们的注意力，更不必说我们自己心中那些纠结的想法和立场了。记住，没有任何人会比你的丈夫/妻子、家庭成员和知心好友更了解你的缺点和弱点了。这些我们爱的人还经常会提及某些确实比较重要但和你的主张完全无关的话题。不过，只要你做好了充分准备并且计划围绕事实去提出自己的观点和主张，就不太可能因为对方引入这种话题而迷失方向。

坚持自己的主张，把你表述的内容限定在你能证明的事情上，而不要说出某些大家可能会有不同理解的主观判断——“你太不负责任了”——利用对方不能反驳的客观事实证明你的观点，例如，“你说过八点会准时来接我”。

最糟糕的莫过于你因为某些低级错误而错失实现案件主张的大好机会。在处理涉及私人关系的问题时，你很可能会被激怒，或者因为对方带入的其他话题而彻底毁掉自己的目标。不要让对方把你变得过于情绪化。如果对方认为你也有错，你完全可以直接承认错误，并借此摆脱对方在无关问题上的纠缠，最好还能反过来利用自己的错误证明你的案件主张："对，有些时候我的确反应过度了，但在这件事情上我不认为我的反应是过度的。事实是你把一个 3 岁的孩子单独留在了车里，所以路过的人才会直接报警。"

◎ 第七步：讲故事

通过一段发自内心的故事打动至亲、至爱，通常是说服他们的最佳方式。他们比任何人都更能对你的喜怒哀乐感同身受，一段故事可以帮助他们迅速体会、理解你的想法和诉求从何而来。

兰迪正尝试说服妻子凯西同意让他母亲在髋关节置换手术的康复期搬来和他们同住一段时间，以方便照顾；而凯西正在争分夺秒地完成博士论文最后部分，兰迪也知道自己的母亲特别爱抱怨又有些唠叨，让她在这个时间点搬过来对凯西而言绝对不是好消息。他想用一个故事说服自己的妻子敞开家门。

"双胞胎出生后的那段时间，我们非常需要帮助。那时，我们的情绪和财务状况都不好。还记得我妈妈带着好多纸尿裤、婴儿毯，还有专门给你准备的浴缸按摩器出现在咱家门口的那天吗？她放弃了旅行，一直在这里帮我们照顾孩子……那对我们而言绝对是雪中送炭。虽然她有时会蛮不讲理，不过现在她需要我们。就算护工每天能去陪她几个小时，我也无法想象她怎么独自面对家里的那些楼梯。她表达了对我们的爱。我知道这对你来说可能非常难，但你能不能同意让她搬来和我们一起住几个星期？"

凯西无法拒绝。兰迪回忆的这段经历非常有说服力，也让她想起了他母亲对他们给予的善意和帮助。在说服我们最爱的那些人时，故事往往能够更为直接地传递你的想法和观点。

◎ 第八步：总结

但愿到第八步时，你已经稳操胜券了。当然，到结案陈词环节之前，包括你的至亲、至爱在内的大多数“陪审员”应该早就做出了最终决定。你应该利用结案陈词的机会锁定胜局。我的建议是：告诉陪审员，你相信他们已经了解了案件的基本事实——“我觉得自己有些支撑不住了。我每周要工作 40 个小时，还要照顾孩子、打扫卫生、照顾家里所有人的生活……”——承认你的主张存在可以被人攻击的弱点——“我知道家里的经济情况很紧张”——重申你想要什么——“但如果我们能请小时工每周来打扫一天，就能大大减轻我的压力和负担。”

还有一件最棒的事：从你爱的那些人那里赢得胜诉判决之后，当他们让你如愿以偿时，你可以回报给他们一个热情的亲吻。（我可不能在法庭上亲吻我的陪审员。）

◎ 值得赢吗？

有时候，在面对那些你爱的人时，你会发现根本不值得为了所谓的“胜利”而争吵。我们可以看看阿莫斯的故事：

阿莫斯的家庭宗教氛围极为浓厚。他父亲是基督教牧师，母亲则承担着牧师妻子的繁重工作。多年以来，阿莫斯虽然一直在聆听父亲宣导教义，但他逐渐意识到自己和父母拥有不同的信仰。在开始和劳拉约会之后，他觉得自己找到了一个志同道合的亲密爱人。和阿莫斯一样，劳拉没有宗教信仰，也是一名坚定的女权主义者。当他们决定结婚时，阿莫斯完全赞成劳拉的想法：如果婚后冠以夫姓，就意味着劳拉同意“从属于”阿莫斯而不再拥有独立人格了。阿莫斯建议他们“交换姓氏”——在自己的姓氏后加上对方的姓氏，中间再加上连字符号“-”。

他们很开心地向阿莫斯的父母公布了喜讯以及交换姓氏的方案，不过阿莫斯的父母对这个主意却不怎么感冒。他们说阿莫斯的姓氏来自祖先，擅自改变姓氏就是对祖先不敬。阿莫斯的母亲急哭了，父亲也非常伤心。之后，为了改变父母的态度，阿莫斯和劳拉明确了自己的主张。一周之后，在和父母共进晚餐时，阿莫斯和劳拉决定再次提起他们婚后姓氏的话题。

阿莫斯首先向父母表示感谢，感谢他们能支持他做出的很多重要的人生选择：他的事业、他的爱人、他的生活方式，甚至“不信教”的决定。（他没有提起其他“红鲱鱼”话题。）然后，他清晰、冷静、坚定地向父母说明了自己的立场——他和劳拉会把两人的姓氏合二为一，以此象征他们的结合。他的父母认真倾听了阿莫斯的论述，并对他的想法表示理解。他们和阿莫斯讨论了传统文化以及姓氏当中蕴含的文化属性。虽然父母最后并没有坚持要求他和劳拉必须按照他们的想法去做，但阿莫斯从来没见过父母如此伤心和失望。

在重新审视过自己的主张和诉求后，阿莫斯和劳拉意识到“改变姓氏”对他父母的意义远远大于对他们二人的意义。他们认真考虑了阿莫斯父母的要求，绞尽脑汁想要找出其他的解决方案，最终还是决定婚后两人各自保留自己的姓氏。有时，通过阐述我们自己的主张并听取亲朋好友的真实想法，我们可能反而会被他们说服。对阿莫斯和劳拉来说，为了姓氏和父母大吵大闹并不值得。

在尝试说服你的至亲、至爱时，要确保你能够承受最后的结果，不会良心不安。

◎ 你了解全部真相吗？

在向你关心的那些人正式“宣战”前，要确保你确实知道自己在做什么。

琳达是一位年轻的母亲，她加入了一个联系紧密的“妈妈团体”，团体成员的孩子们经常会一起出去玩。一天，琳达的朋友帕姆告诉她自己不小心听到琳达的闺蜜莫莉到处和别人说琳达是一个非常吝啬的人。“她说你出门吃饭从不给小费，而且每次都让她买单。”帕姆提醒她。听到莫莉编造这种谎言四处诋毁自己，琳达非常受伤。她的第一反应就是去找莫莉，然后劈头盖脸地骂她或者揍她一顿。但她很快冷静下来，意识到自己掌握的都是传闻证据。于是她明确了自己的主张：让她的所有朋友对她做出真实的评价。

她去问了“妈妈团体”的很多成员，问她们有没有感觉“她是一个吝啬的人”，结果发现没有人听过有人这样评价琳达。她又找到了帕姆，有些不客气地对她进行了交叉询问。通过提出一系列与案件主张（她希望所有的朋友都能喜欢并且信任她）有关的问题，她意识到帕姆很嫉妒她和莫莉的亲密关系，很想毁掉她们之间的友情。琳达成功地挽救了她与莫莉的友谊——也清楚明白地告诉帕姆，虽然她很珍惜与帕姆的友谊，但她只想和诚实、正直、坦率的人做朋友。

帕姆再三向琳达道歉，也找了莫莉，说她为自己做过的蠢事感到后悔，希望求得莫莉的原谅。经历过这件事之后，“妈妈团体”中的这些人变得比以前更紧密了，而且也都知道了真诚沟通有多么重要。

试试看，你会爱上八步法

对大多数人来说，八步法最重要的用途就是让我们和我们爱的人之间的沟通能更顺畅。同时，这也是检验八步法并测试它能给你带来什么好处的最佳场景之一——只要你能开诚布公、积极热情、怀揣着让生活变得更美好的善意去说服你爱的人，他们通常不会把你拒之门外。

让自己的生活变得更美好，最先受益的人就是你身边的这些人。试试看，这是一次真正改变命运的机会。

生活中的挑战

摘要：说服你爱的人

秘籍：如何说服你爱的人

- 不要跑题：在阐述个人观点时，通过提醒自己专注于短期和长期目标，确保自己不跑题。
- 选择合适的时间和地点——不要让对方替你做出选择。
- 证据、证据、证据：拿不准的时候，就用事实说话。
- 依靠事实和诱导性提问掌控谈判的节奏和局面。
- 提前为交叉询问或者推翻对方的反驳做好准备——如果你和对方的关系很亲密，通常都能比较准确地预测对方会对你的观点作何反应。
- 最后结束时，再次强调你想要的结果是什么——把决策权交到你爱的人手中。
- 记住这条黄金法则：在说服你爱的人时，保持一种开放的心态。你会希望他们也能同样如此。

第 13 章 八步法与育儿经

每个孩子都知道，大人给你起中间名的唯一目的，就是让你知道自己什么时候会有大麻烦了。

——丹尼斯·弗雷克斯

为人父母意味着你要接受很多极具挑战性的工作，包括教会孩子分辨是非、告诉他们责任感的重要性，并在他们追求人生意义时设定合理的底线。八步法能帮助你有效地说服孩子，并为他们争取权利，无论你的目标是让他们自觉地完成作业，还是帮助他们积极改正错误，甚至是说服他们远离毒品。

八步法可以帮助家庭践行一些儿童心理学家倡导的育儿方法。在经典育儿书籍《儿童敏感期》和最新出版的《布教授的办法：给孩子立规矩》这两本书中，T. 贝里·布雷泽尔顿教授①都强调了通过给孩子划定边界让他们获得内在安全感的重要性。布雷泽尔顿教授在书中说，孩子们会不停地“试探边界到底在哪里”。他们不想被当成“小大人”；他们需要父母制定管教方案和

① T. 贝里·布雷泽尔顿（Dr. T. Berry Brazelton），全球知名儿科学及儿童发展心理学专家。

规则来规范自己的行为。作为一名母亲，我发现八步法可以让我以实用、灵活的方式实现布雷泽尔顿教授倡导的这种亲子互动。八步法的程序和步骤可以引导父母在与孩子沟通具体问题时“动之以情，晓之以理”——让孩子生活在稳定的、可预期的管教规则当中。

不久之前，我解决了一起由儿子制造的“麻烦事”——我碰到的困难可能会让很多家长觉得“似曾相识”。在准备洗脏衣服的时候，我发现我儿子雅各布的牛仔裤裤兜里有几张糖纸。我不记得自己最近给他买过糖，并仔细回想了他这两天有没有反常举动，然后我对这些糖从何而来有了一些不安的猜测。10 岁的雅各布一向以自己是好孩子、乖孩子为傲，因此我认为直接指责他可能没有太大意义。他会冷静地保持沉默，否认我的“指控”，然后又会为自己的说谎行为而感到焦虑和苦恼。这与我的初衷背道而驰。于是，那天下午，等他在外面玩够了回到家时，我直接把那几张糖纸递给了他，让他帮我想想这些糖纸是从哪里来的。他跟着我的思路开始回忆，当我对他提出诱导性问题时，他承认这些糖果“可能”是从我们经常光顾的社区便利店来的，因为只有那里在卖这种糖。“这些糖果给钱了吗？”我问。

雅各布说：“没有”。我担心的事情发生了：这些糖果是他从便利店里偷来的。我非常愤怒，而他告诉我：“妈妈，我很想吃糖，不过我不想求你给我买——我不想让收银员觉得我被你惯坏了。”

他偷糖的动机平息了我的怒火，但我们仍然达成了共识：虽然难以开口，但他必须回到便利店，把自己的错误行为告诉便利店的经理，然后用自己的零花钱买下那些他拿走的糖果。他痛苦地走去了便利店，但又带着几分自豪——因为他做出了正确的选择。

温和又耐心

作为诉讼律师，我非常擅于使用“温和提问”的技巧并了解这样做的重要性。在面对某些极为艰难的案件时，特别是在涉及儿童被家庭成员性侵的案件时，我都会使用这项技巧。我通过温和的交叉询问从孩子那里获得重要信息，以避免对孩子造成二次伤害。我通常会到孩子家中和他们进行第一次沟通，或者选择能让孩子感到更为放松的其他地方。有时，我会带他们去公园散散步，而不是和他们隔着桌子面面相觑。我会做好“功课”，和孩子聊聊他们感兴趣的话题——体育比赛、电影或者音乐。由于大部分孩子不太想说起自己的遭遇，我会先故意“避实就虚”地和他们讨论其他话题，等到我认为孩子已经对我产生了信任时再进入正题。在和孩子谈起性侵遭遇时，我会用一种温柔、冷静的方式直接提问：“能和我聊聊在你身上发生的事情吗?”有些时候，我还会让孩子通过绘画或者写信的方式把想说的话表达出来。

身为母亲，实践经验告诉我：成功地说服孩子需要不断尝试和反复练习，要愿意倾听孩子的真实想法并保持开放包容的心态。不同的孩子对于不同的沟通方式和技巧会给出不同的反应。假设你的孩子出现了错误行为，你当然可以在事发之后立即和她沟通；不过，如果你的孩子不喜欢被当场训斥或者严厉管教，你也可以告诉她："你刚才的行为让我很生气。我希望你能冷静下来，仔细想想哪里做错了，然后我会找你谈谈。""知子莫若母"，你完全可以利用对孩子的熟悉和了解得到自己想要的结果——不需要有人号啕大哭或者夺门而出。我发现和雅各布谈话的最佳时间是我们出门骑车的时候。在我办理离婚手续的那段时间，我和雅各布之间最顺畅的交流基本上都是边骑自行车边完成的。在这种状态下，他坦诚而放松，所以我们的对话也很真诚，而且很有意义。

"不是我"

假设孩子被冤枉了，八步法可以保护他们免受错误推断造成的伤害。

护士凯特下班回家后，发现"传家宝"台灯被摔碎了，但三个孩子（7 岁、9 岁、14 岁）都宣称自己是无辜的。于是，她利用直接询问的技巧对三个孩子进行了单独讯问，条理分明地对每个孩子提出了相同的"一连串问题"："你放学到家是几点？""你回来的时候还有谁在家？""到家之后你做了什么？"然后，她把三个孩子召集起来，依次和每个孩子进行沟通。最后，他们揪出了弄坏台灯的"罪魁祸首"：家里的宠物狗贾斯珀。

我也碰到过类似的、错怪孩子的情况。

为了庆祝女儿的五岁生日，我邀请了 6 位小女孩到我家来举办一场两个小时左右的生日派对。我非常喜欢帮孩子组织派对，但我必须承认的是：为孩子组织一场派对承受的压力远远大于在全美都能收看到的电视节目上和比利·欧莱利辩论。我会有很多典型的“妈妈式担心”：这些小女孩们能玩到一起吗？会不会有人感觉自己被孤立了？她们会喜欢“蒙眼给驴贴尾巴”的游戏吗？他们够得着糖果彩罐①吗？如果下雨了，她们不能出去玩，我该怎么办？

我唯一不担心的就是食物。没有人会饿着肚子回家。我做了一大盘花生酱和果冻三明治，还买了非常漂亮的巧克力生日蛋糕：蛋糕外面厚厚的粉色糖霜，最上面还放上了一个塑料芭蕾娃娃。距离派对开始还有一个小时，我来到书房拿藏在这里的蛋糕。但当我打开门看到蛋糕的时候，我差点仰面朝天，直接摔倒。我简直无法相信自己的眼睛。我买的生日蛋糕现在看上去就像月球表面，上面的糖霜不知道被谁用手指全都毁掉了。

我首先怀疑的就是我儿子雅各布（仅基于微弱的间接证据）。不过，几个小时以前他就已经出门了，说自己要和朋友们去打篮球（并承诺会赶回来参加妹妹的生日派对）。如果不是他，把蛋糕弄坏的又会是谁呢？那段时间家里没有客人，只有雅各布、丹妮尔和我。这种顽劣的事情一定是雅各布做的。

我气到发抖，带着已经惨不忍睹的蛋糕冲进了之前买到蛋糕的那家甜品店。“请你帮帮我，”我边哀求边把“遍体鳞伤”的蛋糕放到了柜台上。幸运的是，他们善良地帮助了我，我送去的蛋糕很快就恢复了原状。我又赶紧冲回家，准备迎接那些要来参加

① “蒙眼给驴贴尾巴”和糖果彩罐都是美国儿童生日派对中的传统娱乐项目。

派对的小女孩。拎着蛋糕下车时，我正好看到雅各布推着自行车准备回家。我恶声恶气地说明了情况，然后问他有没有什么要辩解的。从他的眼神当中，我当即判断出他根本不知道我在说什么。

我到女儿的房间找到了异常安静的丹妮尔。“丹妮尔？”我边走进房间边问，“你有没有碰过你的生日蛋糕？”

“没有。”她说。

“完全没有碰过吗？”

“没有。”

“那太好了，我还担心你不喜欢那些糖霜呢。”

“不，我很喜欢。”她的回答简直是自投罗网。

我慢慢冷静下来后，问她为什么要毁掉自己的蛋糕。她的答案很简单：我知道你能补救它。

唉，为人父母啊。

我发现我们能给孩子的最佳建议就是弄明白他们到底想做什么，然后建议他们去做。

——哈里·S. 杜鲁门①

作业谈判

鲍勃是一位在家工作的单身父亲，每天晚上他都会因为家庭作业的问题和读八年级的儿子布莱克正式“宣战”，他已经受够这种生活了。布莱克对所有带有“学校”字眼的事情都无动于

① 哈里·S. 杜鲁门（Harry·S. Truman），美国民主党政治家，接替因病离世的富兰克林·罗斯福总统，成为美国第三十三任总统。

衷，他的兴趣全在打游戏、煲电话粥和拒绝父亲的建议这三件事情上了。“我真的要放弃他了，我要送他去少年犯管教所，”鲍勃半开玩笑地说，“每天晚上我都觉得自己好像在和外星克隆人谈判，因为它把我的真儿子掳走了。”

通过八步法，鲍勃现在已经可以控制自己的情绪并掌握谈判的主动权了。他的案件主张：在父子不“开战”的前提下让布莱克自觉地完成作业。鲍勃认为和这位“陪审员”沟通的最佳方式就是和他坐在一起玩电脑游戏。“嘿，”某天下午他对儿子说，“你能教教我怎么打游戏吗?”

“你会想要玩超级马里奥?”他的儿子疑惑地说。

根据提前收集到的信息，鲍勃回答：“对啊，我想从布泽手中解救碧琪公主啊。”

“那个人物叫库巴，爸爸。”布莱克笑着说。

“对，就是他。这就是我要玩游戏的原因。”

于是，他们坐了下来，布莱克教鲍勃怎么打游戏。“看到了吗，这就是库巴，他是库巴王国的国王。每座城堡都有能喷火的怪兽看守，你必须打败这些龙，然后找到公主。不过，找到她可不容易。通常你找到的都是公主的仆从，她们会说‘我们的公主被关在另外一座城堡’。”

“你是怎么学会这些的?”鲍勃开始温和地把儿子引入正题。

“需要大量的练习啊，我花了很多时间玩超级马里奥。”

“那这是你将来想要从事的工作吗，设计出这样的游戏?”他们又过了一关之后，鲍勃问。

“是的，”布莱克说，“但并不完全一样。我想加入更多神话角色。”

“那怎样才能成为电脑游戏的程序员呢?”

“你要学习很多东西,”布莱克说,“你必须掌握电脑技术、工程技术、图像设计的知识。当然,如果你想设计游戏,还要能创作故事情节。”

“在哪里能学到这些呢?”

“大学啊。”布莱克看着鲍勃,好像他是三只眼睛大怪物。

“这么说,高中毕业之后,你准备上大学,对吗?”

“对啊。”

“你觉得什么样的高中成绩才能让你考上大学呢?”鲍勃问道。

布莱克转过头看着父亲,脸上带着恍然大悟的神情。“可能要比我现在的成绩好一些。嘿,你能不能给我辅导一下初级代数的那几道题?”

“当然,”鲍勃回答,“写完作业之后,我可以带你玩另外一款超级马里奥的游戏。”利用儿子有些早熟的责任感,鲍勃引导他自己得出了“要写作业”的结论。鲍勃告诉我,布莱克现在看上去很享受把自己的聪明才智都用来写作业,或许他也想要通过自己的努力先实现近期目标(取得好成绩),然后以此为基础实现更远大的目标(成为一名游戏程序员)。

实践出真知

洛蕾尔和她丈夫都有很理性的消费观,并希望能把这种消费观灌输给孩子。但不论他们怎么说或者怎么做，儿子肖恩依然会我行我素地把自己每周的全部零花钱花个精光，然后“买回一些垃圾”。她还给儿子买过那种玻璃小猪存钱罐，不过，在短短两周的“储蓄生活”之后，肖恩就打碎了存钱罐，花光全部积蓄买了几张棒球卡片。洛蕾尔决定尝试用八步法说服儿子。

洛蕾尔在后院发现了一些有力证据，于是决定就在这里和儿子进行沟通。有一天，肖恩刚放学回家就向妈妈要零花钱。“你的零花钱在外面。”洛蕾尔回答。

“外面?”他问。

“没错，”她微笑着说，“跟我过来，我指给你看。”

肖恩跟着母亲走出后门，坐在野餐桌旁看着各种小动物在初秋的天气里跑来跑去。洛蕾尔拿来了为说服儿子准备的材料，开始阐述自己的观点，并对儿子进行了温和的直接讯问。

问：你看到那些松鼠了吗?

答：看到了啊。

问：它们都在做什么呢?

答：吃橡果。

问：你确定吗?你再认真看看它们在做什么。

答：哦，它们把橡果外面的部分扒掉了，然后把橡果带回了家。

问：它们为什么要这么做?

答：我不知道，或许它们想把这些橡果存起来以后吃。

问：为什么要存起来呢?

答：嗯，可能是因为它们能感觉到冬天就要到了，它们不想饿死。

洛蕾尔点头同意。“因为你帮忙做家务，我们每周会给你多少钱?”她问。

“20 美元。”

“这件事情有多久了?”

“很久了,”肖恩回答,“至少有两年了。”

“一年有多少个星期?”

“50?”他问,“不对，52。”

“没错,”洛蕾尔边说边给肖恩递过去一张纸和一支笔,“好，你算算 52 乘以 20 是多少。”

他的小手在纸上窸窸窣窣地完成了演算:“1040。”

“现在再乘以 2。”洛蕾尔继续说。

肖恩说:“2080。”

“你一直想让我们给你买的那辆四轮车多少钱?”

“1000 美元。”肖恩瞪大双眼，对母亲的意图恍然大悟,“你的意思是我完全可以用自己的零花钱买下那辆车?”

“事实上，能买两辆。”洛蕾尔笑了,“你现在手上还有多少钱?”

“一分钱都没有。”肖恩说。

在进行结案陈词时，洛蕾尔抽出一张 20 美元的纸钞，把它夹在了当地银行的儿童储蓄账户开户申请表上。“小松鼠可想不出这样主意。如果你能填好这份申请表，就可以在这家银行拥有一个属于自己的储蓄账户了。接下来，你就可以为四轮车存钱了。”

肖恩急忙接过申请表。洛蕾尔说，现在肖恩已经拥有了自己的储蓄账户，也爱上了存钱这件事。

当孩子不再问他们是从哪里来的，也拒绝透露自己要去哪里时，他们真的长大了。

——P. J. 奥罗克[①]

家庭危机

迈克发现16岁的儿子戴维和他们的关系似乎正在不断疏远，不再有任何互动了。以前戴维是一个阳光、外向、开心的孩子，是所有人的“开心果”。他有时会自己排练节目，然后在客厅演出。现在，他整天闷闷不乐，不和任何家庭成员沟通，独自吃饭，拒绝参加家庭旅行，喜欢把自己单独关在房间里。起初，迈克认为戴维的这种变化不过是普通的青春期叛逆。但很快，戴维似乎对照顾好自己也失去了兴趣：他经常不刮胡子、头发又长又乱、指甲里都是泥污。

过了一段时间，情况变得更糟了。迈克和他妻子发现自己钱包里的钱经常不翼而飞，家里那些珠宝和其他贵重物品也经常莫名其妙地消失。一开始，他们想得很简单：可能是自己记错了东西放在了哪里，或者记错了钱包里到底有多少钱。后来，他们觉得事情变得越来越可疑了。每次迈克想要和戴维谈谈他的近况，戴维就会敷衍地说：“我很好。我在过自己想要的生活。”

一天，当迈克钱包里的一张50美元的纸钞再次消失后，带着生气和担心的情绪，迈克趁戴维晚上出门的机会溜进了他的房

① P. J. 奥罗克（P. J. O’Rourke），《纽约时报》畅销作家。

间。他并不想这么做，但又太想找出答案了。事实证明，翻查结果让他震怒了：他从最底层的衣柜抽屉里翻出了一个透明的、装有白色粉末的袋子。迈克知道里面是可卡因。

他哭着找到妻子，给她看了他发现的东西。他们两人都崩溃了。他们指责自己，也指责戴维，指责戴维喜欢的音乐，指责他的那些狐朋狗友。不过，他们随即意识到寻找所谓的“罪魁祸首”没有任何意义。他们必须去和戴维谈谈。

第一次和戴维的沟通基本就是“两军对垒”。迈克犯了“致命错误”，他的情绪完全失控了，做出了错误推断，还对儿子进行了威胁和恐吓。戴维拒不承认那些可卡因是自己的，又被迈克擅自搜查自己房间的做法彻底激怒了。迈克对戴维实施了无限期“禁闭”——虽然他知道以自己的工作时间根本不可能实施这项惩罚措施。

家中的敌对气氛持续了几周之后，迈克认为他必须要选择一种更有效的方式说服戴维，让他知道自己的行为让父母多么失望和伤心，并鼓励他做出改变。在收集支持自己观点的证据时，迈克找到了戴维在学校的辅导员。辅导员建议他去找戏剧社的主管老师查林先生求助。辅导员解释说学校的戏剧社拥有全美知名的培训课程，而且查林先生很擅于帮助学生做出积极的改变。迈克找到了查林先生，表明来意，希望他能考虑让戴维加入戏剧社的培训课程。

经过多次沟通，查林先生同意只要戴维愿意到戏剧社帮忙，全力以赴地排练和演出，并且承诺不吸毒、不酗酒，他就允许戴维加入戏剧社的培训项目。迈克知道这只是万里长征的第一步，但他知道儿子的兴趣所在，他觉得自己能说服戴维。

某天晚上，迈克平和地敲响了戴维的房门，询问自己能否进来。“戴维，”他走进房间，和儿子一起在床边坐了下来，“你妈妈和我都真心希望你能快乐。对我而言，世界上没有任何其他事情比这更重要了。我知道现在的青少年很不容易，会有很多困惑，而我只是想要帮助你。我有一个想法：你们学校有一个非常棒的戏剧培训项目，我已经和戏剧社的主管老师沟通过了，他很希望你能去尝试参与他的培训项目。”

戴维狐疑地看着迈克，然后立刻想出了100万个拒绝参加戏剧社的借口。迈克打断他说：“戴维，我知道这可能并不是你现在最想做的事，但之前发生的事情以及你目前的生活状态真的让我非常难过。这些年我们对你提出过任何过分的要求吗？”

“没有，爸爸，完全没有。”

“我有没有竭尽全力为你提供你想要的一切？”

“有。”

“我有没有通过努力工作为你提供舒适的生活环境，还让你去上了吉他课？”

“有。”

“那你能不能去戏剧社试试看，就算帮我一个忙？听着，我知道你一直想要一辆自己的车，那我们就来做笔交易：只要你能全身心地参与到戏剧培训项目中——包括遵守查林先生提出的所有规则——我就在项目结束之后给你买辆车。”

戴维上下打量着他父亲。“你说真的？你会给我买车？”

“是的，”迈克说，“我保证。我违背过自己的承诺吗？”

“从来没有。”戴维说，“好，我去试试。”

当天晚上，初尝胜利果实的迈克高兴地离开了儿子的房间。虽然他没有太多积蓄，给戴维买车对他而言会是不小的负担，但他也非常清楚他们必须现在就说服戴维，否则将来势必会付出更大代价。查林先生果然名不虚传，他严格执行着自己制定的规则并时常告诫戏剧项目的学生——如果他们连这么简单的规则都不能遵守，就请立即退出。在培训和排练的那几个月当中，戴维坚持参加了所有活动，收获了宝贵的友谊，欣喜地发现了自己的歌唱和表演天赋，他的生活重回正轨。他自觉地摆脱了毒品。经过一番深刻地自我反思之后，他做出了彻底的改变。

最终，戴维并没有依约接受父母给他买车的“交易”——而是用自己在商场兼职攒下来的钱给自己买了车。终于，戴维重获新生。

我们要花 12 个月教会孩子走路和说话，然后再花 12 年教会他们坐下和闭嘴。

——菲利斯·狄勒①

榜样的力量

父母是孩子的榜样。就像他们会对真人真事以及能说明你的观点的配图插画做出回应一样，他们也会观察并模仿父母的行为，这种学习过程和经典的儿童游戏“请你跟我做”非常类似。在他写的那本颇有开创意义的育儿学著作《真正的男孩》中，威

① 菲利斯·狄勒（Phyllis Diller），美国著名喜剧女演员。

廉·波拉克①建议，父母应该用实际行动告诉孩子到底应该怎么做，而不是单纯地对孩子说教，“言传不如身教”。“别用这种语气和你妈说话”，这种说教的成效远不如让孩子耳闻目睹你自己是如何用实际行动尊重妻子的。这也意味着，如果你想成为一名自圆其说的“辩手”，就必须坚守自己的立场和主张，并且落实那些在和对方谈判时你自己开出的条件。

我儿子就曾经用事实告诉我“以身作则、说话算数”的重要性。当时，儿子对我说：“妈妈，你说过如果我能把房间收拾好，就带我去滑板公园。可是现在你还在工作，滑板公园都关门了。所以，明天吃完早饭之后，我们必须马上就去那里玩滑板。”在被儿子用交叉询问的方式“弹劾”之后，我意识到自己不应该擅自改变双方协议的条款。于是，第二天的大清早，他刚吃完自己早餐麦片，我们就立刻出发，奔向滑板公园的那些特技表演用的U形管了。

有时，当你试图在孩子身上使用八步法时，他们可能也会“以其人之道，还治其人之身”。

丹妮一直在央求我同意让她养小狗。我向她解释我们刚刚搬完家，必须要先把自己安顿好，才能考虑宠物的事情。我列举了很多证据，证明她的生活到底有多忙——她要去探望爸爸、和朋友出门玩，还要经常在西雅图和纽约之间往返去看自己的爷爷奶奶。“养狗意味着承担责任，”我说，“就算我同意你养小狗，但

① 威廉·波拉克（William Pollack），美国哈佛大学心理学家。

我们都这么忙，它会非常孤单的。”

“不，它不会的。”丹妮反驳道，“它会非常喜欢我们的生活。”

“那你要先证明你的确可以照顾好宠物，向我证明你能承担这种责任。证明这件事要循序渐进，你可以从养更小的动物开始。要不然我们先养一条鱼？等你能把鱼照顾好，我们就可以养猫了，等你能把猫照顾好，我就同意你养小狗。”

“太好了！”她作出了自己的“判决”。当时，我以为这种方法至少能为我争取几年时间。

不久，我们就成了两条金鱼的主人，并给这两条金鱼买了漂亮的鱼缸、很多鹅卵石、一棵迷你棕榈树。几天之后，我发现丹妮没有按照我们说好的计划，每天给它们喂食和换水。只有当我问她有没有喂鱼时，她才会在我的提醒下不情不愿地往鱼缸里撒几粒鱼食，然后趴在一边看着她的小鱼狼吞虎咽地吃光这些鱼食。

几周之后的一天，我“终于”在鱼缸里发现了一条静静漂着的金鱼。我不知所措，根本不知道该如何向女儿解释她的宠物死掉了。我和她一起回到了她的房间，用鱼网把那条“无名氏”金鱼捞了上来，站在马桶旁边为它举办了一场“隆重的葬礼”，目送着这条可怜的小金鱼旋转着回到了自由的“天堂池塘”。然后，我小心翼翼地询问了丹妮的感受。

“没事。”她说，“一条死掉了，那条也快了。”

“你说什么？”我问。

“是啊。”丹妮说，“等第二条金鱼也死了，我就可以开始养小猫了……”在她的逻辑当中，“把两条小金鱼都养完”会让她更接近自己的终极目标——养狗！当你自作聪明地认为自己已经是育儿专家的时候，孩子们总会用自己的逻辑让你尝到当头棒喝的滋味。

伸出援手

某天下班回到家后，我发现我儿子雅各布保持着一种异常的沉默而且垂头丧气。我主动问他今天到底出什么事了的时候，他才说今天晚上校长德里耶博士会给我打电话。我想当然地认为一定是雅各布犯了什么错才会让校长认为有必要直接和我沟通，但雅各布却非常肯定地说校长打电话并不是因为他犯了错误，而是因为今天在他身上发生了某些不好的事。经过反复催问，雅各布不情不愿地告诉我，今天他在学校操场被同班的马克思揍了。我当时极为愤怒，母性保护意识爆发，但仍然想出了保护儿子的在校安全的方案。

第一步：我的案件主张。我必须要保护好我的孩子，让他无论在身体上还是心理上，都不再受到同样的伤害；对于已经发生的事情，我必须竭尽所能地消除可能的负面影响。至于我对“外部世界”的要求，在查明事实真相之后，我必须确信学校能充分意识到事情的严重性，也让马克思明白伤害我的儿子——或者伤害任何人都要付出代价。我必须保护好雅各布的自尊心，确保他不会认为自己是一个脆弱的人。

雅各布告诉我，今天给他们上课的是一名代课老师，她已经向校长解释了事发经过。于是，我确定了自己的陪审员人选：校长（第二步）——虽然我也可以先去找雅各布的老师，告诉她我会去找校长谈谈。我并不打算直接联系马克思的妈妈和她讲道理。雅各布身上的瘀青充分说明这件事情并不是私下道歉就能解决的。

我开始了第三步工作——收集证据——我让雅各布平静、详细地告诉我当天到底发生了什么。为了弄清楚证据开示的范围，我问雅各布当时有没有目击者看到了事发经过，或者他有没有把这件事告诉其他人，并再次确认了事发时间。我给两位看到、知道事发经过的男生父母打了电话，向他们详细解释了我目前掌握的信息，并提醒他们关注自己的孩子，因为他们可能也会因为自己今天听到和看到的事情而受到伤害。（结果，目击证人之一——他们班上个子最矮的男生——找过马克思并告诉他："我特别生气，你伤害了我的朋友！"）

两家父母在和自己的儿子谈过之后，都给我打了电话，确认了雅各布告诉我的都是实情。然后，我让雅各布把具体的事发经过写成了一份"书面证词"：马克思打了他几拳，打到了哪些部位；马克思踹了他几脚，踹到了哪些地方；马克思说过什么。他自己手写完成了这份书面证词，字里行间还有不少拼写错误。我认为把事发经过写出来，也能有效地帮助他释放压力。

在接下来的第五步和第六步中，我要预估对方可能会提出哪些抗辩。我询问了雅各布是否了解马克思这样做的原因。（"你们俩有宿仇吗？还是你做了什么让他生气的事情？"）雅各布说马克思的人缘其实很好，不过他的很多朋友同时也是雅各布的朋友，而且雅各布还被同学们视为很厉害的运动健将。这让马克思妒火中烧。“你还手了吗?”我问。雅各布说没有。

第二天早上，我带着雅各布手写的书面证词（哦，还有我儿子对妈妈能“凶悍地”为他出头而表达的感激之情），到学校阐明了自己的诉求和主张（第四步）。在和校长约好见面的时间之后，我先找到了雅各布的老师，向她讲述了事发经过，让她看了雅各布的手写书面证词。她吓坏了，并且感到非常抱歉。她说她会确保这样的事不会出现第二次，还承诺一定会把详细情况告知校长。

接下来，在校长办公室，我冷静、平和地对校长说，我必须把昨天在学校操场上发生的事情告诉她：雅各布看到有两名男生在玩“暴力游戏”，就走上前试图把他们分开。这时，马克思忽然转向他，对他拳打脚踢。结果，雅各布肚子上挨了两拳，后背和大腿都被踹到了。我掏出了雅各布的书面证词，向校长展示了雅各布对自己被揍经历的描述（“大腿”还被错误地拼成了宗教用语的“你的”）。雅各布没有还手，只是大声质问马克思：“你知道你在做什么吗?”马克思的答案是脱口而出的一连串脏话和咒骂。我把这份书面证词递给了校长，校长问两个孩子是否积怨已久。这个问题完全在我意料之中。于是，我把雅各布推测的打架原因告诉了校长。校长说昨天雅各布找她寻求帮助时，她特别自豪；而我告诉校长那是因为我总是教育雅各布遇到困难时一定要马上寻找合适的“权威”解决问题。

在进行结案陈词的时候（第八步），我告诉校长德里耶博士，每个孩子都有权从学校获得安全感，每个孩子都应该认为学校是安全的，学校对校园暴力应该绝不容忍和绝不姑息。我要求学校采取以下措施：通知马克思的父母，让他们了解事发经过；把这起校园暴力事件通知全体教师，让他们特别留意马克思的行为以防止他再次出现情绪爆发；在操场活动时，学校应该在不伤及孩子自尊和自由的前提下，对雅各布提供适当保护。校长满足了我的全部要求——并承诺会跟进、落实。

八步法让我勇敢地站出来，有效地保护了我的儿子。

教给孩子如何做

你不可能花钱让我重返校园了。如今，在校园里，一个孩子对待另一个孩子的方式可能会非常恶毒、残忍，而大部分孩子并不会和我们分享这些事，所以我们可能会对他们的遭遇毫不知情。不过，八步法能够让你在与孩子沟通具体问题时，真正做到“动之以情，晓之以理”，让孩子生活在稳定的、可预期的管教规则当中。

为了能给我的孩子提供一种让生活变得更美好、奋斗变得更轻松的方法，我把八步法教给了他们，并鼓励他们在和朋友发生争执或者独自面对生活的挑战和诱惑时，通过这八个步骤“三思而后行”。

以下是一个“教学实例”：

第一步：你想要什么？（案件主张）你的诉求可能非常简单。“我想让两个朋友在咱们家留宿。”

第二步：谁能帮助你实现诉求以及最佳的求助时间是？（陪审团遴选）“首先，我要得到你的批准。然后，我需要征求朋友们的意见。最后，我们还要得到他们妈妈的同意。”

第三步：支持你的诉求和主张的理由是？（证据开示）“自从开学之后，我们就再也没有组织过夜聚会了；这周末我们的作业不多；《海底总动员》出光盘了；你的工作太忙了，根本没有时间陪我玩；我已经把房间打扫干净了，也做了很多家务。”

第四步：你要怎么说服陪审员？（证明）“我妈妈说周五晚上你们可以都到我家来，我们可以举办过夜聚会。她会帮我们订披萨，我们还可以把睡袋放到客厅，就在那里睡觉。”

第五步：你会对他们提出哪些问题？（交叉询问）“你们愿意来吗？你妈妈会允许你带上那些任天堂的游戏光盘吗？你有睡袋吗？”

第六步：你怎么防止自己生气发火？（避免七种错误）“如果你不同意我的朋友来咱们家过夜，我不会哭。我会告诉你为什么这对我来说很重要。如果我的朋友们不能来，那我可以再去邀请其他人。”

第七步：你能通过讲故事的方式表达自己的感受吗？（讲个故事吧）“我会告诉他们，我们住在西雅图时，每个月我的朋友都会到我家举办过夜聚会。我们会用毯子搭帐篷，你会给我们做爆米花，我们可以一起玩电脑游戏，直到深夜。”

第八步：你要怎么总结？（结案陈词）“我会对我的朋友说：‘我非常希望你们能来，我保证我们会玩得很开心。如果你妈妈给我妈妈打电话，我妈妈也会说非常欢迎你们来玩的。你觉得呢？要来吗？’”

我发现如果我的两个孩子能在和我、他们的朋友、学校老师或者其他人沟通之前明确地知道自己想要什么，这些沟通都会更为顺畅，参与沟通的人也都能更为开心，我面临的育儿挑战也会轻松许多。我可以肯定的是：他们已经意识到如果自己能做到不满地打滚、不停抽泣或者抱怨，而是冷静地阐述自己的观点，如愿以偿的可能性往往会更大。

当然，在养育孩子的过程中我们需要找到一种“微妙的平衡”。既不压抑他们的天性，又要对他们的行为进行约束和管教。八步法可以让我们做到该教育时就教育，该帮忙时就帮忙，该放手时就放手。最重要的是，八步法营造出的沟通氛围可以让你对孩子做出最有利的裁决——爱。

生活中的挑战

摘要：八步法与育儿经

在和孩子沟通之前，你需要回答这些问题

- 在这件事情上，我对孩子的要求是什么？
- 我的短期目标应该如何服务于长期目标？
- 在这件事情上，我说服孩子的方式对他有效吗？如果换一个孩子呢？
- 我的最佳证明顺序是？我想利用的所有证据都适合现在的情况吗？假设我想说服女儿不要每天睡到中午才起床，那“她总是等到周日晚上才开始写作业”和我要提出的诉求有关吗？

- 如果发生争执，我的孩子需要“中场休息”吗？我自己需要“休庭”吗？
- 如果我需要从孩子那里了解事实真相，我准备的这些问题能问出我想要的信息吗？
- 作为提出要求的人，我自己“以身作则”了吗？
- 无论是面对我还是其他人，我有没有给孩子留下为自己辩护的空间和机会？

第 14 章

写在最后

> **永远不要害怕尝试新鲜事物。记住，业余的人建造了诺亚方舟，而专家建造了泰坦尼克。**
>
> **——佚名**

有句话虽然听上去很老套，但也的确是事实：人生苦短。没有人能预知明天会发生什么，所以我们都要活在当下。

六年多前，我生下女儿的那段时间，对此深有感触。我的孕期一切正常，产前检查的各项指标也都不错。但在临产前的几周，我的血压忽然升高到了非常危险的程度。产科医生建议我赶紧选好时间，直接实施剖腹产。

手术前几天，我住进了医院。护士马上就开始给我注射催产素，以加速生产过程。生孩子的过程虽然不容易，但也算顺利。几个小时之后，我的宝贝女儿丹妮出生了，她有可爱的小脸和软软的手指——非常漂亮。她出生之后，我把她抱到了胸前。然后，一切都变了。

我突然感觉异常虚弱，然后开始恶心反胃。我很害怕，连抱住女儿的力气都没有了。“快接住孩子，”我低声说，“我没力气了。”我眼看着围在我床边的那些人脸上的表情从喜悦变成了担忧。在孩子刚出生的那几分钟之中，大家的注意力都在孩子身上。不过，现在当他们看向我的时候，每个人都露出了担忧的神情。我当时疲惫不堪，昏昏沉沉。我听到对讲机里在重复："产科，蓝色警报。①"几秒钟之内，我身边就出现了好多穿着白大褂的人。我就要死了。

我现在还不能死，我想。我还有好多事没来得及做。为了孩子，我必须活下去。虽然我觉得非常疲倦，但仍然努力地让自己不要闭上眼睛。我模模糊糊地听到旁边的医生对另一位医生说我"快要不行了"。当时，我床边还有一名护士。于是，我伸出手抓住她说："求求你，帮帮我。"

我很喜欢自己掌控自己生活的感觉——所有事情都按照我的计划进行。但当我独自一人无助地躺在医院病床上时，才意识到在很多情况下，我们根本无法决定自己的境遇。很多事情会在几秒钟之内让我们制定的那些宏大的人生规划变得毫无意义。无论我们多么努力，还是会有很多事情完全不在我们的掌控之中。在输了很多血之后，我的医生俯下身轻声说："你脱离生命危险了。"因为太过虚弱，我被独自留在产床上"继续观察"。又过了几天，医生才终于允许我带着刚刚出生的女儿出院回家。

但正是那天晚上——我女儿出生而我病危的那天晚上——让我意识到自己似乎已经陷入到了某种惯性当中，不想承担任何风险，也不想做任何可能超出我的掌控范围的事情。我的确可以在

---

① 蓝色警报（Code Blue），通常指病人出现了危及生命的紧急情况，需要急救。

法庭上做到“活在当下”，但在生活中却没有做到。

脱离危险

这次经历和八步法彻底改变了我的人生。

现在，你已经掌握了律师每天在法庭上使用的那些秘诀和技巧了。从交通法庭到最高法院，这些秘诀和技巧都能帮助律师赢得胜诉。不要等到为时已晚，才“事后诸葛亮”地说你本应该、本可以或者其实能做出某种选择或者完成某项工作。你无法控制自己的人生何时结束，但完全可以决定自己到底要如何生活，如何把握当下。你想要什么？做什么才能让自己过上更好的生活？怎样做才能让你过得更开心、更健康或者更充实？

你已经脱离险境了——你拥有了一种可以帮助你应对各种复杂情况、以赢家的姿态面对并解决各种生活难题的“超能力”，也拥有了直面恐惧、承担风险、为自己争取权益的勇气和力量。人的一生真的太短了，短到任何来自你心底的不安、恐惧和软弱都会让你无法实现自己的目标。迎难而上——不要总等待别人救援。现在，你已经掌握了那些最厉害的律师在面对最复杂的案件时会采取的诉讼技巧和策略。在面对困难或者与别人发生冲突时，八步法可以帮助你摆脱那种无力感。

一条事先声明

请记住，就像我之前说过的，这本书的目的绝不是让一个本来就喜欢对簿公堂的社会变得更加热衷于诉讼。八步法应该可以在不发生激烈冲突、不需要“法庭见”的前提下帮助你顺利地解决冲突，但不可否认的是有些时候事情的发展仍然会超出你的能力范围。假设你因为醉驾而被交警截停、被商场指控盗窃商品，或者银行要对你的房产实施强制拍卖、国税局要对你的收入进行审计，或者你要和前夫争夺孩子的抚养权……如果出现以上情况，你仍然需要求助外界力量。在这些情况下，请务必为自己聘请律师——这时，你的获胜策略就是**承认自己需要帮助**。

在离婚的过程中，我没有选择自我辩护，而是聘请了专业的离婚律师。因为处在当时的情况下，我太容易感情用事了。为了维系这段婚姻，我耗尽了心力，所以在最终仍要面对离婚的结局时，我不得不求助外力。

我认为你可以采取这种思维方式：假设你病得很严重，那肯定会毫不犹豫地找医生看病。同样地，当你遇到“与法律有关的麻烦”时，也不要幻想可以靠自己解决问题。虽然每个人都有权做自己的律师——这种情况被称为自我辩护①——就像我的朋友曾经说过的，你当然有权选择在暴风雨的天气里独自完成撑杆跳动作。如果你准备应诉或者想起诉别人，那我给你的建议是：除非你对于自己败诉之后可能会承担的法律责任毫不在意，否则自我辩护都是一个非常轻率的决定。当然，在寻找合适律师的过程中，你仍然可以使用八步法，然后依靠律师的帮助赢得胜诉。

---

① 自我辩护（pro se），在诉讼案件中，不聘请律师而是选择自己为自己辩护的当事人。

写在最后……

请记住，真正有效的辩论并不是要“打败”对方，而是以尽可能积极的方式得到你想要的结果。大多数喜欢在法庭上欺侮、打压对方的律师都会败诉，因为陪审员通常无法容忍这种卑劣行径。即便你用这种手段获得了胜诉——你真的想要带着那种负罪感入睡吗？最好的律师会给予对方当事人充分尊重。最厉害的辩护技巧不是威胁别人——而是真正说服对方，让他愿意加入你的阵营。

这并不是说你的人生不会再有任何波折。在遭遇挫折时，每个人也都难免会产生自我怀疑。

接到福克斯新闻频道负责人罗杰·艾尔斯的电话时，我正和自己的离婚律师站在法院门口的台阶上。接到电话之后的那几天，我犹豫不决，并不确定自己是否应该放弃在西雅图的稳定工作和舒适生活，搬去纽约重新开始。那天，我正在洗手间化妆，准备录制西雅图本地电视台的一档新闻节目。这时，我的手机响了，给我打电话的正是比利·欧莱利。“丽斯，”比利说，“我知道你肯定有些害怕，毕竟你要带着孩子搬到 3000 英里以外的地方重新开始。但这就是生活，有时候你必须要去冒险。”

“如果我失败了呢？”我盯着洗手间镜子里的自己。

“你不会的。”比利说。“就算失败了，至少你尝试过了。”

他的这番话让我想起了躺在病床上时想明白的那些事。“谢谢你，比利。”我说，“纽约见。”就这样，我克服了内心的恐惧，带着两个孩子和我母亲（慷慨地主动提出可以帮助我们搬家）坐上飞机，飞越了大半个美国，抵达纽约，在福克斯新闻频道开启了新事业，放弃了在西雅图那种温吞而舒适的生活。那天降落在纽约的时候已经是深夜了，然后我们又花了很长时间才从肯尼迪机场打车到了韦斯切斯特①。我们在我租好的房子前下了车，却发现自己被锁在了门外。好不容易折腾进家已经是凌晨三点了，家里什么吃的都没有，也没有床单，燃气灶也坏了。

刚刚躺下休息没过多久，我的手机又响了。当时是早晨六点，福克斯电视台的制片人打电话通知我：华盛顿狙击手被捕了，他希望我能在九点的直播节目中对这起案件发表评论。我蹲在地上哭了起来。我被压垮了。我的车还在运输途中，而我根本不知道怎么进城。最后，我擦干眼泪，做了自己必须要做的事——走到马路对面，向邻居做自我介绍，然后请他带我去火车站。

刚搬到纽约的那段时间我的生活顺利吗？当然不。可怕吗？非常可怕。是不可能完成的任务吗？也并不是。我在本书中倡导大家使用的那些技巧和方法帮助我适应了新的工作，掌握了主动权，让我拥有了更美好的生活。我的生活常常会有各种磕磕绊绊，我相信你也同样如此。不过，八步法能帮助我解决问题——日常生活中的各种问题。当然，我也不会为了在超市结账才想起钱包落在家里了这种事情就长篇大论地为自己争取更好的解决方

---

① 韦斯切斯特（Westchester），美国纽约州的一个县，距离纽约市约一小时车程。

案。但我的确会先思考“我的诉求是什么”以及“我现在需要什么”。这种思维方式能让我保持冷静，并关注问题本身。当我发现自己其实只是想把这些日用杂货买回家，就会先去找超市经理，请他帮我把购物车里的东西留好，然后跑回家去取钱包。

我在法庭以外取得的所有成就几乎都得益于八步法这种能有效引导我“摘取胜利果实”的处事方法。有句话我想再次重申：在你的生活当中——当你面临生活的苦难和挑战时——也可以尝试先明确自己的诉求。这种方法往往会为你带来意外之喜。

祝大家好运。你已经学会了如何说服别人并证明自己，也拥有了逢战必胜的力量。

致　谢

我想要感谢这些人。我的合作编辑布鲁斯·利特菲尔德，他凭借自己的想象力、智慧和幽默让我在写这本书时乐在其中。布鲁斯和我拥有完全一致的“诉求和主张”——帮助人们战胜生活中的挑战。没有人能比布鲁斯还清楚究竟应该如何讲出好故事了。

感谢那些在巴兰坦出版社工作的朋友，包括我的编辑莫林·奥尼尔、吉娜·森屈罗、南希·米勒、吉姆·霍维、安东尼·齐卡迪、约翰娜·鲍曼以及劳拉·乔斯塔德。感谢你们愿意出版这本书，感谢你们给予我的支持和信任。同样，感谢兰登书屋有声读物的雪莉·胡贝尔。

感谢我在福克斯新闻频道的老板罗杰·艾尔斯，他很“大胆”地提供了工作机会并把我带来了纽约。对此，我将永远心怀感恩。

感谢我的同事比利·欧莱利……能被他称为“我的朋友”，我荣幸之至。

我的书稿代理人——扎卡里·舒斯特·哈姆斯沃斯公司的托德·舒斯特，非常感谢他愿意相信我，并支持这本书中提出的“观点和理论”。感谢教过我的安东尼·刘易斯教授，以及我的朋友马乔里·多布金。

感谢罗布、戴维和欧文。

凯瑟琳·克兰佩勒、杰恩·博尔曼和布里奇特·斯拉夫，感谢他们对我敞开心扉，并愿意在面对生活的挑战时使用八步法。感谢在本书撰写过程中与我交流，并与我分享人生故事的所有人。

感谢我最爱的（也是唯一的）弟弟，克里斯托弗。

最后，感谢米奇。

图书在版编目(CIP)数据

逢战必胜：顶级诉讼律师制胜法庭八步法/(美)丽斯·维尔(Lis Wiehl)著；张逸群译. --北京：法律出版社，2020

书名原文：Winning Every Time：How to Use the Skills of a Lawyer in the Trials of Your Life

ISBN 978-7-5197-3903-4

Ⅰ. ①逢… Ⅱ. ①丽… ②张… Ⅲ. ①律师业务-通俗读物 Ⅳ. ①D916.5-49

中国版本图书馆CIP数据核字(2019)第261099号

逢战必胜
——顶级诉讼律师制胜法庭八步法
FENGZHAN BISHENG
—DINGJI SUSONG LÜSHI ZHISHENG FATING BABUFA

[美]丽斯·维尔(Lis Wiehl) 著
张逸群 译

责任编辑 李 群 董 昱 翁潇潇 陈昱希
装帧设计 汪奇峰

编辑统筹 法规出版分社

出版 法律出版社
总发行 中国法律图书有限公司
经销 新华书店
印刷 中煤(北京)印务有限公司
责任印制 吕亚莉

开本 880毫米×1230毫米 1/32
印张 11.625
字数 258千
版本 2020年3月第1版
印次 2020年3月第1次印刷

法律出版社/北京市丰台区莲花池西里7号(100073)
网址/www.lawpress.com.cn
投稿邮箱/info@lawpress.com.cn
举报维权邮箱/jbwq@lawpress.com.cn
销售热线/400-660-8393
咨询电话/010-63939796

中国法律图书有限公司/北京市丰台区莲花池西里7号(100073)
全国各地中法图分、子公司销售电话：
统一销售客服/400-660-8393/6393
第一法律书店/010-83938432/8433 西安分公司/029-85330678 重庆分公司/023-67453036
上海分公司/021-62071639/1636 深圳分公司/0755-83072995

书号:ISBN 978-7-5197-3903-4 **定价**:69.00元
(如有缺页或倒装,中国法律图书有限公司负责退换)